A. (Anton) Springer

Der Russisch-türkische Krieg, 1877-1878, in Europa : mit Hilfe der besten authentischen Quellen verfasst

A. (Anton) Springer

Der Russisch-türkische Krieg, 1877-1878, in Europa : mit Hilfe der besten authentischen Quellen verfasst

ISBN/EAN: 9783741163357

Hergestellt in Europa, USA, Kanada, Australien, Japan

Cover: Foto ©Andreas Hilbeck / pixelio.de

Manufactured and distributed by brebook publishing software (www.brebook.com)

A. (Anton) Springer

Der Russisch-türkische Krieg, 1877-1878, in Europa : mit Hilfe der besten authentischen Quellen verfasst

Der

Russisch-türkische Krieg

1877–1878

in Europa

Fünfte Operations-Periode.

Der

Russisch-türkische Krieg

1877—1878

in Europa.

Fünfte Operations-Periode.

Vom 3. October (Übernahme des türkischen Ober-Commando durch
Suleiman Pascha und Beginn eines neuen Operations-Planes der Russen)
bis 1. November (vollständige Einschließung von Plevna).

Mit Hilfe der besten authentischen Quellen verfasst

von

Anton Springer,

k. und k. Oberstlieutenant im Infanterie-Regiment Feldzeugmeister Freiherr von König
Nr. 99.

Wien.
Verlag von Carl Konegen.
1882.

2. und 3., ferner 24. und 26. Infanterie-Division.
3. und 4. Schützen-Brigade.
Bulgaren (6 Drusbinen) unter Befehl des General Stoljotow.
Don-Kosaken-Brigade (21. u. 26. Kosaken-Regiment, 15. Kosaken-Batterie).
Kaukasus-Kosaken-Brigade (Regiment Wladikawkas und Kuban, 1. Kosaken-Batterie).
23., 24., 29., 30., 31., 37., 38. Don-Kosaken-Regiment; — 3 Sotnien des 34. Don-Kosaken-, 2 Escadronen des Ataman-Kosaken-Regimentes.
1 Mitrailleusen-Batterie (8 Geschütze); — 1. und ³/₄ 2. Gebirgs-Batterie; -- 1 in Nicopoli (4 Geschütze) und 1 am Šipka-Pass (6 Gesch.) erbeutete türkische Batterie.
Von der 2. Sappeur-Brigade: 2. Sappeur-, 3. und 4. Pontonier-Bataillon. — 3. Sappeur-Brigade (General Richtor): 5., 6., 7. Sappeur-, 5. und 6. Pontonier-, 3. Eisenbahn-Bataillon; 2. Belagerungs-, 2. Feld-Ingenieur-, 5. und 6. Feld-Telegraphen-Park.
Belagerungs-Park (350, nach anderen Angaben jedoch 500 Geschütze).
Donau-Flotille: 24 Barkassen. Als Commandant aller auf und an der Donau befindlichen maritimen Kräfte fungierte Großfürst Alexis.
Gesammt-Stärke der Operation-Armee: 335.000 Mann. Hievon bereits in Bulgarien (einschließlich der Dobrudša): rund 225.000 Mann.
Diese Streit-Kräfte waren (siehe Beilage 1) am Morgen des 3. October wie folgt gruppiert:
Hauptquartier des Kaiser und jenes des Großfürst Nicolaus in Gornji Studen.
Vor Plevna (West-Front) unter Befehl des Fürsten Carol von Rumänien (Hauptquartier Radinenec, jenes des Generall. Totleben in Sgalovica): 4. und 9. Corps, 2. Infanterie-Division, 3. Schützen-Brigade; Don- und Kaukasus-Kosaken-Brigade, 24. und 38. Kosaken-Regiment, 3 Sotnien des 34. Kosaken-Regimentes, 1 Convoi-Escadron; 24 Belagerungs-Geschütze und 1 in Nicopoli erbeutete türkische Batterie; 3. und 4. Sappeur-Bataillon. — In und bei Lovča: 3. Inft.-Division (11 Bataillons, 3 Sotnien und 40 Geschütze); — in Selvi 1 Bataillon und 4 Sotnien. — In Nicopoli: 19. Infanterie-Regiment mit der 5./31 Batterie.
An der Süd-Front Generall. Radetzki (Hauptquartier am Šipka-Pass) mit: 8. Corps (ohne Cav.-Division). 11. Corps (ohne 1./32 Infant.- und 1./11 Cav.-Brigade), 4. Schützen-Brigade, Bulgaren-Legion, 13. Cav.-Division, 30. Kosaken-Regiment, 1. und ³/₄ 2. Gebirgs-, 1 erbeutete Batterie, 8 Mörser und 2 Sappeur-Compagnien. Das Gros dieser Truppen stand am Šipka-Pass und bei Gabrova; — die 1./9 Infanterie-Brigade nebst 13. Dragoner-Regiment, 3 Sotnien und 2 Fuß-Batterien bei Elena und im Hainkiöj-Pass; — die 2./32 Infanterie- und 2./11 Cav.-Brigade nebst 4 Batterien bei Bebrowski Kolibi; — die 2./11 Inft.-

Brigade mit 3 Batterien, das Gros der 13. Cavallerie-Division und 8 Sotnien bei Kesarovo mit Vor-Truppen bei Džumalkiöj.

An der Ost-Front der Großfürst-Thronfolger (Hauptquartier Dolnji Monastir) mit: 12. und 13. Corps (letzteres mit der 8. Cavall.-Division), 26. Inft.-Division, 1./32 Inft.- und 1./11 Cavallerie-Division, 31. und 37. Kosaken-Regiment, 2 Escadronen Ataman-Kosaken, 1 Mitrailleusen-Batterie, 7. und 1/2 2. Sappeur-Bataillon. Das Gros dieser Truppen stand in der Linie Mečka-Trstenik-Damogila-Gornji Monastir; — 35. Infanterie-Division bei Bjela; — 2./26 Inft.-Brigade mit 4 Batterien bei Koprivca; — Generall. Tatičow mit 1./26 und 1./32 Infanterie-, 1./11 Cavallerie-Brigade nebst 6 Batterien bei Čairkiöj.

In der Dobrudža Generall. Zimmermann (Hauptquartier Eski Burlak) mit: 14. Corps, 1./15 Infanterie- und 1./7 Cavallerie-Brigade, 2 Sappeur-Compagnien.

Im Anmarsch: die Truppen des Garde-Corps (theilweise schon auf bulgarischem Boden), die 2 Grenadier-Divisionen und die 24. Inft.-Division (letztere momentan bei Kalarasi, gegenüber von Silistria). Auch Theile der 1. Cavallerie-Division sollen bereits seit Ende September auf dem Weg nach Bulgarien gewesen sein.

Belagerungs-Park: Gros bei Giurgevo; Theile desselben an mehreren Donau-Punkten (hauptsächlich bei Turnu Magurelli und Braila) und (24 Geschütze) vor Plevna; 8 Mörser am Šipka-Pass.

Küsten-Armee, circa 60.000 Mann stark: 7. Corps (Generall. Ganetzky II) mit der 2./15 Infanterie-Brigade, 36. Infanterie-Division und 2./7 Cavallerie-Brigade; — 10. Corps (Generall. Woronzow) mit der 13. und 34. Infanterie-, und 10. Cavallerie-Division; — halbe 4. Gendarmerie-Abtheilung.

Hievon stand: die 30. Inft.-Division, indirect dem 14. Corps zugetheilt, in der Linie Oltenitza-Hirsova-Braila; der Rest des 7. Corps in der Linie Galaz-Kilia; — das 10. Corps bei Odessa und in der Krim.

Die Küsten-Armee war dem Chef des Militär-Bezirkes Odessa, und letzterer seinerseits dem Großfürst Nicolaus unterstellt.

Die Rumänen hatten die 2., 3., 4. Infanterie-Division, 4 Cavall.- (1 Rossiori-, 3 Kalarasi-) Brigaden, 2 Escadronen Gendarmen und 1 Genie-Bataillon, — im ganzen 27.300 Mann unter directem Befehl des General Cernat in Bulgarien u. zw. vor Plevna.

Bei Kalafat befand sich das „Observations-Corps" des General Lupu.

Bei Nicopoli 2 von den Russen erbeutete (dann den Rumänen überlassene) türkische Kasematt-Kanonen-Boote.

Strategische Sachlage vom Standpunkt der Russen. — Der Monat September hatte der russischen Invasion-Armee zwar den Sieg bei Lovča (3. September) und dadurch den werthvollen Besitz jenes Punktes gebracht, — aber gleich darauf erlitten die Russen bei dem dritten Angriffs-Versuch auf Plevna (6. bis 12. September) trotz der ihnen von den Rumänen geleisteten Hilfe eine schwere Niederlage, und verloren dabei 16.000 Mann.

Dieser Schlag war um so empfindlicher gewesen, als man bis zum Eintreffen der Garden und Grenadiere gänzlich darauf verzichten musste, mit der von Osman Pascha gefesselt gehaltenen West-Armee-Abtheilung Erfolge zu erringen, — geschweige denn von hier die um dieselbe Zeit dem linken Armee-Flügel (Großfürst-Thronfolger) so dringend erforderlichen Verstärkungen abgeben zu können.

Zwar war die Offensive Mohemed Ali's gegen diesen letzteren viel schwächer ausgefallen, als man anfangs fürchtete, doch immerhin hatte dieselbe zum Rückzug bis nahe an die Jantra geführt, ohne dass die Türken dort wesentlich geschwächt worden waren. Die seit dem 6. September an der Ost-Front eingetretene Stille konnte übrigens dahin gedeutet werden, dass während derselben sich die Vereinigung Suleiman's mit Mehemed Ali vollziehe.

Man unterschob damals dem Kaiser Alexander schon die Absicht, sein Hauptquartier auf das rumänische Donau-Ufer zurück zu verlegen. Die Verlegenheiten waren allerdings groß, aber man zeigte sich ihnen gewachsen!

Wohl verursachte die am 17. September vom Šipka-Pass her beim Armee-Ober-Commando zu Gornji Studen eintreffende telegraphische Depesche über das durch Überraschung gelungene Festsetzen türkischer Truppen auf dem Sv. Nicola begreiflicher Weise ziemliche Aufregung, doch nur auf einige Stunden. Als dann das Telegramm mit der Meldung über die verhältnismäßig leichte Wieder-Verdrängung der Türken von der strategisch so wichtigen Position anlangte, konnte dies nicht anders als doppelt beruhigend wirken; denn es bestätigte, dass die gefürchtete Vereinigung Suleiman's mit Mehemed Ali nicht stattgefunden und der felsenstürmende Suleiman Pascha immer noch bei Šipka stand, wo man seinen Streit-Kräften gewachsen war.

Die aus Rußland frisch ankommende 26. Infanterie-Division wurde dem Großfürst-Thronfolger zugewiesen; ein Theil betheiligte sich gleich am Gefecht bei Čairkiöj (21. Sept.). Mehr konnte man für den Thronfolger nicht thun. Zwar war noch die 24. Infanterie-Division als frische Truppe im Anmarsch aus Rußland, aber auf ihr Eintreffen vor Anfang October nicht zu rechnen gewesen.

Der Hauptschlag Mehemed Ali's schien damals erst bevorzustehen! Die Russen selbst hielten das Gefecht bei Čairkiöj nur für eine von den Türken unternommene Recognoscierung.

Als nun aber — so völlig unerwartet — vier Tage danach der Thronfolger nach Gornji Studen meldete, die Türken seien im Rückzug, und als sich dies schließlich nicht als eine Falle herausstellte, mit welcher der türkische Feldherr den rechten Flügel des Czarewić aus seinen befestigten Stellungen etwa hätte ins Freie locken wollen: da war die Haupt-Besorgnis geschwunden. Bei den inneren Zuständen, welche in der türkischen Armee herrschen und dem Mangel operations-fähiger Train ist ein schneller Operations-Wechsel nicht ausführbar, — und so brauchte man denn nicht zu fürchten, dass Mehemed Ali Pascha in den nächsten Wochen wieder zur Offensive übergehen würde.

Die Türken hatten nicht nur keine respectablen Generale, sondern auch keine sehr operations-fähigen Truppen (wenn auch tapfere Soldaten, welche gut marschierten und genügsam waren). Wäre dem nicht so gewesen und hätte bei den Türken auch nur zur Hälfte jene Einhelligkeit des Willen bestanden, wie sie bei den Russen zu Tage trat: so würde anfangs October, trotz der rumänischen Hilfe, schwerlich noch ein Kosak — außer vielleicht in der Dobrudža — am türkischen Donau-Ufer gesehen worden sein.

Die Situation war eben eine „gehaltene". Der einzige größere Schlag, welchen man im September zu unternehmen gewagt (dritter Angriff auf Plevna), hatte zu einer Niederlage geführt, — im Balkan musste man sich gänzlich auf die Abwehr beschränken, — am Lom war zwar schließlich der Raum-Verlust wieder ziemlich ausgeglichen worden, aber der Feind erschien numerisch wie strategisch immer noch so überlegen, dass ein Vorrücken desselben sofort wieder zum Rückzug der Russen, und ein concentrierter energischer Stoß seinerseits (besonders sobald sich die im Tundža-Thal entbehrlichen Truppen über Elena ihm anschlossen) zur Krisis führen konnte. Jenseits des Festungs-Viereck hielten sich General Zimmermann in der Linie Černavoda-Küstendže einerseits und die Besatzung von Silistria mit den in der verschanzten Stellung bei Hadži Oglu Bazardžik aufgestellten türkischen Truppen anderseits das Gleichgewicht.

Da die anrückenden Verstärkungen (Garden, Grenadiere und 24. Inft.-Division) erst nach etwa vierzehn Tagen wirksam werden konnten, war die russische Invasion-Armee anfangs October eigentlich relativ numerisch schwächer, als anfangs September.

Dabei functionierte die einzige bestehende u. zw. eingeleisige rumänische Eisenbahn für den Truppen-, Ersatz-, Materialien- und Proviant-Transport nur langsam, — ihre als Feld-Eisenbahn im Bau begriffene Fortsetzung von nördlich Giurgevo bis zu den Brücken bei Zimnitza-Sistov schritt nicht vorwärts (wurde überhaupt nicht fertig), — und auch die Eröffnung der Feld-Eisenbahn Bender-Galaz war vor Ende des Jahres kaum zu gewärtigen.

Kurz: man hatte noch lange nicht die Aussicht, die strategische Initiative in die Hand zu bekommen; man hieng vom Feind ab. Nebstdem erhielt man die Nachricht, der Sultan habe Mehemed Ali Pascha vom Commando der Donau-Armee abberufen, und dasselbe einer offensiveren Persönlichkeit — Suleiman Pascha — anvertraut. Dies ließ auf ein neuerliches und zwar wahrscheinlich nachdrücklicheres Vorrücken der Türken gegen den Großfürst-Thronfolger schließen. Es wurde fraglich, ob man das ganze Garde- und Grenadier-Corps — wie man es wünschte — in die Front gegen Plevna werde dirigieren können.

Hier und nirgend wo anders lag entschieden der Schwerpunkt der Situation.

Bevor man nicht mit Osman Pascha abgerechnet hatte, konnte an keine Offensive gedacht werden. Wenn er den Russen nicht den Gefallen that, sich aus seinem doppelten Schanzen-Gürtel freiwillig auf das freie Feld zu begeben, war er aber schwer zu fassen. Seit dem 11. September (dritte Schlacht) hatte die „Sturm-Partei" im großen Hauptquartier der Russen die Segel gestrichen: mit dem Bajonnett war Osman Pascha aus seiner Feld-Festung nicht zu verdrängen; nur eine Cernirung, ein planmäßiger Vorgang mit schwerem Geschütz, mit Hacke und Spaten konnten gegen ihn zum Ziel führen.

Kaiser Alexander hatte daher den als Vertheidiger von Sebastopol aus dem Krim-Krieg her rühmlichst bekannten Ingenieur-General Graf Totleben aus Petersburg berufen. Vor seinem Eintreffen (29. Sept.) hatten sich aber die Verhältnisse am Vid-Fluss immer schwieriger, wenn auch — so paradox dies klingen mag — für den allerletzten Ausgang günstiger gestaltet.

Entgegen den Anträgen Osman's und Mohemed Ali's beharrte man nämlich in Constantinopel auf dem Verbleiben der linken Flügel-Armee in dem befestigten Lager von Plevna, verstand es nicht, die Situation bis zum Eingreifen der russischen Garde- und Grenadier-Divisionen auszunutzen, und gab dadurch den Russen Zeit, d. h. alles, dessen letztere bedurften, um ihre unbedingte numerische Überlegenheit endlich in Wirksamkeit zu setzen.

Eben hiedurch gestalteten sich die Verhältnisse am Vid-Fluss insoferne immer bedenklicher für die Russen, als seit dem in Constantinopel gefassten Beschluss, Osman Pascha habe in Plevna auszuharren und es auf eine gänzliche Einschließung ankommen zu lassen, alle neu geschaffenen, sowie alle gegen Montenegro, bezw. an der serbischen Grenze etc. entbehrlich erscheinenden Truppen fast ausnahmslos nach Orhanje, an die Straße Sofia-Plevna dirigiert und hier von Chofket Pascha zu höheren Verbänden zusammen gestellt wurden.

Auf Seite der Russen konnte man sich vorläufig noch nicht klar werden, ob diese Truppen-Ansammlungen zu dem Zweck geschahen, um Osman Pascha Verstärkungen zuzuführen, oder um denselben eintretenden Falles in einer zweiten befestigten Stellung, einem „neuen Plevna" aufzunehmen. Jedenfalls hatte Osman Pascha bisher über die Verbindung mit Orhanje-Sofia ungestört verfügt, auf dieser Straße Munition und Proviant bezogen. Auch gebot er über die Gegend westwärts nach Vraca hin als Requisitions-Gebiet.

Vermochte das Ober-Commando der vor Plevna stehenden russisch-rumänischen Armee-Abtheilung — nach den verlustvollen

Kämpfen vom 11. und 12. September noch weniger als vordem! — den Cernierungs-Ring auch nicht völlig zu schließen, so mussten doch die beträchtlichen Cavallerie-Kräfte, über welche es verfügte, als ausreichend erscheinen, um die Verbindung Osman's mit Orhanje-Sofia, sowie das Heran-Schaffen von Munitions- und Proviant-Nachschüben wesentlich zu erschweren.

Bald jedoch — mit dem successiven Eintreffen der Garden und Grenadiere — sollten sich die Verhältnisse ändern. Diesem Kraft-Zuschuss auf Seite der Russen hatten die Türken keinen neuen Trumpf mehr auszuspielen: keine Armee war mehr disponibel, während aus dem weiten Czaren-Reich immer und immer wieder Verstärkungen zur Operation-Armee stießen.

Das Armee-Ober-Commando in den ersten October-Tagen. — Großfürst Nicolaus (welcher sich seit 30. September mit Generall. Totleben vor Plevna befand, um zu recognoscieren) versammelte am 3. October am Großfürsten-Berg einen Kriegs-Rath, in welchem endgiltig der Plan für die bevorstehende Operation klargelegt und bestätigt werden sollte.

An diesem Kriegs-Rath nahmen, unter Vorsitz des Großfürst, theil: Fürst Carol, die Generale Nepokoitšitzki (Generalstab-Chef der Operation-Armee), Graf Totleben, Sotow (bisher Generalstab-Chef der West-Armee-Abtheilung), Baron Krüdener (Commandant des 9. Corps), Gurko (welcher an Stelle des Generall. Krylow zum Commandanten des Cavallerie-Corps in Aussicht genommen war) und Fürst Imeretinski.

Es wurde beschlossen: 3 Garde-Infanterie- und 1 Garde-Cavallerie-Division auf Plevna zu dirigieren und das 4. Corps, sowie die 2. Armee-Infanterie-Division in der Cernierungs-Linie durch zwei Garde-Infanterie-Divisionen abzulösen. Die 2. Armee-Infanterie-Division sollte dann zusammen mit der 3. Schützen-Brigade auf die Straße Plevna-Lovča entsendet, ihr als Reserve eine Garde-Infanterie-Division beigegeben und mit ihr die Ryshaja gora besetzt werden. Das 4. Corps endlich sollte in Gemeinschaft mit der 2. Garde-Cavallerie-Division über den Vid auf die Sofia-Straße geschickt werden, um die Einschließungs-Linie im West zu vollenden.

Bei Sistov sollte, in Ergänzung der bereits vorgenommenen (freilich spärlichen) fortificatorischen Arbeiten, eine befestigte Stellung für 2 Corps hergerichtet werden.

Personalien. — Am 4. October, dem Tag vor der Rückreise des Großfürst Nicolaus nach Gornji Studen, erfolgte die Ernennung des Generall. Totleben zum „Gehilfen" (Pamoščnik) des Commandierenden der West-Armee-Abtheilung (Fürsten Carol von Rumänien) und zum unmittelbaren Commandanten der russischen Truppen der West-Armee-Abtheilung; Generall. Fürst Imeretinski wurde sein Generalstab-Chef (General. Bielokopytow übernahm die 2. Inft.-Division); General Reitlinger (bisher Commandant der 2. Sappeur-Brigade)

„Commandant der Ingenieure"; General Moller (bisher Commandant der Belagerung-Artillerie) „Führer der Artillerie der Gefechts-Linie"; Oberst Swiečin (bisher Intendant des 9. Corps) Intendant der West-Armee-Abtheilung; Dr. Med. Staatsrath Köcher „Arzt der West-Armee-Abtheilung". Außerdem befanden sich noch im Stab: die Oberste des Generalstabes Fürst Kantakusen und Tichmenjew, der Capitän Rasgonow, die Ingenieur-Oberste Schilder und Maier. Dolmetsch war der Unterofficier Tatištšew (vor dem Krieg Secretär der russischen Botschaft in Wien).

Generall. Sotow trat von seiner bisherigen Stellung zurück und übernahm wieder das Commando des 4. Corps. Generall. Pomeranzew, schwer erkrankt, blieb ohne Commando.

Operative Modificationen. — Der am 3. October beschlossene Operations-Plan wurde am 6. October in den Einzelnheiten seiner Ausführung durch Generall. Totleben etwas geändert: das 4. Corps hatte in seiner Stellung innerhalb der Cernierungs-Linie zu verbleiben; zur Besetzung der Ryshaja gora sollte nicht die 2., sondern die 16. Armee-Infanterie-Division zusammen mit der 3. Schützen-Brigade entsendet, und als deren Reserve die 2. Garde-Infanterie-Division beigegeben werden; über den Vid endlich auf die Sofia-Straße sollte die 1. und 3. Garde-Infanterie- und die 2. Garde-Cavallerie-Division mit der Garde-Schützen-Brigade geschickt werden. Diese Änderung begründete man damit, dass die Ablösung des 4. Corps durch die Garde-Divisionen einige Tage in Anspruch nehmen müsste.

2. Die Türken.

Auf dem Krieg-Schauplatz in Bulgarien und Rumelien hatten die Türken am 3. October beiläufig folgende Streit-Kräfte zur Verfügung:

Operation-Armee: drei vollständig getrennte und von einander unabhängige Gruppen, welche direct von Constantinopel dependierten.

An der West-Front (Osman Pascha):

	Escadr.	Esc.	Batl.		Mann
Bei Vidin, Lom Palanka und Rahova zusammen	15	—	2	=	9.300
In und bei Plevna (Osman Pascha)	76	20	$13^2/_3$	=	45.000
In Orhanje und Umgebung (Chefket Pascha)	19	20	5	=	13.500
Bei Sofia, Taškisen, Dol. Kamirli etc. angeblich	62	—	14	=	37.200
Zusammen:	172	40	$34^2/_3$	=	105.000

An der Ost-Front (Suleiman Pascha):

	Baone.	Esc.,	Batt.		Mann
3. Corps (Achmed Ejub Pascha) bei Kačeljevo-Tabačka	50	22	13	=	32.500
4. Corps (Prinz Hassan) bei Karahasan-kiöj-Sarnasuflar	37	18	11	=	25.500
Allgemeine Reserve (Nedjib Pascha) bei Tabačka-Kosova	19	6	4	=	12.000
Nebstdem 4.000 Irreguläre	—	—	—	=	4.000
In und bei Ruščuk (Achmed Kaïsserli Pascha)	12	3	3	=	9.000
In und bei Šumla, Turtukai, Silistria und Varna	24	15	5	=	18.800
Dobrudža-Detachement bei Hadži Oglu Bazardžik	11	5	2	=	8.200
Zusammen:	153	69	38	=	110.000

An der Süd-Front (Reuf Pascha):

Reuf Pascha vor dem Šipka-Pass (incl. 1.350 Irreguläre)	61	18	11	=	33.000
Bei Kazan, Sliven, Tvardica, Hain-kiöj etc.	27	2	3½	=	12.000
Zusammen:	88	20	14½	=	45.000
Im ganzen die Operation-Armee	413	129	87	=	260.000

Reserven waren an verschiedenen Orten, insbesondere in Adrianopel und Philippopel, sowie in Constantinopel (speciell für Reuf Pascha) in Formation begriffen; ihre Stärke kann selbst nicht annäherungsweise angegeben werden.

Auf dem südwestlichen Krieg-Schauplatz (in Bosnien, Albanien, Macedonien etc. etc.) standen noch beträchtliche Kräfte; da aber andererseits während der Monate August und September ein großer Theil der dort gewesenen Truppen nach Rumelien und Bulgarien heran gezogen worden war, lassen sich ziffermäßige Daten darüber nicht geben.

Die gesammte türkische Heeres-Macht in Europa dürfte anfangs October weit über 300.000 Mann betragen haben.

I. Ereignisse an der West-Front
vom 3. October bis 1. November.

Die russisch-rumänische West-Armee-Abtheilung

stand unter dem Befehl des Fürsten Carol von Rumänien. Demselben war Generall. Totleben als Adlatus, Generall. Fürst Imeretinski als Generalstab-Chef, und der rumänische Oberst Fürst Cantacuzino als Sous-Chef beigegeben.

Die russischen Truppen hatten folgende Ordre de bataille:

	Batone,	Esc.,	Gesch.
4. Corps (Generall. Sotow):			
16. Infanterie-Division (Generall. Skobelew) . . .	12	—	48
30. „ „ (General. Snitnikow)	12	—	48
4. Cavallerie- „ (General. Arnoldi)	—	18	12
9. Corps (Generall. Baron Krüdener):			
5. Infanterie-Division (Generall. Schilder-Schulduer)	9	—	48
31. „ „ (Generall. Weljaminow) . .	12	—	40
9. Cavallerie- „ (General Loškarew)	—	18	12
8. Dragoner-Regiment	—	4	—
Ohne Corps-Verband:			
2. Infanterie-Division (General Bielokopytow) . .	12	—	48
3. „ „ (Generall. Karzow) . . .	12	—	48
3. Schützen-Brigade (General Dobrowolski) . . .	4	—	—
Don-Kosaken-Brigade (Oberst Černozubow)	—	7	6
Kaukasus-Kosaken-Brigade (Oberst Tutolmin) . . .	—	12	6
24. und 36. Don-Kosaken-Regiment	—	12	—
3 Sotnien des 34. Kosaken-Regimentes	—	3	—
1 Terek-Escadron vom Convoi des Kaiser	—	1	—
24 Belagerungs-Geschütze (Oberst Eckstein) . . .	—	—	24
1 in Nicopoli erbeutete türkische Batterie	—	—	4
3. und 4. Sappeur-Bataillon	2	—	—
Zusammen:	75	75	344

Die Regimenter der 2. und 16. Inft.-Division, der 1./30 Inft.- und die 3. Schützen-Brigade waren nach den am 11. und 12. September erlittenen Verlusten nur zu 2 Bataillonen formirt worden. Die 3 schweren Batterien der 5. Artillerie-Brigade hatten zusammen

nur 20, die 1. und 2. Batterie der 31. Artillerie-Brigade zusammen
nur 10 Geschütze; die 2. Artillerie-Brigade bestand nur aus 1 combinierten schweren und 3 leichten Batterien, wobei jedoch die 4. Batterie bloß 7 Geschütze zählte; die 5./3 Batterie hatte nur 5 Geschütze.
Von den Belagerungs-Geschützen sind 2 Stück während der dritten
Schlacht bei Plevna unbrauchbar geworden; es waren aber inzwischen
6 Stück aus dem Belagerungs-Park angekommen, so dass die Ordre
de bataille nun 24 derlei Geschütze aufweist.

Nach dem eben Angeführten würden die russischen Truppen
vor Plevna nur 63 Bataillone und 314 Geschütze gezählt haben. Bis
Ende September hatte man jedoch einen großen Theil der während
der Zeit vom 7. bis 12. September eingetretenen Verluste ersetzt,
und die noch bestehenden Abgänge wurden in der nächsten Zeit
gedeckt. Wir haben daher in obiger Ordre de bataille die Truppen
schon mit ihrem vollen Soll-Bestand an Bataillonen und Geschützen
eingestellt.

Vor dem Eintreffen der Ersatz-Mannschaft würde die Stärke der angegebenen
Truppen betragen haben: 41.500 Infanteristen, 8.000 Reiter, 3.500 Artilleristen; im
ganzen 53.000 Mann.

Die Truppen bereits als completiert angenommen, betrug deren
Stärke beiläufig: 58.000 Infanteristen, 8.000 Reiter, 4.000 Artilleristen;
im ganzen 70.000 Mann.

Fürst Carol hatte einmal, in echt hohenzollerischer Gründlichkeit, bei einigen
russischen Truppen-Körpern die in den Stande-Ausweisen angegebenen Zahlen mit
der Wirklichkeit verglichen und dabei arge Differenzen gefunden: es war thatsächlich
viel weniger Mannschaft vorhanden. Die Russen haben ihm diese unerwartete Controle sehr übel genommen.

Vom 9. Corps waren das 19. Regiment und die 5./31 Batterie
in Nicopoli; — von der Don-Kosaken-Brigade 3 Sotnien beim
Convoi des Fürsten Carol, 2 Sotnien zu verschiedenen Zwecken
abcommandiert.

In und bei Lovča befand sich (nachdem das 10. Inft.-Regiment
und die 2./3 Batterie eingetroffen war) Generall. Karzow mit der
3. Inft.-Division (11 Bataillone und 5 Batterien), 2 Sotnien (3. u. 6.)
des 30. Kosaken-Regimentes (zum 8. Corps gehörend) und die 1. Sotnie
des Kuban-Regimentes (Kaukasus-Kosaken-Brigade); zusammen 11
Bataillone, 3 Sotnien, 40 Geschütze. — Bei Selvi 1 Bataillon des 9.
Inft.-Regimentes nebst 4 Sotnien.

Man hatte die Munition bei den Batterien ergänzt und die
fliegenden Parks (Munitions-Colonnen) gefüllt. In den Depots von
Bulgareni und Radinenec, sowie später in Pordim waren vorhanden:
6.000.000 Krnka-, 4.800.000 Berdan-Patronen, 43.200 Ladungen für
Neun-, 24.300 Ladungen für Vier-Pfünder.

Die Russen besaßen 6 Divisions-Lazarethe (für je 6 Officiere
und 160 Mann) und einige provisorische Hospitäler (für je 30 Officiere
und 600 Mann); außerdem sorgte Fürst Čerkaski (Delegierter vom

„rothen Kreuz") für die Unterbringung und der Abschub der Verwundeten bezw. Kranken.

Die rumänischen Truppen, unter directem Befehl des General Cernat (dessen Generalstab-Chef Oberst Barozzi) bestanden aus:

	Mann	Esc.	Gesch.
2. Division (Oberst Cerchez)	17	—	36
3. „ (General Georg Angelescu)	12	—	36
4. „ (Oberst Alexander Angelescu)	12	—	30
Rossiori-Brigade (Oberst Cretzeanu)	—	8	6
3 Kalarasi-Brigaden (Oberst Formak, Slaniceanu und Rosnovanu)	—	24	12
4 Mörser für specielle Belagerung-Zwecke	—	—	4
1 Genie-Bataillon (zu 6 Compagnien)	1	—	—
Zusammen	42	32	124

oder 27.300 Mann (22.500 Infanteristen, 3.000 Reiter, 1.800 Artilleristen).

Jede Division besaß 16 Kranken-Wagen. In Mečka und Muslimköj bestanden Feld-Spitäler.

Zwischen Nicopoli und Turnu Magurelli vermittelte (seit 20. September) eine Kriegs-Brücke den Verkehr über die Donau.

Die von den Russen bei der Einnahme von Nicopoli (16. Juli) erbeuteten 2 Casematt-Kanonen-Boote „Ischkodra" und „Podgorizza" waren seit 1. September unter den Namen „Sistov" und „Nicopol" in Ausrüstung getreten und dann den Rumänen geschenkt worden.

Die ganze West-Armee-Abtheilung zählte daher: 117 Bataillone, 107 Escadronen und Sotnien, 468 Geschütze; — oder (die Verluste nach der dritten Schlacht bei Plevna als ersetzt angenommen) rund 97.000 Mann.

Die befestigte Stellung der West-Armee-Abtheilung erstreckte sich vom Bug des Tučenica-Baches östlich der Ryabaja gora längs der Tučenica-Schlucht, dann über den „Artillerie-Berg" (nördlich von Radiševo), westlich an Dorf Grivica vorbei und über die Höhen nördlich Bukova bis nach Bivolar am Vid.

Hauptquartier des Fürsten Carol in Radinenec; jenes des Generall. Totleben in Sgalevica.

Die Truppen waren fast durchgehends in Erd-, Laub-Hütten oder Zelten untergebracht.

Stellung des 4. Corps (Hauptquartier Tučenica): von der Tučenica-Schlucht bis zur Lunette (später Redoute) „Galič" nordöstlich von Radiševo.

Befestigungen: Lunette Nr. 1 (später Redoute „Fürst Carol") 1.500 m südlich der Omar bey tabija; Lunette Nr. 2 (später Redoute „Kaiser") 1.000 m südwestlich von Radiševo; nebstdem Batterie-Emplacements, speciell eine Batterie für 8 Belagerungs-Geschütze unmittelbar nördlich von Radiševo; Schützen-Gräben vor den Batterien.

Vertheilung der Batterien: 2 neunpf. Batterien der 16. Artillerie-

Brigade in Lunette Nr. 1 und neben derselben; 8 Vierundzwanzig-Pfünder in der Belagerungs-Batterie; 3. neunpf. Batterien der 30. Artillerie-Brigade östlich der Belagerungs-Batterie; 1 vierpf. Batterie der 30. Artillerie-Brigade in und bei Lunette 2; bei Radiševo 1 vierpf. Batterie der 30. und ½ vierpf. Batterie der 16. Artillerie-Brigade. — In Reserve: 1 neunpf. und 2½ vierpf. Batterien der 16. Artillerie-Brigade, 1 vierpf. Batterie der 30. Artillerie-Brigade.

Vertheilung der Infanterie: jene der 16. Division in der Flanken-Stellung zwischen dem Tučenica-Bach und dem „Artillerie-Berg", jene der 30. Division in den Positionen nördlich von Radiševo; 61. und 120. Regiment bei der Haupt-Reserve. Aus 9 Schützen-Compagnien der 30. Division (je 3 der Regimenter Kolomna und Šuja, 2 des Regimentes Jaroslaw, 1 des Regimentes Serpuchow) hatte man 2 Bataillone formiert, und ihnen die Vertheidigung des äussersten linken Flügel übertragen. (Näheres über den Dienst in der Stellung siehe: vierte Operations-Periode, Seite 184.)

Wo sich die Anstalten des Corps befanden, ist nicht genau zu constatieren (höchst wahrscheinlich bei Tučenica-Bogot-Pelišat).

Stellung des 9. Corps (Hauptquartier Dorf Grivica) von der Lunette nordöstlich Radiševo bis zur rumänischen Grivica-Redoute. Die erste Linie der Stellung, unter Commando des Generall. Weljaminow, war in drei Abschnitte getheilt:

Linker Flügel, von der Lunette nordöstlich Radiševo bis zu der vom Großfürsten-Berg gegen den Grivica-Bach sich ziehenden Terrain-Verschneidung: 2 Lunetten, 5 Batterie-Deckungen und Schützen-Graben vor denselben. An Truppen, unter Befehl des General Brandt: 124. Inft.-Regiment; die 3 schweren Batterien der 5. Artillerie-Brigade (zusammen 20 Geschütze), 1./31 und 2./31 Batterie (zusammen 10 Geschütze).

Centrum, von der oben erwähnten Terrain-Verschneidung bis zum Grivica-Bach: 1 Lunette für 2 Compagnien, 1 Belagerungs-Batterie für 8 Geschütze, 3 andere Batterie-Emplacements und Schützen-Graben vor denselben. An Truppen, unter Befehl des General Bogazevič: 20. und 123. Inft.-Regiment; 3./31 und 6./31 Feld-Batterie, 8 Belagerungs-Geschütze; hievon stand das 20. Regiment als Abschnitts-Reserve östlich der Belagerungs-Batterie.

Rechter Flügel, vom Grivica-Bach bis zur rumänischen Grivica-Redoute: in der Niederung des Grivica-Baches eine Redoute für 1 Compagnie, weiters 2 Lunetten für je 2 Compagnien, Emplacements für 3 Feld- und 1 Belagerungs-Batterie (letztere unmittelbar westlich Dorf Grivica), Schützen-Graben zwischen den Lunetten und Batterien. An Truppen: 121. und 122. Inft.-Regiment, 2./18 und 3./18 Bataillon, 4./31 Batterie, 2 rumänische Feld- und 8 Belagerungs-Geschütze; hievon standen die 2 Bataillone Nr. 18 mit 2 Geschützen der 4./31 Batterie als Abschnitts-Reserve östlich Dorf Grivica.

(Das 19. Regiment und die 5./31 Batterie befanden sich in Nicopoli.)

Corps-Reserve, Generall. Schilder-Schuldner mit: 17. Inft.-Reg., 1./18 Bataillon und den 3 leichten Batterien der 5. Artillerie-Brigade. Sie stand am Weg Grivica-Sgalevica.

Anstalten: Lazarethe der 5. und 31. Division östlich Grivica; 13. und 16. fliegender Park nördlich Sgalevica; von den beweglichen Parks der 13. bei Bulgareni, der 16. bei Ovča mogila.

Stellung der Rumänen (Hauptquartier des General Cernat in Verbica). — Die Grivica-Redoute Nr. 1 war seit 12. September nach bester Möglichkeit verstärkt, nebstdem ein Laufgraben von der Redoute gegen das Bukova-Thal gebaut worden. Die Arbeiten in den Angriffs-Parallelen gegen die türkische Grivica-Redoute waren schon weit gediehen: zwischen der ersten und zweiten Parallele hatte man bereits Geschütze placiert; die zweite Parallele auf 150 m, die dritte auf 70 m an die türkische Redoute vorgetrieben, und in letzterer eine mit 4 in Nicopoli erbeuteten Mörsern (zwei derselben 16 cm, die anderen zwei 32 cm Caliber) armierte Batterie etabliert, welche am 3. October das Feuer eröffnete. Die vierte Parallele war im Bau (deren rechter Flügel nur 65 m von dem Graben der türkischen Redoute entfernt).

Batterie-Emplacements und Schützen-Gräben vor denselben waren in ausreichendem Maß vorhanden.

Den türkischen Werken bei Bukova und Opanec gegenüber hatte man die Einrichtung befestigter Stellungen begonnen.

Die Redouten „Alexander" und „Verbica" waren so ziemlich vollendet; erstere, mit 8 cm Geschützen armiert, hatte 2 Compagnien Besatzung und 2 Compagnien in den Flanken. Die Redoute „Kraiova" und die Lunette „Jassy" — ebenfalls der Vollendung nahe — wurden von Truppen der 2. rum. Division besetzt.

Auch bei Čalisovat und bei Ribino war je eine Redoute im Entstehen. Nebstdem zwischen den beiden Orten eine Lunette für 2 Compagnien; sie sollte die von Opanec in das Thal von Čalisovat führenden Wege beherrschen. —

Im allgemeinen stand die 4. Division östlich, die 3. Division nördlich der Grivica-Redouten, die 2. Division bei Verbica.

Zum Schutz der rechten Flanke (am Vid) wurden 1 Bataillon des 12., ferner 6 Compagnien des 2. und 3 Compagnien des 6. Dorobanzen-Regimentes — unter Befehl des Oberst Slaniceanu — in die Gegend zwischen Vid und Isker detachiert; sie brachen von Krets und Gavrin (Govoren) auf, und nahmen Stellung in der Linie Kacamunica-Ribino.

Bei Ribino erbaute die 1. Genie-Compagnie eine Brücke über den Vid, zu deren Vertheidigung zwischen Demirkiöj und Seweret

Tratonik Schützen-Gräben und ein Redan für 2 Geschütze hergerichtet wurden.

„Haupt-Reserve" der West-Armee-Abtheilung: 61. und 120. Infanterie-Regiment (des 4. Corps), 2. Infanterie-Division, 3. Schützen-Brigade. Sie standen südöstlich von Radišovo.

Nachdem Generall. Totleben das Commando über die russischen Truppen übernommen hatte, erwartete man allgemein, dass die weiteren Maßnahmen den Stempel einer größeren Activität tragen würden. Diese Hoffnungen giengen nicht in Erfüllung. Generall. Totleben war fest überzeugt, dass bei dem augenblicklichen Stand der Verhältnisse die Blockade das beste Mittel sei, um endlich in den Besitz von Plevna zu kommen, hielt jedoch die vorläufig bei Plevna stehenden Truppen nicht für zureichend, um mit ihnen allein die Blockade durchzuführen; man müsse daher das Eintreffen des Garde-Corps abwarten und bis dahin — also über zwei Wochen — in den innehabenden Stellungen verbleiben.

Nach den vorliegenden Nachrichten über die Stärke der Plevna-Besatzung, so wie der dort vorhandenen Vorräthe zu schließen, nahm man an, dass sich Osman Pascha nicht länger als 4 bis 6 Wochen würde halten können. Er müsse dann entweder ohne Kampf die Waffen strecken oder nach einem unglücklichen Versuch, die russischen Linien zu durchbrechen, dazu gezwungen werden.

Vor allem wurde nun die bis dahin vollständig fehlende Einheit in das Artillerie-Feuer gebracht, indem ein Commandant — der General Moller — die Leitung übernahm. Die Artillerie-Aufstellung erfuhr im allgemeinen keine Veränderung, nur verstärkte man den rechten und linken Flügel mit Geschützen auf Kosten des Centrums, welches am weitesten von den türkischen Werken ablag. Generall. Totleben gab der Artillerie folgende (vom General Moller entworfene) Instruction:

1. Es sollten 4 Beobachtung-Stationen eingerichtet werden: auf den Höhen bei Grivica; „links" von Grivica in der Belagerungs-Batterie; bei der Lunette, welche hinter der 1. Batterie der 30. Artillerie-Brigade erbaut war (die spätere Redoute Nr. 14); südlich von Radišovo neben der Lunette 2. Zur Beobachtung aller Vorkommnisse beim Feind sollten ständige Officiere commandiert werden, welche täglich 6 Uhr abends den Brigadieren Meldung zu erstatten hätten. Besondere Aufmerksamkeit sei auf feindliche Truppen-Bewegungen und Arbeiten, auf die Stärke und Richtung des Artillerie- und Infanterie-Feuer zu richten.

2. Bei der Nothwendigkeit, Munition zu sparen (deren Heran-Führung durch die schlechten Wege sehr erschwert war), sollten die Batterien oder selbständigen Halb-Batterien bei Nebel und wenn in den feindlichen Stellungen nichts Besonderes zu bemerken wäre, bei Tag von 6 Uhr morgens bis 6 Uhr abends 16 Schüsse, bei Nacht 8

Schüsse abgeben (jedes Geschütz innerhalb 24 Stunden 3 Schüsse); das Feuer sei auf verschiedene vorher zu bestimmende Ziele und in gleichen Zwischen-Pausen abzugeben; — wenn dagegen irgend eine Bewegung oder Ansammlung von Truppen bemerkt, bezw. feindliches Artillerie- oder Infanterie-Feuer gegen irgend einen Punkt der russischen Stellung gerichtet werden würde, so sollten alle Batterien darauf ein concentrisches Feuer richten, hauptsächlich aber auf jenen Punkt, von wo aus der Feind schieße; — wenn der Feind irgend welche Arbeiten ausführe, sei auf die Arbeiter Salven-Feuer abzugeben; — täglich sollte auf das Signal (eine von der Belagerungs-Batterie abgegebene Salve) auf vorher zu bestimmende Ziele mit Salven gefeuert werden. (Den Salven gab man überhaupt dem Einzel-Feuer gegenüber den Vorzug; somit wurden Salven bei Tag und bei Nacht auf bestimmte Ziele seitens einer großen Anzahl von Batterien abgegeben.)

3. Die Batterien sollten sich bei gewöhnlichem langsamen Feuer auf alle im Feuer-Bereich liegenden Punkte sowohl mit Granaten wie auch mit Shrapnels genau einschießen. Dabei müsse besondere Aufmerksamkeit auf die wahrscheinlichen Sammel-Punkte des Feindes zum Angriff so wie auf die Anmarsch-Linien desselben gerichtet werden. Im Fall eines Angriffes sei die größte Anzahl von Geschützen auf die „Haupt"-Abtheilungen zu concentrieren, mit den übrigen aber auf die Reserven zu feuern; der ganze von dem angreifenden Feind eingenommene Raum sei unter Feuer zu halten; zugsweise sei Schnell-Feuer abzugeben. (Entfernungs-Tabellen wurden aufgestellt; die russischen und türkischen Batterien erhielten Nummern und wurden in einen Plan eingetragen.)

4. Für das Schießen bei Nacht sollten vor jedem Geschütz Marken festgelegt werden, um die wichtigsten Punkte, besonders die voraussichtliche Anmarsch-Linie des Feindes, unter Feuer nehmen zu können.

5. Bei jedem Geschütz seien in vollständig gegen das feindliche Feuer gesicherten Nischen 8 Shrapnels und 2 Kartätschen bereit zu halten. In jede Batterie sei ein Sappeur-Officier zu commandieren, welcher für die Geschütze ein Emplacement, Gräben für die Bedienung, eine Nische für 20 Geschosse und andere Deckungen als Modell herstellen lassen soll; die weitere Ausführung hätte die Batterie mit eigenen Mitteln zu bewirken. Es wurde besonders darauf aufmerksam gemacht, dass zum Aufprotzen, was aber erst im äußersten Fall zu geschehen habe, die Protzen bis dicht an die Batterie heran gefahren werden könnten. Für die Protzen seien Deckungen herzustellen.

6. Für den Fall des Rückzuges sollte die übrig bleibende Munition mitgenommen oder vernichtet werden.

7. Für ein Vor- oder Zurück-Gehen bei Tag oder Nacht sollten die Commandanten und Officiere sich mit den bequemsten Wegen

und den besten Stellungen bekannt machen, um jederzeit gefechtsbereit zu sein.

Sonstige taktische Verfügungen. — Generall. Totleben befahl, die Truppen möglichst zu schonen. Die dem Feind zu nahe liegenden Stellungen wurden (der dadurch entstehenden Verluste und der Ermüdung der Truppen wegen) verworfen. Dagegen ergieng der Befehl, die besetzten Positionen zu verstärken, auf mehreren wichtigen Punkten neue Werke zu bauen, und sich vorsichtig an die türkischen Redouten, deren Infanterie-Feuer den Angriffs-Batterien so großen Schaden zugefügt hatte, heran zu graben.

Dem bisher herrschenden Mangel an Schanzzeug wurde durch bedeutende Nachschübe abgeholfen.

Um das Geheimnis über die Aufstellung der Truppen und die auszuführenden Werke zu bewahren, wurden alle Zeitungs-Correspondenten aus der Stellung bei Plevna entfernt.

Die Stand-Orte der Commandanten wurden genau bestimmt: Fürst Carol von Rumänien in Poradim; Generall. Totleben in Sgalevica; Generall. Krüdener (Commandant des 9. Corps) in Grivica; Generall. Sotow (Commandant des 4. Corps) in Tučenica; General Moller (mit der Leitung des Artillerie-Kampfes betraut) auf dem Großfürsten-Berg.

Es ergieng die Bestimmung, dass täglich zu gewissen — von den Corps-Commandanten zu bestimmenden — Stunden die Infanterie-Abtheilungen unter die Waffen treten, die Protzen der Geschütze bespannt werden sollen, und dass mit allen Truppen Appell abgehalten werde. Die Aufmerksamkeit der Commandanten wurde darauf gelenkt, häufig die Gewehre auf ihren ordnungsmäßigen Zustand zu visitieren.

Die Befehle wurden aus dem Stab der West-Armee-Abtheilung den Corps-Stäben und von hier den Division-Stäben zugeschickt. Zur Vermeidung von Missverständnissen waren alle Uhren nach jener des Feld-Telegraphen zu stellen. Jede Truppen-Division hatte eine berittene Ordonanz zum Stab der Armee-Abtheilung zu commandieren.

Im Fall eines Alarmes wird sich Generall. Totleben auf den Großfürsten-Berg begeben, wohin alle Meldungen zu schicken sind.

Regelmäßig u. zw. alle drei Tage waren folgende Meldungen von den Truppen-Divisionen direct an das Ober-Commando zu erstatten: über den Gefechts-Stand der Truppen, Zuwachs und Abgang; über den Zustand des Train jeder Abtheilung; über die Sicherstellung der Verpflegung der Truppen mit Zwieback, Grütze, gebackenem Brot und Branntwein; über fehlendes Schanzzeug.

Bezüglich des Dienstes in den Stellungen ist hervorzuheben, dass man es vortheilhafter hielt, die einmal in der Gefechts-Linie aufgestellten oder in der Reserve verwendeten Truppen nicht abzulösen. Von den in der Gefechts-Linie befindlichen Abtheilungen befand sich ein Drittel in den Emplacements und musste jeder Zeit bereit sein, das Banket zu besetzen; in der Nacht befanden sich alle Leute am Wall, während bei Tag dies nur für die anfgestellten Posten und deren Ablösungen, welch letztere sich setzen durften, vorgeschrieben war. Das zweite Drittel befand sich in den Erd-Hütten, hatte aber die Rüstung abgelegt. Das dritte Drittel endlich durfte vollständig ruhen und bei Tag sich auskleiden. Waren die Nächte dunkel und nebelig oder drohte ein Überfall seitens der Türken, so war die Hälfte der Mannschaft in voller Gefechts-Bereitschaft. — Anfang October hatten sich die Commandanten und die Leute schon so an das Leben in den Emplacements gewöhnt, dass das Singen und das Spielen der Musik erlaubt wurde.

Die türkische West-Armee

stand unter dem Commando des Muschir (Marschall) Ghazi Osman Nuri Pascha. Generalstab-Chef war: Tahir Pascha; die Befestigung-Arbeiten leitete Tevfik Pascha.

Die in und nächst Plevna befindlichen Truppen hatten folgende Ordre do bataille:

	Baone.	Esc.	Gesch
1. Division (Hadji Adil Pascha):			
1. und 2. Brigade zusammen	12	2	12
2. Division (Hassan Sabri Pascha):			
1. und 2. Brigade zusammen	12	2	12
3. Division (Atuf Pascha):			
1. und 2. Brigade zusammen	12	2	12
4. Division (Ahmed Hifzi Pascha):			
1. und 2. Brigade zusammen	12	2	12
Divisions-Reserve	5	4	—
Außer Divisions-Verband:			
Allgemeine Reserve	23	—	—
Corps-Cavallerie, Oberst Osman Bey	—	8	—
Corps-Artillerie, Oberst Achmed Pascha	—	—	34
Zusammen	76	20	82

oder circa 45.000 Mann (42.000 Infanteristen, 3.000 Reiter und Artilleristen).

In Orhanje und Umgebung, an Truppen des in Sofia befindlichen Chefket Pascha: 19 Bataillone, 20 Escadronen, 5 Batterien und 1.500 Basibozuk's; zusammen 13.500 Mann.

(Es waren 4 Bataillone und 1 Batterie aus Sofia, 2 Bataillone aus Taßkisen, 4 Bataillone und 4 Escadronen aus Etropole, 1 Bataillon aus Vraca, 1.500 Basibozuk's aus Turski Izwor gekommen.)

Auf dem Marsch nach Orhanje befanden sich noch 31 Bataillone und 7 Batterien: 12 Bataillone und 2 Batterien aus Sumla, 3 Bataillone und 4 Batterien aus Constantinopel, 8 Bataillone aus Klein-Asien, 3 Bataillone und 1 Batterie aus Slivno, 5 Bataillone aus Taßkisen.

Osman Pascha anfangs October. — Trotz der bedeutenden Kräfte, welche Osman Pascha zur Verfügung hatte, bat er doch (vergl. vierte Operations-Periode, Seite 160) anfangs October telegraphisch um die Erlaubnis, auf Orhanje oder Lukovit zurückgehen zu dürfen. Er wurde dazu durch die Nachrichten von dem Heran-Rücken der russischen Verstärkungen gegen Plevna, durch den Eintritt des Winter und die Schwierigkeiten der Verpflegung veranlasst.

Er erhielt folgende, auf der Entscheidung des Kriegs-Rathes zu Constantinopel beruhende Antwort: „In Anbetracht der strategischen „Wichtigkeit der Stadt Plevna ist das Zurück-Gehen der Ihnen anver„trauten Armee unmöglich. Was die Frage der Versorgung der Truppen „mit Munition wie auch mit Verpflegung betrifft, so wird die Armee „mit solchen in kurzer Zeit versehen werden. In jedem Fall ist Ihr „Rückzug undenkbar".

Gleichzeitig verlangte der Sultan vom Kriegs-Rath, dass er thatkräftige Maßnahmen treffen soll, um die Armee Osman's mit Verpflegs-Mitteln zu versehen. Der Kriegs-Rath traf Anordnungen zur unverzüglichen Ansammlung und Absendung eines zwei-monatlichen Verpflegs-Vorrathes aus Sofia nach Plevna für den ersten Bedarf; die Zufuhr sollte dann ununterbrochen fortgesetzt werden. Es wurden für den Transport etc. 1½ Millionen Piaster (circa 150.000 fl. ö. W.) an Osman Pascha und Chefket Pascha abgesendet.

Die Vorsorge für die Approvisionierung von Plevna bildete, besonders mit Rücksicht auf den schon eintretenden Winter, das Haupt-Augenmerk Osman Pascha's.

Letzterer war der Ansicht, dass die Verbindung von Plevna nach Sofia nur dann gesichert werden könne, wenn Lovča wieder in seinen Besitz komme. In Folge dessen hatte er anfangs vor, Chefket Pascha mit den in Orhanje zusammen-gezogenen Truppen zum Angriff auf Lovča von West und Südwest zu entsenden. Ein Theil der Besatzung von Plevna sollte diesen Angriff unterstützen.

Anfang October war Lovča (siehe Seite 11) seitens der Russen durch 11 Bataillone, 3 Sotnien und 5 Batterien der 3. Infanterie-Division unter Commando des General. Karzow besetzt; man hatte die Stellungen befestigt.

Ohne Gefahr für Plevna konnte Osman Pascha 30 bis 35 Bataillone gegen Lovča verwenden. Er gieng aber von seiner ursprünglichen Absicht, wahrscheinlich in Folge von eingetroffenen Nachrichten über das Heran-Rücken russischer Verstärkungen, ab und beauftragte Chefket Pascha nur: Verpflegs-Mitteln und Munition aus Orhanje nach Plevna zu schaffen, dabei diese Straße von feindlichen Truppen zu säubern und letztere festzuhalten.

Um die Etapen-Straße bezw. die auf derselben zu entsendenden Transporte zu sichern, konnte man unter den gegebenen Verhältnissen zwei Methoden anwenden: entweder gleichzeitig von Plevna und von Orhanje je eine Colonne (letztere mit dem Convoi) abzusenden, welche sich auf halben Weg treffen und den Convoi übergeben, — oder aber einige Punkte auf der Route ständig zu besetzen und zu befestigen (Etapen-Orte), worauf deren Garnisonen die Escortierung der Convois bis zum nächsten Etapen-Ort zu besorgen haben.

Osman Pascha entschied sich für letzteres. Von Plevna aus sollten durch die mobile Division Ahmed Hifzi Pascha die Orte Dolnji Dubnjak und Gornji Dubnjak, ferner Teliš (im ganzen eine Strecke von 7 Marsch-Stunden), — von Orhanje aus Radomirci, Petraven und Jablonica besetzt werden.

A. Ereignisse vom 3. bis 16. October.

1. Am linken Vid-Ufer.

Die zu selbständigen Operationen auf dem linken Vid-Ufer bestimmte Cavallerie der West-Armee-Abtheilung bestand aus folgenden Truppen:

Combiniertes Cavallerie-Corps des Generall. Krylow:

	Esc.	Gesch.
4. Cavallerie-Division (General Arnoldi) ohne Kosaken	12	12
8. Dragoner-Regiment	4	—
Don-Kosaken-Brigade (Oberst Kurnakow), 21. u. 26. Reg.	7	6
Kaukasus-Kosaken-Brigade (Oberst Tutolmin) nebst 2 anderen Sotnien	13	6
Die rumänische Rossiori-Brigade (Oberst Creţzanu)	7	6
1 rumänische Kalaraşi-Brigade (5. u. 6. Regiment) Oberst Formak	6	—
Zusammen	49	30

oder (statt 7.800) etwa 4.000 (nach anderen Angaben jedoch ganz fälschlich 6.000) Reiter.

Cavallerie-Detachement des General Loškarew:

	Esc.	Gesch.
9. Cavallerie-Division (General Loškarew) ohne Kosaken	12	12
24. und 38. Don-Kosaken-Regiment	12	—
Zusammen	24	12

oder (statt 3.324) etwa 2.000 Reiter.

Diese Truppen waren am Morgen des 3. October wie folgt dislociert:

Generall. Krylow mit seinem Gros (1./4 Cavallerie-, Kaukasus-Kosaken-, Rossiori-Brigade nebst 2 Batterien) bei Seweret Tratenik;

Oberst Kurnakow mit der Don-Kosaken-, Kalaraşi-Brigade und 2 Escadronen des 4. Husaren-Regimentes nebst 1½ Batterien bei Gornji

Metropolja; Vorposten von Bivolar (Susurlu) über Dolnji Dubnjak und von hier westlich bis Mahalata.

Das Detachement des Oberst Lewiss of Menar (Commandant des Regimentes Wladikawkas) bei Čumakovci mit: 4 Sotnien Wladikawkas, je 2 Escadronen des 4. Uhlanen- und 4. Husaren-Regimentes, 8. reit. und 2 Geschütze der 7. reit. Batterie; — nebstdem das 8. Dragoner-Regiment zu seiner Verstärkung im Anmarsch.

General Loškarew mit seinem Detachement am rechten Vid-Ufer (nächst der Straße Lovča-Plevna); 1 Escadron bei Čerikovo.

Das Detachement des Oberst Lewiss wurde am 3. October durch das eben eingetroffene 8. Dragoner-Regiment (Astrachan) verstärkt.

Bei Čumakovci stehend, erfuhr Oberst Lewiss, dass eine starke türkische Colonne von Orhanje auf der Straße gegen Plevna in Marsch gesetzt werden soll. Er theilte hierauf sein Detachement in zwei Colonnen:

die linke Colonne (3 Escadronen des 8. Dragoner-, je 2 Escadronen des 4. Husaren- und 4. Uhlanen-Regimentes, 4 Geschütze der 8. und 2 Geschütze der 7. reitenden Batterie), unter Commando des Oberst Matzulevich, über Červen Breg, Rupce, Radomirci nach Lukovit;

die rechte Colonne (4 Sotnien des Regimentes Wladikawkas, 1 Escadron des 8. Dragoner-Regimentes und 2 Geschütze der 8. reit. Batterie), unter Commando des Oberst Lewiss selbst, über Gornik, Roselec ebenfalls nach Lukovit.

Die rechte Colonne wurde vor Gornik von Čerkessen, welche in den Dorf-Hütten und in einem Hohlweg lagen, beschossen. Hierauf eilte die 1. und 2. Sotnie des Regimentes Wladikawkas gegen den Rücken, die beiden anderen Sotnien mit den abgesessenen Dragonern gegen die Front der Čerkessen vor, worauf diese entflohen und hiebei 6 Todte, einige Pferde und vielerlei Waffen am Platz ließen. Das von den Čerkessen den Bulgaren abgenommene Vieh wurde ihnen wieder entrissen und den letzteren zurück gegeben.

Bei der Annäherung an das Dorf Roselec empfieng die Vorhut des Oberst Lewiss abermals Kleingewehr-Feuer; diesmal machten sich jedoch die Čerkessen sogleich davon. Oberst Lewiss setzte den Marsch nach Lukovit weiter fort.

Vor Lukovit hatten ungefähr 300 Čerkessen eine Stellung besetzt. Die bei der Vorhut befindliche (1.) Sotnie sprengte ungesäumt gegen die feindliche linke Flanke, saß zum Fuß-Gefecht ab, warf sich hinter Stein-Aufwürfen und eröffnete von hier aus Flanken-Feuer; die 2. Sotnie stürzte sich mit der blanken Waffe gegen den Feind. Die Čerkessen wichen hinter das Dorf zurück, wobei jedoch einige noch den Kirchhof besetzt hielten. Als aber die beiden Sotnien, verstärkt durch eine aus der Reserve vorgeholte Sotnie, in das Dorf eindrangen, eilten die Čerkessen nach Petreven (an der Straße nach

Orhanje) zurück, bis wohin sie verfolgt wurden. Sie ließen 20 Todte, sowie Pferde und Waffen am Platz.

Die linke Colonne war auf keinen Feind gestoßen. Sie hatte eine Recognoscierung gegen Rakita ausgeführt, und traf abends im Biwak bei Lukovit ein.

Oberst Lewiss bis incl. 5. October. — Eine durch seine Kosaken abgefangene türkische Post wurde an General. Krylow, und von diesem an das Commando der West-Armee-Abtheilung gesendet.

Am 4. October blieb Oberst Lewiss mit dem Gros seines Detachements bei Lukovit stehen, und entsendete nach allen Richtungen hin Recognoscierungs-Patrouillen. Mit der jenseits des Vid stehenden 9. Cavallerie-Division (General Loškarew) wurde über Čerikovo, wo sich 1 Escadron dieser Division befand, die Verbindung aufgenommen.

Am 5. October zerstörte Oberst Lewiss die große Brücke bei Lukovit und bezog nördlich davon (ungefähr bei Karaula, Côte 160) ein Biwak, von wo aus die Zugänge zu derselben gut unter Feuer genommen werden konnten.

Chefket Pascha, welcher bei Orhanje die für Plevna bestimmten Truppen sammelte, um sie, zugleich mit Proviant und Munition, successive dorthin abzuschicken, war schon durch seine am 21. und 22. September errungenen Erfolge zu noch mehreren solchen Unternehmungen angeregt worden. Die Russen hatten ja auf der Sofia-Straße nur Cavallerie gezeigt; dieselbe war dem Druck der Division Hifzi Pascha ausgewichen, welche dann ohne Schwierigkeiten die Vereinigung mit der Armee von Plevna bewirkt hatte.

Und nun war auch die russisch-rumänische Cavallerie-Masse aus der Nähe der Sofia-Straße verschwunden, — eine Situation, welche, je länger sie dauerte, den türkischen General immer mehr dazu auffordern musste, die Munitions- und Proviant-Zufuhren recht bald zu wiederholen.

Chefket Pascha zögerte daher auch nicht, von Orhanje abermals einen großen Transport abgehen zu lassen, umsomehr, als er wohl darüber unterrichtet sein mochte, dass die russische Heeres-Leitung zufolge des aus Rußland heran gezogenen Garde- und Grenadier-Corps bald in die Lage kommen würde, Plevna auch von der Süd- und West-Seite her einzuschließen.

Bei Orhanje standen 15 Bataillone (5- bis 6.000 Mann), 2 Regimenter čerkessischer Cavallerie (etwa 9 Escadronen) und 12 Geschütze (im ganzen etwa 9.000 Mann) nebst ungefähr 500 mit Kriegs-Vorräthen beladenen Wägen für Plevna bereit. Chefket Pascha beschloss, sich diesem Transport persönlich anzuschließen, um mit Osman Pascha Verabredungen für die nächste Zeit zu treffen. (Kiassim Pascha, ein Schwager des Sultan, wollte ebenfalls bei dieser Gelegenheit nach Plevna gelangen.)

Am 5. October rückte die Avantgarde, nächsten Tag (6.) das
Gros des Transportes von Orhanje ab.

Gefecht bei Lukovit, am 6. October. — Im Lauf des Vormittag
wurde dem Oberst Lewiss gemeldet, dass 4- bis 5.000 Mann Infanterie,
5 Geschütze und 1.200 bis 2.000 Čerkessen nebst 2.000 (?) Fuhr-
werken von Orhanje her gegen Jablonica marschieren. Er besetzte
hierauf die bereits ausgewählte Stellung nördlich von Lukovit mit
abgesessenen Kosaken und Dragonern, um die zerstörte Brücke auch
unter Gewehr-Feuer nehmen zu können.

Trotz grosser Verluste entwickelten die heran rückenden Türken
(die Vorhut des Chefket Pascha) starke Plänkler-Linien, unter deren
Schutz sie die Brücke wieder herzustellen trachteten.

Das Feuer-Gefecht dauerte den ganzen Tag.

Gegen Abend waren die Türken mit der Herstellung der Brücke
fast fertig. (Zu einer gründlichen Zerstörung derselben hatte es den
Russen an dem nöthigen Werkzeug und auch an in solchen Arbeiten
erfahrenen Officieren gefehlt.)

Oberst Lewiss entschloss sich nun, in der Nacht nach Teliš
zurück zu gehen und dort in der ihm schon bekannten Stellung
nochmals zu versuchen, die Türken bei ihrem weiteren Vormarsch
aufzuhalten. Bei Eintritt der Dunkelheit ritten 2 Escadronen Husaren
auf Teliš, um dort aufzuklären; die Dragoner folgten. Bei Lukovit
dauerte das Gefecht noch fort.

Plötzlich wurde bei Teliš erst Gewehr- und dann auch Geschütz-
Feuer gehört, gerade zu der Zeit, als die Türken von Lukovit her
gegen das Wladikawkas-Regiment zum Angriff vorrückten. Das Detachement Lewiss wurde so von zwei Seiten angegriffen.

Aus Plevna waren an diesem Tag türkische Truppen in bedeutender Stärke (angeblich 5.000 Mann) gekommen, um zu fouragieren,
dabei die Orte Dolnji Dubnjak und Gornji Dubnjak zu besetzen. Es
gelang den bei Gornji Metropolja stehenden russisch-rumänischen
Truppen nicht, sie nach Plevna zurück zu werfen, ja es wurden
seitens der Türken sogar nach Beendigung der Fouragierung die
beladenen Wägen unbehelligt nach Plevna zurück gesendet, während
die Haupt-Kraft in Gornji Dubnjak blieb und einen Theil (5 Bataillone)
gegen Teliš entsendete, um die aus Orhanje angekündigten Verstärkungen aufzunehmen.

Von Nord und Süd angegriffen, gelang es dem Oberst Lewiss
aber doch, sich, gedeckt durch das Feuer seiner Artillerie und der
abgesessenen Dragoner, Luft zu machen und in nordwestlicher Richtung über Červen Breg hinter den Isker-Fluss nach Čumakovci aus-
zuweichen.

Chefket Pascha langte mit seiner ganzen Colonne um beiläufig
7 Uhr abends bei Teliš an.

Vollständiger Rückzug des Oberst Lewiss. — Letzterer wich am

7. October (längs des Isker) bis Mahalata zurück. Unterwegs hatte er nochmals gegen Teliš hin recognoscieren lassen; es stellte sich dabei heraus, dass die Orte Teliš, Gornji Dubnjak und Dolnji Dubnjak bereits von türkischer Infanterie besetzt seien.

Dem Detachement des Oberst Lewiss waren Patronen und Zwieback ausgegangen; beides wurde ihm auf 60 Pack-Pferden unter Bedeckung von 60 Kosaken nach Mahalata gesendet.

Eintreffen des türkischen Convoi in Plevna. — Den 7. October verwendete Chefket Pascha hauptsächlich zu Befestigung-Arbeiten bei Teliš, sowie zur Ausbesserung der Communicationen. Regen und Schnee hatten die Wasser-Läufe angeschwollen; die Brücken und die Telegraphen-Leitungen waren von den Russen zerstört worden. Es gab also mancherlei zu thun. In Folge dessen gelangte die türkische Colonne an diesem Tag nur bis Gornji Dubnjak.

Am 8. October ließ Chefket Pascha das Gros seiner Truppen an der Etapen-Straße zurück, und rückte seinerseits mit dem Convoi unter Bedeckung des Cavallerie-Regimentes Fethié gegen Plevna. Ohne von der russisch-rumänischen Cavallerie beunruhigt zu werden, langte er im Lauf des Nachmittag bei der Vid-Brücke an. Die leichteren Fuhrwerke durchschritten sofort den Fluss mittels einer oberhalb der Brücke befindlichen Furt; die schweren Fuhrwerke jedoch mussten erst die Herstellung der schadhaft gewordenen Brücke abwarten.

Chefket Pascha verließ Plevna schon am 9. October, um sich wieder nach Orhanje zurück zu begeben. Die entladenen Wägen wurden zur Fortschaffung von Verwundeten benutzt.

Den größten Theil seines Detachements — nämlich 12 Bataillone, 6 Escadronen und 2 Batterien (12 Geschütze) in einer Stärke von 6.800 Mann — ließ Chefket Pascha als ständige Besatzungen in Radomirci und Jablonica.

Er selbst traf am 12. October in Orhanje ein.

Ständige Sicherung der Etapen-Linie Plevna-Orhanje. — In der Zeit vom 7. bis 11. October hatte sich die Besetzung der von Osman Pascha als Etapen-Orte bestimmten Punkte vollzogen. Die Vertheilung der dem Befehl Osman Pascha's unmittelbar unterstehenden Streit-Kräfte dürfte also gegen Mitte October folgende gewesen sein:

	Btone.	Esc.	Gesch.
In und bei Plevna (Osman Pascha)	62	17	70
Unter Befehl des Ahmed Hifzi Pascha:			
In und bei Dolnji Dubajak (Oberst Veli Bey)	5	1	4
" " " Gornji Dubnjak (Ahmed Hifzi Pascha)	6	4	4
" " " Teliš (Hakki Pascha)	6	1	4
Von Chefket Pascha in Sofia dependierend:			
In und bei Radomirci	8	4	6
" " " Jablonica	4	2	4
" " " Orhanje	11	6	2

Dem Ahmed Hifzi Pascha war der Oberstlieutenant Izzet Bey als Generalstab-Chef beigegeben.

Die Besatzung von Teliš verstärkte sich in den nächsten Tagen noch durch 1 Bataillon und 1.500 Čerkessen aus Orhanje.

Alle besetzten Orte waren stark befestigt; für Gornji Dubnjak hatte Osman Pascha selbst vorgeschrieben, welche Stellung zu befestigen sei. — Längs der Straßen wurden noch einige Telegraphen-Stationen eingeschaltet.

Von der Zeit an, da die Straße Plevna-Sofia — wie oben dargethan — mit 40 Bataillonen besetzt war, bis zur Einnahme von Gornji Dubnjak (24. October) konnten sich die türkischen Transporte zwischen Sofia und Plevna vollständig frei bewegen. Die Bedeckung der Transporte geschah durch die Besatzungen der einzelnen Orte, indem die Besatzung der einen Etape sie jener der anderen übergab.

Bei Ausführung dieser Aufgabe bezog gewöhnlich der größere Theil eine Aufstellung an den geeignetesten Punkten in der Nähe der Wege, von denen aus es möglich war, das Erscheinen des erwarteten Feindes zu beobachten, während der andere — kleinere — Theil den Train übernahm und ihm folgte.

Chefket Pascha leitete in Orhanje das Sammeln der Vorräthe und die Befestigung der Stellung. Bis Mitte October verfügte er in und bei Orhanje wieder über 12 bis 15 Bataillone mit etwas Cavallerie und Artillerie (siehe oben). Er ließ ferner an der Straße Orhanje-Plevna die starke Stellung bei Pravec befestigen und besetzen; im West der Haupt-Communication war Vraca, im Ost Etropole und (mit einem schwachen Detachement) Teteven von den Türken besetzt.

Beim Gros der russisch-rumänischen Cavallerie war am 3. October die Meldung eingelaufen: dass ein großer Train unter Bedeckung einer aus allen drei Waffen-Gattungen zusammen-gesetzten Colonne aus Plevna rücke.

Die türkische Division Ahmed Hifzi Pascha rückte von Plevna auf der Straße gegen Orhanje vor; ein Theil derselben besorgte eine Fouragierung bei den Ortschaften Dolnji Dubnjak und Gornji Dubnjak, der andere Theil rückte nach Teliš und begann dort Befestigungen anzulegen.

Die Don-Kosaken-Brigade (7 Sotnien und 1 reit. Batterie), welche den Türken gefolgt war, begnügte sich, dieselben zu beobachten.

Es gelang daher den Türken, noch am selben Tag — ohne ein Gefecht gehabt zu haben — nach Plevna zurück zu kommen.

Am selben Abend trafen beim russisch-rumänischen Cavallerie-Corps 200 Bulgaren aus Plevna ein, welche Osman Pascha, um Verpflegung zu sparen, ausgewiesen hatte.

Über die abermalige Vorrückung türkischer Truppen aus Plevna am 6. October (siehe Seite 23) sowie über den Marsch der Colonne

Hifzi Pascha nach Plevna (7. und 8. October) und die sonstigen Vorgänge auf der Straße Plevna-Orhanje: darüber schweigen die russischen Berichte.

Hatte die russisch-rumänische Cavallerie es bis jetzt nicht vermocht, die Verbindung Orhanje-Plevna zu unterbrechen, so war die Lösung ihrer Aufgabe — wenigstens nach der Meinung des Generals. Krylow — ihr nun noch schwerer gemacht. Er gab daher dem Oberst Tutolmin, welcher eine andere Bestimmung erhalten hatte und in das große Hauptquartier abreiste, einen schriftlichen Bericht an den Großfürst Nicolaus mit folgendem Auftrag:

„Melden Sie dem Großfürst, dass, wenn er entscheidende Ope„rationen von der Reiterei wünscht, ich von ihm die Erlaubnis erbitte, „dass ich nicht an Dolnji Dubnjak festgenagelt sein muss. In Dubnjak „ist für uns nichts zu thun, weil meiner Meinung nach nur ein starkes „Infanterie-Detachement es mit Vortheil für uns behaupten kann; „dazu ist es für den glücklichen Erfolg der Operationen unbedingt „nothwendig, dass unsere beiden Detachements (jenes von Krylow „und Loškarew) einem einzigen gemeinsamen Commandanten unter„stellt werden. Melden Sie ihm, dass ich nach gewissenhafter Pflicht „auf die unbedingte Nothwendigkeit hinweise, die Reiterei einem festen „Mann unterzuordnen, welcher eine schwerwiegende Stellung in der all„gemeinen Meinung einnimmt und — was die größte Hauptsache ist — „unmittelbar unter dem Ober-Commandierenden steht. Um mich vor „dem Vorwurf zu sichern, dass ich selbst diese Stelle einzunehmen „wünsche, gestatte ich mir, in diesem Brief auf den General. Gurko „hinzuweisen. Er versteht das durchzusetzen, was uns wirklich noth„wendig ist."

Inzwischen jedoch war bereits General. Gurko zum Commandanten der am linken Ufer befindlichen Cavallerie ernannt worden, und verfügte sich am 7. October nach Seweret Tratenik.

In seiner am 9. October von dort aus abgesendeten Meldung gab der neue Commandant die Aufstellung der Cavallerie an, zählte alle jene kleinen Recognoscierungen auf, welche er in den verschiedenen Richtungen unternehmen ließ, und schrieb dann Folgendes: „Leider gestattet der äußerst beklagenswerte Zustand unserer Ca„vallerie nicht, vor Ankunft der Infanterie irgend etwas Entscheidendes „zu unternehmen, wie die oben angeführten Recognoscierungen. Fast „alle Regimenter, auch die rumänischen nicht ausgeschlossen, sind „kaum im Stand, den Zug stärker als 7 Rotten zu machen, was für „die 12 Regimenter nicht mehr als 3.000 Front-Pferde gibt; die sehr „schwache kaukasische und die Don-Kosaken-Brigade haben wohl „ihren Unternehmungs-Geist noch bewahrt, die übrigen Regimenter „dagegen lassen auch in moralischer Beziehung vieles zu wünschen „übrig."

Die am linken Vid-Ufer vereinigte Reiter-Masse blieb daher bis zum 22. October in ihren Lagern bei Seweret Tratenik und bei Dolnji Metropolja in beobachtender Stellung.

Generall. Krylow bekam die Weisung, — nach Petersburg abzureisen.

2. Am rechten Vid-Ufer.
(3. bis 16. October.)

Auf Seite der Russen. — Beim 4. Corps war Generall. Skobelew (am 1. October) von Bukuresti, wohin er sich bald nach der dritten Schlacht bei Plevna zur Erholung seiner Gesundheit begeben hatte, rückgekehrt und hatte gleich das ihm inzwischen verliehene Commando über die 16. Infanterie-Division übernommen.

Die ersten Tage verwendete Generall. Skobelew zur Besichtigung der vom 4. Corps besetzten Stellungen, zur Recognoscierung der feindlichen Aufstellung (insoweit sie sich seit dem 14. September geändert hatte) und schließlich zu einer eingehenden Besichtigung der Aufstellung und des Zustandes der Regimenter der 16. Division. Weder mit der Aufstellung noch mit dem Zustand derselben war Generall. Skobelew zufrieden.

In Rücksicht darauf, dass die 16. Division die 30. Division unterstützen und deren Reserve bilden sollte, war sie zu weit vorgeschoben. Die Aufgabe aber, die linke Flanke der ganzen West-Armee-Abtheilung gegen einen türkischen Angriff von der Tučenica-Schlucht her zu decken (wozu seit dem 29. September die Regimenter Susdalski, Uglic und Kasan bestimmt waren), konnte mit viel geringeren Kräften erfüllt werden. Die Tučenica-Schlucht ist tief, felsig und hat fast senkrechte Wände, so dass ein Angriff durch stärkere Kräfte hier nicht zu besorgen war, zumal ein großer Theil der Schlucht von der auf der Plevna-Lovča-Straße aufgestellten Cavallerie gedeckt wurde. Der einzige etwas bequemere Übergang über diese Schlucht aber war der Weg nach Brestovec, und dieser lag in der Linie der russischen Vorposten. Der täglich in Dienst zu commandierende Theil der Truppen war zu groß; er entsprach nicht der Gefahr, welche seitens des Feindes drohte, und eben so wenig der Haupt-Bestimmung der Division — eine Reserve zu bilden.

Generall. Skobelew verringerte daher die täglich zum Vorposten-Dienst und zur Besetzung der Befestigungs-Anlagen bestimmten Truppen auf 3½ Compagnien. — Er erließ ferner verschiedene Befehle, welche den Zweck verfolgten, den Truppen unter Wahrung der unbedingt nothwendigen Gefechts-Bereitschaft eine möglichst große Ruhe, eine bequeme Unterkunft, eine bessere Verpflegung und die nöthige Reinlichkeit — woran es ganz besonders fehlte — zu verschaffen. Die Krankheiten in Folge des schlechten Wetter und anderer Ursachen, unter denen die Unthätigkeit keine kleine Rolle spielte, durften weder unter der Mannschaft noch unter den Officieren eine größere Ausbreitung nehmen. Außerdem erschien es wünschenswert, die Truppen so aufzustellen und unterzubringen, dass die aus Rußland erwartete Augmentations-Mannschaft ordnungsmäßig an die Truppen vertheilt werden konnte.

Am 10. October traten also in der Aufstellung der 16. Infanterie-Division wesentliche Veränderungen ein: die 1. Brigade (Regimenter Wladimir und Susdalski) mit 2 vierpf. Batterien wurde aus der Stellung zurück gezogen und 6 km weiter rückwärts in enge Kantonierung nach Bogot verlegt; die 2. Brigade (Regimenter Uglic und Kasan) mit 3 Batterien blieb in der Stellung und baute sich Erd-Hütten.

Das Dorf Tučenica wurde zur Vertheidigung eingerichtet; behufs Bestreichung der Zugänge zu demselben legte man eine Redoute an (in keinem Plan ersichtlich). Je 2 Compagnien der Regimenter Uglic und Kasan sowie 1 neunpf. Batterie bildeten die ständige Besatzung. Auch befand sich hier, nebst dem Hauptquartier das 4. Corps, das Stabsquartier der 16. Division.

Bald darauf trat eine weitere Verringerung des Vorposten-Dienstes ein: nur je 1 Compagnie der Regimenter Uglic und Kasan wurden täglich dazu verwendet, außerdem 1 Zug einer Batterie zur Besetzung „der Lunette" bestimmt (ohne nähere Angabe, dürfte Lunette Nr. 2 bezw. Redoute „Kaiser" gemeint sein).

Die „Haupt-Wachen der Vorposten" (unsere Hauptposten) standen in Laufgräben, worin kleine Unterstände angebracht waren, damit sich ein Theil der Leute hier erwärmen könne.

Auf den Bau der Erd-Hütten verwendete man große Aufmerksamkeit; man hatte aber noch kein allen Anforderungen entsprechendes Modell, die Leute bauten daher nach eigenem Ermessen. Man konnte die Erd-Hütten gegen den Regen nicht dicht machen, die Öfen rauchten, die Ventilation war bei geschlossener Thür schlecht, die Wasser-Abflüsse waren oft unzweckmäßig.

Man sorgte auch für die Anlage guter Küchen. Die Verpflegs-Vorräthe wurden unter Schutz-Dächer aufbewahrt.

Mit großen Schwierigkeiten hatte man zur Aufrechthaltung der Reinlichkeit innerhalb und außerhalb der Biwaks zu kämpfen. Es waren wohl Latrinen gebaut, sie wurden aber nicht benutzt. Man wusste jedoch auch diesem Übelstand abzuhelfen.

Um dem Überhandnehmen von Ungeziefer — nicht bloß bei der Mannschaft, sondern auch bei den Officieren — abzuhelfen, richtete man Bäder ein; für die 1. Brigade in Bogot, für die 2. Brigade in Tučenica.

In diesen Orten wurden auch die bei den Regimentern befindlichen Kranken untergebracht. Das Divisions-Lazareth befand sich immer noch, mit Verwundeten angefüllt, in Poradim.

„Bei einem feindlichen Angriff" befahl General l. Skobelew „liegt „den Truppen Folgendes ob:

„1. Sie nehmen dort, wo sie untergebracht sind, Aufstellung.

„2. Die Regimenter Uglic und Kasan verstärken die Posten-„Kette und die Laufgraben-Wachen vor ihrer Aufstellung mit je „1 Compagnie.

„Der Bereitschafts-Compagnie des Regimentes Kasan wird der „Aufstellung-Ort durch den Generalstab-Chef der Division angegeben

„werden. Abschnitts-Commandanten der Vertheidigungs-Linie sind die
„Regiments-Commandanten.

„3. Die Bereitschafts-Batterie verbleibt in der Lunette und in den
„seitwärts liegenden Emplacements und unterstützt die Vertheidigung
„der Compagnien des Regimentes Uglic.

„4. Zwei Batterien, welche hinter dem Regiment Kasan auf-
„gestellt sind, verbleiben an dem von ihnen eingenommenen Platz zu
„jeder Bewegung bereit.

„5. Dem Regiment Uglic wird die Vertheidigung des Abschnittes
„von dem Radiševo-Hohlweg bis zu dem in der Mitte liegenden Lauf-
„graben (welcher von der Wache des Regimentes Kasan besetzt wird)
„übertragen, — dem Regiment Kasan die Vertheidigung des Abschnittes
„von dem in der Mitte liegenden Laufgraben bis zur Tučenica-Schlucht.

„6. Das Bataillon des Regimentes Kasan und die 2. Batterie
„der 16. Artillerie-Brigade, welche das Dorf Tučenica besetzen,
„bilden die unmittelbare Unterstützung der in der Stellung befindlichen
„Truppen.

„7. Die Vertheidigung des Dorfes Tučenica wird den dort
„liegenden 2 Compagnien des Regimentes Uglic und den ihnen bei-
„gegebenen 2 Geschützen der 2. Batterie übertragen. Der Major Plawski
„übernimmt das Commando.

„8. Die Regimenter Wladimir, Susdalski, 5. und 6. Batterie der
„16. Artillerie-Brigade, welche im Dorf Bogot untergebracht sind,
„bilden die allgemeine Reserve. Diese wird auf meinen persönlichen
„Befehl ins Gefecht geführt, den Kräften und der Angriffs-Richtung
„des Feindes entsprechend.

„9. Im Fall eines nächtlichen Alarmes bleiben alle Truppen da,
„wo sie sich befinden. Jene, welche Dörfer besetzt halten, stellen sich
„auf den festgesetzten Alarm-Plätzen auf.

„Bei Beginn des Gefechtes parkieren die Trains hinter den
„Dörfern Bogot und Tučenica. Die Straßen, welche die Trains nehmen
„sollen, werden rechtzeitig angegeben werden.

„Der Verbandplatz ist an dem Bach, da, wo sich die Küchen
„des Regimentes Kasan befinden.

„Ich werde mich bei Beginn des Gefechtes in der Stellung des
„Regimentes Kasan aufhalten."

General Skobelew befahl ferner, dass die Commandanten diese
Pause in den Operationen der Division benutzen sollen, um die
Gewehre in Ordnung zu bringen und einen Vorrath von Fett zum
Einfetten derselben anzusammeln. Es war bei dem ewigen Regen
nicht leicht, die Gewehre in gutem Zustand zu erhalten. Die Patronen
übrigens blieben in sehr guter Beschaffenheit.

Eben so sollte die Kleidung, die Ausrüstung und besonders das
Schuhwerk in Stand gesetzt werden. Augmentations-Mannschaft traf

bei den Regimentern mit ganz verschiedener Uniform ein: sie musste der Regiments-Uniform entsprechend geändert werden.

Das regnerische Wetter, die kalten Nächte, die starken Winde, der anfangs October gefallene Schnee: alles mahnte — abgesehen von der Instandsetzung der Kleidung und des Schuhwerk — an die Nothwendigkeit, für die ganze Division Jacken zu beschaffen. Das „rothe Kreuz" und die Privat-Wohlthätigkeit in Russland trugen viel dazu bei. Die „Skobelew-Division", wie man die 16. Division zu nennen anfieng, war eine der ersten, welche man mit Jacken, warmen Faust-Handschuhen und warmen Fuß-Lappen versah.

Außerdem wurde ein Stabs-Officier nach Russland in die Stand-Quartiere der Divison gesendet, um für alle Regimenter einen Theil der Bekleidung-Stücke zweiter Garnitur heran zu schaffen; demselben wurde dann auch noch der Ankauf von Halb-Pelzen übertragen.

Die Wägen, der Regiments-Train und die „Artel"-Fahrzeuge sollten untersucht und nach Möglichkeit ausgebessert werden. Von den Regiments-Trains war nach der Ansicht des Generall. Skobelew ein großer Theil untauglich, um im Herbst und Winter den Balkan zu überschreiten. Es wurden 400 Pack-Sättel in Trnova und Drenova für die Division beschafft (mit welchen sie dann auch später wirklich über den Balkan gieng).

Beim 9. Corps wurde durch Befehl vom 3. October auch die Einrichtung von „Revier-Kranken-Räumen" angeordnet, das zu Karagač bolgarski sich befindende „Commando von 240 Schwachen" aufgelöst. Es stellte sich heraus, dass nur 10 Mann davon so krank waren, dass sie in das Lazareth aufgenommen werden mussten; die übrigen waren nur „revier-krank". Aber auch die Zahl der letzteren verminderte sich in Folge einer größeren Controle von Tag zu Tag. Deshalb konnte ein Theil der zur Aufnahme von „Revier-Kranken" bestimmten Erd-Hütten zu Werkstätten, besonders für die Ausbesserung des Schuhwerk, umgewandelt werden.

Der Commandant des 9. Corps befahl, behufs Fortsetzung der Befestigung-Arbeiten: die Emplacements vor dem 122. Regiment (Tambow) mit einander zu verbinden, ihnen eine allgemeine Richtung zu geben, die überflüssigen Deckungen aber einzuebnen; zwischen den Lunetten und Batterien im Rayon des 121. Regimentes (Pensa) und 122. Regimentes (Tambow) Verbindungs-Laufgräben herzustellen, so dass eine zweite zusammen-hängende Vertheidigungs-Linie, entstehe; hinter den Emplacements des 123. Regimentes (Koslow) und 124. Regimentes (Woronež) den Bau von 2 Lunetten (in unserem Plan „Nr. 6" und „C") für eine Besatzung von je 2 Compagnien zu beginnen, und in den ausspringenden Winkeln derselben Geschütz-Bänke anzulegen.

In dieser Zeit waren die Arbeiten an den Redouten zweiter

Linie, welche täglich nahezu 900 Mann erforderten, eingestellt. Diese Redouten blieben im unfertigen Zustand, waren aber immer noch für den Fall eines Rückzuges verwertbar. (Wir konnten nur die Lage zweier dieser Redouten constatieren: etwa 3 *km* östlich des Dorfes Grivica, an der Straße nach Bulgareni; die zweite 3 *km* südlich der ersten.)

Die Aufstellung des Corps (wie sie im allgemeinen bis zu Ende der Blockade beibehalten wurde) zeigt die Beilage Nr. 4.

Der Effectiv-Stand des 9. Corps war am 13. October folgender: 5. Inft.-Division 140 Officiere und 8.783 Mann, — 31. Inft.-Division 156 Officiere und 10.082 Mann, — 5. und 31. Artillerie-Brigade zusammen 53 Officiere und 2.351 Mann, — 9. Cav.-Division 112 Officiere und 2.935 Mann; — im ganzen 461 Officiere und 24.151 Mann.

_{Danach sind für die Zeit vom 28. September bis 13. October folgende Abgänge zu constatieren: 5. Inft.-Division 80 Officiere und 839 Mann, — 31. Inft.-Division 92 Officiere und 768 Mann.}

Die Stärke des 19. Inft.-Regimentes und der 5./31 Batterie, welche sich in Nicopoli befanden, abgezogen, standen vom 9. Corps vor Plevna: rund 16.700 Mann Infanterie und 2.200 Mann Artillerie. Nach Abzug der zum inneren Dienst abcommandierten und der schwachen Leute befanden sich etwa 15.000 Gewehre in der Stellung.

_{An Complettierungs-Mannschaft hatte die Infanterie des Corps seit 13. September 1.288 Mann erhalten; der Grundsatz, dass die Regimenter aus den eigenen Ersatz-Bataillonen complettiert werden sollen, scheint hiebei nicht festgehalten worden zu sein. Außerdem kehrte noch eine große Zahl von Verwundeten zu den Regimentern des Corps zurück.}

Ereignisse bei der West-Armee-Abtheilung. — Bis zum 8. October wurde, da hoher Schnee gefallen war, weder gearbeitet, noch geschossen; nur die Türken unterhielten aus einigen Redouten ein lebhaftes Gewehr-Feuer. Die russischen Truppen hatten durch den mehrere Tage anhaltenden Regen und dann durch den starken Schnee-Fall viel zu leiden, besonders jene des 9. Corps und darunter das 121. Regiment (Pensa), dessen Reserven noch keine regelrecht gebauten Erd-Hütten besaßen. Auch fehlte es an Holz; Lager-Feuer konnten nicht angemacht werden. Seitens des General. Krüdener (Commandant des 9. Corps) wurde jedoch so viel wie möglich Abhilfe geschaffen, unter anderem angeordnet, dass mit Abwechslung je 4 Compagnien in das Dorf Grivica geschickt werden, um sich zu trocknen und zu wärmen.

Am 9. und 10. October wurde seitens der Russen ein schwaches Geschütz-Feuer unterhalten. Der Corps-Commandant Generall. Baron Krüdener erkrankte an Fieber.

Am 12. October lief beim 9. Corps telegraphisch die Nachricht ein, dass beiläufig 50 türkische Bataillone mit sehr großen Transporten in Plevna eingerückt seien. Dieses Gerücht bewahrheitete sich anscheinend, indem die Türken an verschiedenen Stellen Zelt-Lager aufschlugen; diese wurden von den Russen beschossen und in

Folge dessen von den Türken wieder abgebrochen. (Das Gerücht von dem Einmarsch der 50 türkischen Bataillone entstand durch jenen Convoi, welcher am 6. October bei Lukovit vom Oberst Lewiss aufgehalten wurde und am 8. October in Plevna einrückte. Dass die russischen Truppen östlich des Vid erst am 12. October hievon, u. zw. gerüchtweise Kenntnis erhielten, muss unwillkürlich befremden.)

Am 13. October begann man beim 9. Corps auf Befehl des Generall. Totleben die Bekleidung der Emplacements mit Hürden und Faschinen; neue Materialien wurden in erhöhtem Maß vorbereitet. Einen Theil davon konnte man an das 4. Corps abgeben, wo große Änderungen an den schon fertigen Arbeiten vorgenommen werden sollten. Auch die Rumänen erhielten Aushilfe an Materialien; eine bedeutende Anzahl von Sturm-Leitern wurde ihnen verabfolgt.

An diesem Tag sind von den Batterien der Gefechts-Linie abgefeuert worden: auf die Werke und zum Einschießen 150 Schüsse, auf die Laufgräben und Arbeiter 92 Schüsse, darunter um $2^1/_2$ Uhr Nachmittag eine Salve aus 96 Geschützen auf „die linke Redoute von Radišovo". Nach der Salve wurde eine verstärkte Bewegung von Leuten in den Laufgräben und bei der Versammlung von Colonnen auf der Straße nördlich von Plevna bemerkt.

Geschütz-Feuer wurde von den Türken aus den entfernten nördlichen Redouten auf die Grivica-Stellung eröffnet; Geschütz- (bisweilen auch Salven-) Feuer, welches bis zur Nacht anhielt, auf die Batterien des linken Flügel der Russen. Überhaupt muss man annehmen, dass die russische Salve von den Türken für eine Vorbereitung zum Angriff angesehen wurde. —

Seitdem Generall. Totleben an die Spitze der West-Armee-Abtheilung gestellt war, fühlten die Truppen eine feste Hand über sich; bei ihrer Verwendung, besonders aber in den inneren Verhältnissen, wurde nun nach einheitlichen Grundsätzen verfahren. Die vom Generall. Totleben und seinem Generalstab-Chef häufig vorgenommenen Besichtigungen machten sie schnell mit den Befestigungen, mit der Aufstellung der Truppen, ihren Bedürfnissen, ihrer Bekleidung, Bewaffnung und ihrem äußeren Aussehen bekannt. Die Truppen dagegen gewöhnten sich daran, den neuen Commandanten unter sich zu sehen, empfanden seine Fürsorge für sie, fühlten die allgemeine Achtung, welche er überall genoss, und hatten zu ihm das vollste Vertrauen. Dazu kam, dass der neue Generalstab-Chef der West-Armee-Abtheilung — Generall. Fürst Imeretinski — in geschickter Weise zwischen den Truppen und ihrem Commandanten zu vermitteln wusste.

Am 15. October verstärkten die Türken ihre Stellung gegenüber dem rechten Flügel des 9. Corps, indem sie 9 Geschütze an der Straße aufstellten. Eine darauf seitens der Russen abgegebene Salve beantworteten die Türken mit einer Salve aus jenen Geschützen.

Um 11 Uhr Vormittag schoben die Türken zur Verstärkung

ihres Feuers eine Feld-Batterie zu 6 Geschützen unweit des befestigten Lager auf ihrem linken Flügel vor, und beschossen nun mit etwa 60 Schüssen die Flügeln der Russen, hauptsächlich die Arbeiten an den neuen Werken und theilweise die Batterien; auch Gewehr-Feuer wurde von ihnen — u. zw. während des Tages zu verschiedenen Malen — auf die russischen Flügeln abgegeben.

Wollte man den Kampf mit Erfolg aufnehmen, so musste der russische rechte Flügel verstärkt werden.

Um 12 Uhr erfolgte von den russischen Batterien eine Salve auf die Redoute Omar bey tabija. Nach der Salve bemerkte man eine Bewegung von kleinen Colonnen in den Niederungen.

Um 3 Uhr Nachmittag eröffneten die Türken ein Feuer, ähnlich jenem, welches sie um 11 Uhr Vormittag abgegeben hatten.

Es wurden bei den Türken verstärkte Arbeiten auf dem Rücken, wo die Redoute Arab tabija lag, bemerkt; anscheinend wurde dort eine neue Befestigung angelegt. Nebstdem führten die Türken in verstärkter Weise Laufgräben nach dem Hang zwischen den Redouten Atuf Pascha tabija und Ibrahim bey tabija, sowie auf dem Hang gegen die Grivica-Stellung hin aus.

Durch Befehl vom 15. October wurde die 2. Infanterie-Division dem 4. Corps zugetheilt. Von Mitte October an hielt die 30. Infl.-Division die Gefechts-Linie besetzt, während die 16. Infl.-Division mit der 2. Infl.-Division und der 3. Schützen-Brigade — zusammen 28 Bataillone und 96 Geschütze — die allgemeine Reserve der West-Armee-Abtheilung bildeten.

Am 16. October eröffneten die Türken um 3½ Uhr Nachmittag — wahrscheinlich in Folge einer Demonstration der Rumänen gegen die Grivica-Redoute Nr. 2 — aus dieser Redoute ein verstärktes Gewehr-Feuer, und begannen gleich darauf aus den beiderseits der Straße Plevna-Bulgareni befindlichen Werken mit Geschützen zu feuern; sie gaben im ganzen beiläufig 120 Schüsse ab. Als die russischen Geschütze diesen Werken zu antworten anfiengen, eröffneten die Türken, um das Feuer der Russen abzuziehen, aus einigen anderen Werken ein — jedoch nur schwaches — Feuer gegen die Rumänen. Auf der ganzen Linie behielten die Russen und Rumänen das Übergewicht; nur eine türkische Batterie gegenüber dem russischen rechten Flügel feuerte, in Folge der schlechten Armierung dieses Flügels länger als die anderen Batterien, u. zw. bis 5 Uhr Nachmittag.

Nun gaben die Russen aus 96 Geschützen eine Salve auf die Redoute Ibrahim bey tabija; nach dieser artilleristischen Kraft-Probe bemerkte man, dass die Bauten in Folge des wirksamen Krepieren der Geschosse stark durchwühlt waren.

Derlei Geschütz-Salven wurden von den Russen manchmal angewendet; ein Augenzeuge machte uns diesbezüglich die interessante Angabe, dass die Geschütze hierzu elektrisch verbunden und so auf einmal abgefeuert wurden.

Nach der verstärkten Armierung des türkischen linken Flügel

musste man annehmen, dass die Türken an dieser Stelle eine hartnäckigere Vertheidigung vorbereiten, wozu sie für den Fall, dass den Rumänen die Einnahme der Grivica-Redoute Nr. 2 gelingen würde, genöthigt zu sein glaubten.

Auf Seite der Rumänen. — In der Nacht „des" 3. October begannen die Türken einen Laufgraben gegen die rechte Flanke der vor der Grivica-Redoute Nr. 2 bestehenden rumänischen Angriffs-Werke auszuheben; in der folgenden Nacht jedoch zogen die Rumänen einen Graben, welcher die türkische Parallele abschneiden sollte.

Bei der geringen Entfernung hörten sich die Arbeiter von beiden Seiten genau. Ein lebhaftes und wirksames Feuer ward von hüben und drüben unterhalten. Der Tag unterbrach die technischen Arbeiten, aber nicht den Kampf der Infanterie und Artillerie.

Die Witterung wurde immer ungünstiger und winterlicher; es regnete und stürmte unaufhörlich. Die biwakierende Mannschaft erstarrte vor Kälte; sie litt besonders in den mit Wasser angefüllten Laufgräben. Man hatte zwar alle Maßregeln getroffen, um ihnen den Aufenthalt in den Tranchéen erträglich zu machen (Bretter-Dielen und Abzugs-Gräben hergestellt), aber es war unmöglich, sie vor dem ununterbrochenen Regen zu schützen, welcher den weichen lehmigen Boden um Plevna gänzlich auflöste. In Folge dessen steigerte sich die bisher höchst unbedeutende Zahl der Kranken, ohne jedoch — Dank der abgehärteten Constitution des rumänischen Soldaten — abnorme Proportionen anzunehmen; häufig allerdings waren die Fälle, dass denjenigen, welche bis an das Knie im Wasser der Laufgräben stehen mussten, die Beine erfroren.

Ein Sturm hatte am 7. October die Kriegs-Brücke zwischen Nicopoli und Turnu Magurelli zerstört. Wenn nicht die Pionnier-Compagnie und die dort zur Bewachung des Überganges stationierten Truppen sich energisch an die Wiederherstellung der Brücke gemacht hätten, würde die rumänische Armee ernstlich in Gefahr gekommen sein, von ihrem Zufuhr-Gebiet temporär abgeschnitten zu werden.

Rumänische Geschosse verursachten am 7. October eine Explosion in einer der türkischen Schanzen hinter der türkischen Grivica-Redoute; man sah eine Rauch- und Feuer-Säule sich in die Luft erheben.

Am 8. October erfolgte wieder ein Zusammen-Stoß, da der Feind bei Ablösung seiner Laufgräben-Posten von den Rumänen beschossen wurde. Die Türken schickten Verstärkung und versuchten die rumänischen Infanterie-Verschanzungen anzugreifen; sie wurden aber unter großen Verlusten zurück geschlagen.

Auch am 9. und 10. fanden derlei kleine Scharmützeln statt, wobei die Rumänen einen Verlust von 4 Todten und 14 Verwundeten hatten.

Die Ausführung der fortificatorischen Arbeiten, so wie die musterhafte Ordnung und Sanitäts-Polizei in den rumänischen Biwaks soll — selbst nach dem Ausspruch russischer Officiere — nichts zu wünschen gelassen haben. „Aber die Russen" meinte ein Theilnehmer an jenem Feldzug „bekrittelten sehr die anscheinende Abneigung der „Rumänen zum Stürmen. Selbst heute (11. October), da dieselben mittels „Tranchéen bereits auf weniger als hundert Schritte an die türkische „Grivica-Redoute gelangt sind, wollen sie es nicht versuchen, die „Redoute zu nehmen". Nun, bald sollte es sich zeigen, dass nicht principielle Abneigung gegen das Stürmen, sondern kluge Vorsicht die Rumänen zurück hielt, schon um diese Zeit etwas Ernstliches gegen die türkische Grivica-Redoute zu unternehmen. —

Eben so wenig wie die Rumänen, ließen sich die Türken durch die rauhe Jahres-Zeit abhalten, ihre Verschanzungen zu erweitern und zu verstärken. Sie eröffneten Contre-Approchen gegen die rumänischen Parallelen.

Nachdem die Rumänen in jenem Graben, welcher die türkische Parallele abschneiden sollte (siehe oben) einen „Cavalier" erbaut hatten, von welchem aus die rumänischen Schützen auf die feindlichen Agbeiter schossen: wurden am 15. October die türkischen Contre-Approchen abgeschnitten.

Als die Türken sahen, dass ihnen dadurch der Weg zu den Rumänen unter der Erde versperrt worden war, placierten sie an der Straße Grivica-Plevna eine Batterie mit 12 *cm* Caliber. Letztere eröffneten am folgenden Tag (16.) das Feuer gegen die rumänischen Verschanzungen, und verursachte den Rumänen einen Verlust von 2 Todten und 10 Verwundeten.

Die von den Rumänen innerhalb eines Monates geschaffenen gewaltigen Werke hatten den Feind vom 13. September angefangen Tag und Nacht in Athem gehalten.

In der Monotonie des Lebens, welches die Alliirten jetzt seit mehr als einem Monat führten, gewährte der Besuch der rumänischen Erd-Werke eine interessante Abwechselung, und es war eine Art Sport der russischen und fremdländischen Officiere geworden, sich in ihnen dem steten Kugelregen auszusetzen; Prinz Arnulf von Baiern, welcher gekommen war, um die Heere vor Plevna zu sehen, wurde hier decoriert; in der rumänischen Alexander-Redoute setzte sich selbst der Kaiser von Rußland dem Feuer aus und nahm aus der Hand des Fürsten die rumänische Tapferkeits-Medaille entgegen.

Die Türken ließen sich durch die großen Erfolge, welche sie bis nun errungen hatten, in ihrer Thätigkeit nicht einschläfern.

Türkische Befestigungen Mitte October. — Die Werke der Nord-Front waren bedeutend verstärkt worden, besonders die Grivica-Redoute Nr. 2, welche man als die wichtigste Position erachtete.

Die Grivica-Redoute („Osman Pascha tabija") hatte ein wesentlich verstärktes Profil erhalten: Brustwehr-Dicke 6·0 m; Graben circa 3 m tief, 3.6 m untere Sohlen,

Breite. In der Contre-Escarpe ein 0·9 m breiter Auftritt, und auf deren äusseren Rand waren Schanzkörbe aufgestellt. Berme 0·9 m breit. Auf der Brustwehr-Krone Schanzkörbe und Sand-Säcke. So hatte man, wenn der Auftritt in der Contre-Escarpe, die Berme und das Bankett besetzt waren, ein Feuer aus 3 Etagen. Innerhalb der Redoute eine Traverse; in deren Graben und unter deren Brustwehr Pulver-Magazine.

Die Hafry bey tabija war ebenfalls verstärkt und mit tiefen Schützen-Gräben umgeben worden; zwischen letzteren befanden sich Erd-Hütten für einen bedeutenden Theil der Truppen.

Ein Laufgraben, welcher gegen Nord und Süd durch eine Brustwehr geschützt war, verband die Osman Pascha tabija mit der Hafry bey und Suleiman Pascha tabija; er hatte eine solche Tiefe, dass selbst Reiter darin vollständig gedeckt waren, und stellenweise Traversen für Seiten-Deckung.

Nebstdem waren mehrere Batterien neu geschaffen, Schützen-Gräben in zwei parallelen Linien vor sowie zwischen den Redouten angelegt worden.

Auch die Redoute Omar bey tabija war verstärkt, die Schützen-Gräben vor und zu beiden Seiten derselben waren bedeutend erweitert worden.

Nachdem Osman Pascha (zuerst durch Hifzi, dann durch Chofket Pascha) Verstärkungen erhalten hatte, begnügte er sich nicht mit den besetzten Stellungen, sondern dehnte sie weiter nach Süd aus. Er legte auf dem zweiten Kamm der „grünen Berge" drei Redouten an: die mittlere hiess „Tahir bey", bald darauf jedoch „Ghazi Osmân tabija"; östlich davon lag die „Ali bey" (oder „Hadži baba") tabija, westlich die „Niš tabija". Nebstdem wurden Laufgräben gegen den „ersten Kamm" vorgeschoben.

Mitte October befestigte Osman Pascha auch den Abschnitt von Krishine bis zum Vid durch die Anlage mehrerer starker geschlossener Werke. Insbesondere: Abdullah bey tabija (nördlich der Junus bey tabija) und Pertew bey tabija (südöstlich von Blazivas).

Gleichzeitig wurden auch jene Werke, welche die Zugänge zur Vid-Brücke vertheidigen sollten, verstärkt und dort eine neue Redoute — Said bey tabija — geschaffen.

Nach Ausführung aller dieser Arbeiten war das Lager von Plevna gegen alle Seiten hin geschlossen. Die Vertheidigungs-Linie hatte eine Ausdehnung von ungefähr 35 *km*. —

Bei der Anlage und Vervollständigung des Befestigungs-Gürtel leitete die Türken wohl keine Grund-Idee. Nur die momentane Nothwendigkeit war für Osman Pascha und seinen Genie-Chef Tevfik Pascha Beweggrund, um an allen von den Russen besonders beliebten Angriffs-Punkten Werke zu schaffen, was auch aus dem Ausspruch hervorgeht „se laisser guider par l'expérience".

Bei der relativ geringen Zahl von Geschützen, welche Osman Pascha zu seiner Verfügung hatte, legte er sein Haupt-Augenmerk auf die Vertheidigung durch Gewehr-Feuer. Etagen- und Kreuz-Feuer zu erhalten, war bei der Einrichtung seiner Befestigung-Anlagen der leitende Gedanke.

Das Etagen-Feuer trachtete er auf verschiedene Weise herzustellen. Bei den ziemlich steilen Abhängen der Höhen konnten die

Schützen-Gräben über einander angelegt werden, und die sie besetzt haltenden Schützen waren im Stand, mit der Besatzung des etwa dahinter liegenden Werkes gleichzeitig das Feuer abzugeben; in dieser Weise war die Einrichtung bei den Skobelew- und Krishine-Redouten, bei der Ibrahim bey tabija, Corum tabija und anderen. Dass übrigens die Werke selbst, unabhängig von den Schützen-Gräben, zum Etagen-Feuer eingerichtet wurden, haben wir bei der Grivica-Redoute gesehen.

General. Totleben sprach die Ansicht aus, dass das so eingerichtete türkische Feuer „der Wirkung einer Wurf-Maschine entspreche, welche unaufhörlich eine Masse Blei auf ungeheuere Entfernungen fortschleudere".

Die Aufstellung von Schützen vor dem Graben oder auf dem Auftritt in der Contre-Escarpe erleichterte allerdings die Escaladierung. Die Türken legten jedoch wenig Wert darauf, dem Feind das Escaladieren zu erschweren; sie suchten die Pointe der Vertheidigung lediglich in der Stärke ihres Feuers.

Der Grundriss für die zumeist geschlossenen Werke war sehr verschieden-artig, doch bevorzugte man die quadratische (Redouten-) Form mit einer in der Mitte angebrachten kreuz-förmigen Traverse (zugleich Rückenwehr). Umriss und Profil wurden dem Terrain gut angepasst, was — eben weil die Türken vorwiegend den vier-eckigen Umriss anwendeten — recht schwierig erscheint.

Die Brustwehr war gewöhnlich 2 bis 3 m, im allgemeinen nicht über 3·6 bis 4·2 m hoch. Ihre Dicke an jenen Facen, welche starkem Artillerie-Feuer ausgesetzt waren, brachte man nach und nach auf 5·4 bis 6·7 m (ja selbst bis auf 9 m); in den Werken zweiter Linie betrug sie 2 bis 2·4 m. Der Brustwehr gab man nach aussen halbe Anlage und bekleidete sie bisweilen mit Strauchwerk, an manchen Stellen jedoch (besonders in der zweiten Linie), wo kein Artillerie-Feuer zu erwarten war, mit Rasen-Ziegeln und sogar mit Schanzkörben.

Die äusseren Gräben waren 2·13 bis 2·74 m (manchmal sogar mehr als 3 m) tief, 3 bis 6 m breit; beide Graben-Böschungen möglichst steil. Gelang dem Angreifer, unter dem Einfluss des türkischen Feuer und in der Aufregung des Gefechtes, vielleicht das Hinab-Springen in den Graben, so war doch das Erklettern der steilen Escarpe (an welcher überdies oft die Berme fehlte) mit erheblichen Schwierigkeiten verbunden. Wesentlich erleichtert wurde letzteres, wenn die Erde vom Wall durch eine vorherige Beschießung mit Artillerie in den Graben geworfen war. — Um die Feuer-Wirkung der wichtigeren Werke zu erhöhen, wurde bei einigen Werken sogar noch ein eigener Vorgraben für Schützen ausgehoben.

Die Traversen in den geschlossenen Werken (ja selbst in Schützen-Gräben) entstanden durch die Nothwendigkeit, sich gegen das starke russische Artillerie-Feuer zu decken. Sie wurden willkürlich dort angelegt, wo gerade die russischen Geschosse einschlugen, hatten meist dieselbe Höhe wie die Brustwehr, und eine Dicke von 4 m. Die einfachste und den Anforderungen ziemlich gut entsprechende Traversen-Form war in den quadratischen Redouten die Kreuz-Traverse. Die Erde für dieselbe gewann man aus dem inneren Hof der Redoute, welcher daher durchschnittlich um 0·5 bis 1 m vertieft war. In den Traversen legte man — so wie unter dem Wall — Munitions-Magazine, gedeckte Räume zum Kochen und zur Aufbewahrung von Wasser, endlich Wohn-Räume für die innere Besatzung an.

Die Geschütze wurden theilweise (gewöhnlich zu je 4 Stück) in den geschlossenen Werken aufgestellt, wo man zum Feuern Scharten und Bonnets anbrachte, — theilweise wirkten sie in einzelnen (versenkten oder horizontalen) Batterien. — Einzelne Geschütze endlich wurden bisweilen auf Höhen-Rücken aufgefahren, ohne besondere Deckungen zu haben; sie gaben einige Schüsse ab, und ehe die Russen sich auf sie eingeschossen hatten, änderten sie ihre Stellung. In den Werken waren hinter den Brustwehren und Traversen Versenkungen angebracht, in welchen man die Geschütze, wenn sie nicht feuerten, aufstellte.

Hindernis-Mitteln vor den Werken gab es auf der ganzen Vertheidigungs-Front nirgends.

Die Verbindungs-Wege waren in Folge des russischen Feuer bisweilen sehr tief; zumeist aber nur so breit, dass man einzeln, und nur die wichtigsten so breit, dass mehrere Leute neben einander darin marschieren konnten.

Die Schützen-Gräben (Laufgräben) waren größtentheils sehr geschickt dem Terrain angepasst und so angelegt, dass man das vorgelegene Terrain nicht nur unter Frontal-, sondern auch unter Kreuz-Feuer nehmen, und die geschlossenen Werke flankieren konnte. Sie lagen — von Plevna aus gesehen — am jenseitigen Hang der Höhen-Rücken, so dass wenn auch die Russen sich in ihren Besitz setzten, sie dieselben nicht dazu benutzen konnten, um die Türken zu beschießen. Auf 300 bis 600 Schritte vor der zusammen hängenden Laufgraben-Linie waren oft noch einzelne Schützen-Gräben für kleinere Abtheilungen (10 bis 30 Mann) angelegt.

Die Schützen-Gräben waren sehr verschieden-artig und von verschiedenem Profil; zumeist aber ein Graben mit einer oder zwei Stufen gegen die feindliche Seite, und mit einer sehr steilen, fast senkrechten hinteren Böschung. Letzteres erschwerte den eventuellen Rückzug. Erd-Aufwurf bis zu 0·9 m hoch, Ausgrabung eben so tief und 1·2 m breit; diese Abmessungen erlitten jedoch Änderungen, je nachdem der Laufgraben den russischen Stellungen näher oder entfernter war. Die vordere Böschung wurde mit Strauchwerk bekleidet.

Einige Laufgraben-Abschnitte, welche auch als Verbindungs-Wege dienten, wurden im October (und theilweise November) eingedeckt, so z. B. jene auf dem zweiten Kamm der „grünen Berge", bei der Osman bey tabija und bei der Osman Pascha tabija (Grivica-Redoute Nr. 2).

In den vor den geschlossenen Werken befindlichen Schützen-Gräben lag mitunter, da sie die Abhänge gut bestrichen und eine große Anzahl von Schützen aufzunehmen vermochten, der Schwerpunkt der Vertheidigung; die Redouten hingegen erschienen als Iteplis, als Rückhalt und zur Vermeidung einer Aufrollung der lang-gestreckten Linie von Schützen-Gräben.

Das Feuer aus den Redouten verhinderte andererseits, dass sich der Gegner in dem eroberten Schützen-Gräben behaupte.

Schützen-Löcher — runde Gruben für die Wachen — wurden auf 20 bis 50 Schritte vor den vordersten Schützen-Gräben (Laufgräben) ausgehoben, und stellenweise durch einen Gang mit letzteren verbunden.

Bedeckte Unterkünfte (besonders Erd-Hütten) entstanden, als Regen und Kälte eintraten, in den Werken (unter der Brustwehr, unter den Plattformen und in den Traversen) sowie in den Laufgräben; anfangs sogar in den Gräben (Contre-Escarpen) der Werke, was man aber später in Folge des Regen-Wetter und auch wohl des feindlichen Artillerie-Feuer aufgab. Die Reserven wurden grundsätzlich hinter dem Werk in eigens erbauten Tranchéen aufgestellt und erst im letzten Augenblick, wenn die feindliche Artillerie das Feuer einstellen musste, in das Werk gezogen.

Die Erbauung der Erd-Hütten geschah sehr einfach: man hob eine Grube von $1·5\,m$ Tiefe, $2\,m$ Breite und $4\,m$ Länge, mit verticalen Böschungen aus; verfertigte dann ein doppeltes Dach aus Hürden, indem man über die Mitte der Grube eine Stange horizontal auflegte, irgendwie stützte und die Hürden einfach darauf gab; darüber kam eine dicke Schichte Stroh, dann Reisig, dann Erde, wieder Reisig u. s. w. bis zur Dicke von $1·5\,m$. Die Eindeckung brauchte nicht bombenfest zu sein, da man ja keine Bewerfung aus Mörsern zu befürchten hatte. —

Oberst Küji (russischer Professor der Fortification), welcher 1878 Plevna besuchte, gibt folgenden gedrängten und gleichzeitig bezeichnenden Abriss über die türkischen Befestigungen: „Das Profil der türki-„schen Befestigung-Anlagen bei Plevna ist den verstärkten Feld-Befesti-„gungen entlehnt; indessen überschreitet die Höhe der Brustwehren „nicht $3\,m$ selbst an den bonnetierten Stellen, während deren Stärke „nicht mehr als $4·5\,m$ (?) beträgt. Die Gräben sind ziemlich tief, fast „$2·7\,m$; die Escarpen und Contre-Escarpen sind steil. Die Werke sind „meistentheils geschlossen, die Redouten sind Vierecke, regelmäßige und „unregelmäßige Fünf-, Sechs-, ja Sieben-Ecke mit zwei einspringenden „Winkeln. Die Eingänge sind größtentheils nicht gedeckt und werden „nicht bestrichen; in seltenen Fällen ist der Zugang zu ihnen von

„kleinen Außenwerken vertheidigt. Die Geschütze sind bonnetiert.
„Viele ausgezeichnete Verblendungen in den Traversen. Zur Beklei-
„dung ist eine sehr große Menge Strauchwerk verwendet.

„Die türkischen Werke sind mit großer Kunstfertigkeit angelegt,
„zeichnen sich durch ihre feste und massive Bau-Art aus; sie haben
„augenscheinlich viele Arbeit verlangt. Letztere fiel den Türken nicht
„schwer, weil die Bulgaren zur Ausführung der Arbeiten gezwungen
„wurden."

(Die Land-Bewohner überhaupt, besonders aber die Bulgaren, mussten unter Aufsicht von Soldaten, selbst im feindlichen Feuer arbeiten; wer ausreißen wollte, wurde nieder gestoßen.)

Truppen-Vertheilung und Dienst in den Positionen. — Das befestigte Lager bei Plevna war für die Vertheidigung in „Abschnitte" eingetheilt, von denen jeder einem Commandanten unterstand und eine bestimmte Truppen-Zahl zugewiesen erhielt. Über die Vertheilung der Truppen auf die einzelnen Abschnitte stehen uns keine Details zu Gebote.

Osman Pascha hatte sein Hauptquartier in der Baš tabija (nordöstlich von Plevna) etabliert. Nächst derselben war die Haupt-Reserve aufgestellt.

In jedem Abschnitt wurden zur Vertheidigung der geschlossenen Werke ständige Besatzungen und ständige Commandanten bestimmt (einzelne derselben, wie z. B. Junus Bey in der seinen Namen führenden Redoute während der ganzen Zeit nicht abgelöst). Auch in die vorgeschobenen Schützen-Gräben (Laufgräben) legte man Abtheilungen als ständige Besatzungen. In jedem Abschnitt verblieb dann noch eine Special-Reserve.

Die Besatzung der am meisten bedrohten Punkte wurde von Zeit zu Zeit durch eine andere Truppen-Abtheilung abgelöst (schließlich alle 48 Stunden). Im allgemeinen aber pflegte man die Besatzung der den russischen Stellungen zunächst gelegenen Emplacements nicht abzulösen, eine Maßregel, welche sehr beachtenswerte Vortheile hatte. Wussten Abtheilungen, welche zur Einrichtung und demnächst zur Vertheidigung des einen oder anderen Punktes bestimmt wurden, dass sie hier ständig verbleiben würden, so war es natürlich, dass sie keine Mühe scheuten, um sich dort möglichst sicher einzunisten und gegen Gefahren zu schützen. Sie lebten sich dort ein, lernten das Terrain kennen, gewöhnten sich an Alarmierungen, an den Gegner und — was am wichtigsten war — machten sich mit der ihnen stets und ständig drohenden Gefahr vertraut.

Unter anderen Umständen würde die Anspannung der Nerven und die körperliche Ermüdung der Truppen es nicht gestattet haben, dass ein und dieselbe Abtheilung sich lang an den am weitesten nach den russischen Stellungen vorgeschobenen Punkten hätte halten können;

bei Plevna aber, während der Blockade, waren die Russen nicht so
thätig, dass ihre Gegner außergewöhnlich viele Kräfte hatten ein-
setzen müssen.

Der Sicherungs-Dienst in den Werken wurde übrigens nur zum
Theil von wirklichen Soldaten geleistet. Osman Pascha hatte die nach
Plevna geflüchteten türkischen Land-Bewohner mit Gewehren bewaffnet, und verwendete sie als Aviso-Posten; zeigte sich irgend eine
feindliche Abtheilung, so mussten sie Schnell-Feuer eröffnen. War
die Sache wirklich ernst, so rückten die Linien-Soldaten — gut aus-
geruht, reichlich mit Munition versehen — ins Gefecht. Es lässt sich
nicht leugnen, dass diese Art von Kriegführung manches für sich
hatte; doch dürfte sie eben nur in einem derartigen Krieg möglich sein. —

Mitte October war das befestigte Lager von Plevna in fünf
Vertheidigung-Abschnitte getheilt.

Erster Abschnitt: die Nord-Front, vom Bukova-Bach bis zur
Grivica-Redoute; darin außer letzterer also die Suleiman Pascha tabija
und die Hafry bey tabija. Commandant: der Divisions-General Adil
Pascha, welchem die Brigade-Generale Sadik und Edhem Pascha,
sowie der Oberst Hairi Bey des Generalstabes beigegeben waren.

Zweiter Abschnitt: die Südost-Front, vom Grivica-Bach bis zur
Tučenica-Schlucht; darin die Ibrahim bey tabija, Čorum tabija, Atuf
Pascha tabija, Arab tabija, Ichtyat tabija, Baš tabija (auch „Barabair"
genannt) und Omar bey tabija. Commandant: der Brigade-General
Atuf Pascha.

Dritter und vierter Abschnitt: ersterer von der Tučenica-Schlucht
bis zum Dorf Krishino, letzterer von hier bis zum Vid. Commandant
für beide Abschnitte: der Generalstab-Chef Tahir Pascha.

Fünfter Abschnitt: die Werke bei Opanec, nordwestlich von
Plevna. Commandant: Oberst Suleiman Bey, welchem der General-
stabs-Hauptmann Hakki Bey zugetheilt war. —

Telegraphische Verbindungen bestanden vom Hauptquartier aus
nach folgenden Richtungen: nordöstlich über den Janik Bair (Nord-
Front) bis zur Grivica-Redoute; — südwestlich bis zur Yunus bey
tabija; — westlich bis zur Vid-Brücke; — nordwestlich bis zu den
Opanec-Redouten.

Über die Kampf-Weise der Türken im September (bis
Mitte October) liegen einige wertvolle Daten vor. — Die Türken
schossen wohl aus ihren Geschützen, brachten aber das Gewehr-Feuer
damals fast gar nicht zur Anwendung. Nur aus den Laufgräben,
welche vor der Redoute Omar bey tabija lagen, beschossen sie die
Arbeiter des russischen 4. Corps. Auch in den vorderen Laufgräben
befanden sich auserlesene Schützen, welche auf weite Entfernungen

selbst gegen einzelne Leute schossen; ganz besonders feuerten sie auf feindliche Officiere.

Die dem russischen Artillerie-Feuer ausgesetzten Redouten waren bei Tag von den Türken augenscheinlich nicht besetzt: die Abtheilungen hielten sich in den tiefen Gräben der Werke und hauptsächlich in den anstoßenden Laufgräben auf. Hatten jene türkischen Geschütze, welche auf geringere Entfernungen als 2.400 m feuerten, ihren Schuss abgegeben, zog man sie in Unterstände zurück, um hier das Gegen-Feuer der Russen abzuwarten; dieses Verfahren wiederholte sich. Die von den russischen Stellungen mehr entfernten Geschütze aber führten einen sehr energischen Kampf mit der an Zahl weit überlegenen russischen Artillerie; sie bewirkten, dass die Russen unnützer Weise alarmierten. Auch war dieses Artillerie-Feuer Veranlassung, dass die Russen nach Belagerungs-Geschützen verlangten, um den Kampf aufnehmen zu können. Und doch war das Schießen auf diese weiten Entfernungen nur sehr wenig wirksam. Hervorzuheben ist, dass die Türken ihre Artillerie sehr schonten: jedes einzelne Geschütz war für sie eine taktische Einheit.

In der Nacht feuerte die Artillerie, ganz besondere Fälle ausgenommen, niemals.

Die türkische Infanterie in den Laufgräben unterhielt bei Nacht ein schwaches Feuer auf die russischen Posten, welche „dadurch wach gehalten wurden".

Als die russischen Laufgräben sich den türkischen näherten, wie bei den Grivica-Redouten und auf dem ersten Kamm der „grünen Berge", hielt wohl die stete Erwartung, dass die Russen angreifen würden, die Hälfte der ganzen türkischen Laufgräben-Besatzung in Bereitschaft. Manchmal wurde in der Nacht von den Russen sowohl als von den Türken ein stärker werdendes Feuer, oder auch wohl eine Meldung von den vorgeschobenen Vorposten, dahin aufgefasst, dass der Gegner anzugreifen beabsichtige; man begann heftig zu schießen. In Folge dessen verstärkte nun auch der Gegner sein Feuer, seinerseits nun in der Meinung, dass jenes des Feindes die Vorbereitung zu einem Angriff sei. Die Unterstützungs-Trupps giengen vor; führten sie diese Bewegung ungedeckt aus, so erlitten sie fühlbare Verluste. Nach einiger Zeit verstummte das Feuer; die Unterstützungen giengen zurück oder blieben auch wohl bis zum Tages-Anbruch. Die Commandanten der Abtheilungen, welche gefeuert hatten, meldeten dann, dass sie Angriffe des Gegner abgeschlagen haben.

3. Anmarsch der Garden und Grenadiere.

Jene Truppen des Garde- und Grenadier-Corps, welche nach Bulgarien heran rückten, waren:

Vom Garde-Corps:	Baone.	Esc.	Gesch.
1. Garde-Infanterie-Division (Generall. Rauch)	16	—	48
2. „ „ „ („ Schuwalow)	16	—	48
3. „ „ „ („ Katalei)	16	—	48
Garde-Schützen-Brigade (General Ellis I)	4	—	—
„ -Sappeur-Bataillon	1	—	—
2. Garde-Cavallerie-Division (General Leonow)	—	24	24
Vom Grenadier-Corps:			
2. Grenadier-Division (Generall. Swätuchin)	12	—	48
3. „ „ (General Danilow)	12	—	48
Zusammen:	77	24	264

oder rund 70.000 Mann.

Die Regimenter der Garde waren zu 4 Bataillonen mit je 4 Compagnien, jene der Grenadiere zu 3 Bataillonen mit je 5 Compagnien formiert. Sämmtliche Batterien der Garde-Infanterie- und Grenadier-Divisionen hatten neun-pfündige, jene der 2. Garde-Cavallerie-Division vier-pfündige Geschütze.

Am Morgen des 3. October waren die Truppen der Garde wie folgt dislociert: 1. Infl.-Division in Akčair, 2. Infl.-Division noch auf dem Marsch in Rumänien, 3. Infl.-Division und Garde-Sappeur-Bataillon in Ovča mogila, Garde-Schützen-Brigade (nur 3 Bataillone, die Finnländer kamen etwas später) in Gornji Studen, 2. Garde-Cavall.-Division in Dolnji Lipnica. Die zwei Grenadier-Divisionen noch auf dem Marsch in Rumänien.

Bei der 2. Garde-Cavallerie-Division war die Verpflegung der Pferde sehr schwierig. Seit dem Übergang über die Donau weigerten sich die Lieferanten, Heu zu beschaffen, weil es für sie unmöglich sei, dasselbe zu Markt-Preisen zu bekommen. Es wurde daher den Regimentern anheimgestellt, Gras selbst zu mähen, wo irgend sich die Möglichkeit hiezu böte. Auf den Feldern stand fast überall noch ungemähtes Gras, dasselbe war aber von mangelhafter Beschaffenheit und hatte in Folge der letzten Regengüsse sogar bereits zu faulen begonnen. Die Escadrons-Commandanten kauften daher Heu von den Bulgaren, freilich zu einem ziemlich hohen Preis; bald jedoch erging von der Feld-Intendantur eine Verfügung, welche die Regimenter und Batterien allgemein anwies, grundsätzlich das Rauh-Futter für die Pferde selbst zu schneiden. Diese Maßregel war äußerst unzweckmäßig, denn die Pferde bedurften nach den anstrengenden Märschen der Erholung, während das Gras sie nur schwächen konnte, und dieses bereits faulende Futter auch verderbliche Folgen nach sich ziehen musste. Überdies war das Mähen selbst mit sehr großen Unzuträglichkeiten verknüpft: bei dem tiefen Schmutz und dem nassen hohen Gras drohte das einzige Paar Stiefeln und die einzige Uniform, welche die Leute bei sich hatten, vor der Zeit unbrauchbar zu werden. Angesichts dessen wurde vom Ober-Commandierenden genehmigt, dass mit dem Ankauf von Heu fortgefahren werde.

Bald begannen ununterbrochene Regengüsse, welche das Biwak der Division in einen Sumpf verwandelten, während die kleinen Zelte die Leute schlecht vor der Ungunst der Witterung schützten. Hier hatten die Mäntel der Soldaten die doppelte Aufgabe, als Bekleidung-Stück wie auch als Unterlage zu dienen, denn Stroh war sehr selten und verwandelte sich durch den aufgeweichten Boden des Biwaks schnell in Koth. Obwohl die Koppeln den Platz wechselten, standen die Pferde doch bis an die Knie im Schmutz. Die Schwere des Dienstes vermehrte sich durch das Bedürfnis, täglich bis zu 60 Mann von jedem Regiment zur Umstellung des Lagers zu commandiren. Der weitere Aufenthalt in demselben liess daher eine bedeutende Verringerung der Streit-Kräfte der Division befürchten, weshalb der Divisionär (General Leonow, welcher am 2. October für den nach Plevna abgegangenen General, Gurko das Commando übernommen hatte) um die Erlaubnis bat, die Division in den benachbarten Dörfern einquartieren zu dürfen.

Diese Maßregel ermöglichte es den Leuten, sich zu trocknen, und hatte überhaupt einen wohlthuenden Einfluss auf die Gesundheit von Mann und Pferd; die Regimenter bekamen dort ferner auch die Möglichkeit, sich der Reparatur der Uniformen und des Schuhwerkes zu widmen. Auch war vom Divisions-Commando verfügt worden, dass alle in Alexandria zurück gelassenen Stücke, darunter auch das zweite Paar Stiefeln, nachgeschickt werden sollen.

Um die gedrückten Pferde zu schonen, wurden dieselben nur wenig gesattelt, so dass während der Zeit, als die Truppen im Biwak standen, nicht mehr als 1 bis 2 Escadron-Exercitien oder Fahr-Übungen — das Schicken in die Heu-Ernte nicht mitgerechnet — vorgenommen wurden. Die Ernährung mit Gerste verlangte jedoch angestrengte Bewegungen, deren Mangel bei vielen Pferden Kolik hervorrief. Aus diesem Grund mussten die Regimenter in der Folge täglich Übungen und Fahrten mit vollem Pferde-Stand unternehmen.

Am 5. October traf das 4. Bataillon (die Finnländer) der Garde-Schützen-Brigade bei dieser ein. Die 1. und 2. Kuban-Escadron des kaiserlichen Convoi wurde der Brigade beigegeben.

Am 6. October fand eine Besichtigung der Garde-Truppen durch den Kaiser statt.

Gemäß dem allgemeinen Befehl für die Garde vom 6. October (die Details desselben sind uns nicht bekannt), marschierte die Garde-Schützen-Brigade am 7. October zusammen mit dem Garde-Sappeur-Bataillon und den 2 Escadronen des kaiserlichen Convoi als Avantgarde des Garde-Corps gegen Raljevo ab.

Die 3. Garde-Inft.-Division begann am 7. October den Vormarsch auf Raljevo, u. zw. mit der Artillerie-Brigade zusammen in einem Staffel. In Folge des Regen und der schlechten Wege war der Marsch mit grossen Schwierigkeiten verbunden: die Regimenter kamen aus einander, die Trains blieben zurück, und von warmer Kost konnte daher keine Rede sein. Die erste Nacht, bei Vina, wurde unter einem Platzregen, sowie in tiefem Schmutz verbracht; der folgende Marsch (8. October) über Karagač bolgarski nach Pelišat, des durchweichten Bodens wegen, unter denselben ungünstigen Verhältnissen zurückgelegt. Am 9. October hat die Division gerastet; am 10. October marschierte sie nach Raljevo (3 km westlich der Straße Plevna-Lovča).

Die 1. Garde-Infanterie-Division marschierte hinter der 3. Garde-Infanterie-Division nach Raljevo.

Bis jetzt hatte sich der Vormarsch der Garden hinter dem 4. Corps und der 2. Armee-Infanterie-Division, welche vor Plevna standen, vollzogen, so dass man keiner besonderen Sicherheits-Maßregeln bedurfte. Bei Raljevo jedoch befand sich die Garde schon in erster Linie, weshalb man eine Vorhut auf 2 km gegen Plevna vorschob.

Die 2. Garde-Infanterie-Division bewirkte vom 11. October an bei Zimnitza den Donau-Übergang; voran die 2. Brigade. Die 1. Brigade mit der Artillerie sind ziemlich bedeutend zurück geblieben. Anfangs war die 2. Brigade nach Akčair marschiert (14. October dort eingetroffen), dann aber — weil man die Division zur Verstärkung des Großfürst-Thronfolger verwenden wollte — nach Pavel entsendet worden. Dort blieben die Regimenter zwei Tage (15. und 16. October) und fanden dadurch Gelegenheit, sich nach dem langwierigen Marsch wieder einigermaßen zu retablieren.

Die 2. Garde-Cavallerie-Division **befand sich noch immer bei** Dolnji Lipnica.

Mit der Vereinigung des Garde-Corps auf dem Krieg-Schauplatz **wurde** folgender Befehl des Großfürst Nicolaus bekannt gegeben:

„Soldaten des Garde-Corps! Durch Allerhöchsten Befehl seid „Ihr zur Theilnahme an dem gegenwärtigen ruhmvollen Kampf „berufen. Se. Majestät der Kaiser blickt mit Vertrauen auf Euch und „ist überzeugt, dass seine Garde sich bei den bevorstehenden Opera-„tionen so tüchtig erweisen wird wie unsere Vorfahren, und dass sie „den guten ehrenvollen Namen, welcher ihren Fahnen anhaftet, hochhält. „Hiefür bürge ich Sr. Majestät und hoffe, wir zeigen, dass dieselben „nicht vergeblich uns mit Allerhöchst Ihrer Huld beglückt haben.

„Unser Feind war im Verlauf des letzten Jahrhundert gewöhnt, „den russischen Soldaten zu achten; beweisen wir, dass auch wir „dieser Achtung würdig sind. Nicht durch numerische Überlegenheit, „noch durch Überlegenheit der Bewaffnung, noch auch durch die „Stärke der Vertheidigung-Stellung haben Rumjanzew, Suworow und „Dibitsch ihre Namen durch Siege über die Türken unsterblich „gemacht, sondern durch ihren Unternehmungs-Geist, ihr geschicktes „Manövrieren und den Helden-Muth ihrer Soldaten. Nehmen wir uns „diese Helden zum Muster und seien wir immer dessen eingedenk, „dass niemals Unentschlossenheit und Schwanken, sondern stets nur „kühnes Wagen, Beharrlichkeit und gegenseitige Unterstützung sichere „Mitteln zum Sieg sind."

Concentrierung bei Barkač. — **In der Zeit vom 11. bis** 15. October bewirkten die bei Raljevo versammelt gewesenen Garde-Truppen (Garde-Schützen Brigade, 1. und 3. Garde-Infanterie-Division) unter großen Mühseligkeiten ihre Concentrierung in den Raum Dolnji Barkač-Gornji Barkač-Biegleš.

Die Čirnetka, an welcher Raljevo selbst liegt, fließt in einer tiefen Einsenkung, deren West-Abhang bei dem Dorf eine Höhe von mehr als 300 m besitzt und außerordentlich steil zum Fluss abfällt; ihr Überschreiten bot daher bedeutende Schwierigkeiten. Um diese zu überwinden, befahl General Woronzow-Daškow (Generalstab-Chef des Garde-Corps) den Sappeuren und dem Garde-Regiment Wolhynien die Herstellung zweier Aufstiege. Zunächst wurde der Koth von dem

Weg entfernt und letzterer mit Stroh bestreut; dann riss man die am Straßen-Rand stehenden geflochtenen Zäune nieder, legte sie auf den Fahrdamm und versah das Ganze, um das Straucheln der Pferde zu verhüten, wieder mit einer Lage Stroh.

Trotzdem vollzog sich der Vormarsch unter großen Anstrengungen, denn nicht ein einziges Fahrzeug konnte ohne die Hilfe der Mannschaft fortbewegt werden. Beim Weiter-Marsch über Biegleš auf Gornji Barkač entstanden in Folge des durchweichten Bodens und sehr ungünstiger Steigungs-Verhältnisse von neuem ähnliche Schwierigkeiten.

Überhaupt bot der Marsch von Raljovo aus ein Bild ziemlich ernstlicher Unordnung: die Trains blieben nach jedem Schritt stecken, die Pferde ermatteten, die Ochsen legten sich geradewegs in den Koth und konnten weder durch Antreiben noch durch Schläge wieder auf die Beine gebracht werden, die Truppen endlich kamen derart aus einander, dass die Leute in einem ungeordneten Haufen marschierten. Nebstdem hatten die fortwährenden Regengüsse die Bekleidung durchweicht, welche mit Schmutz bedeckt war und durchaus nicht getrocknet werden konnte.

Es versteht sich von selbst, dass unter solchen Umständen die Commandanten die größten Anstrengungen machen und ernste Maßregeln ergreifen mussten, um die Ordnung wieder herzustellen und den Einwohnern keinen Grund zu Klagen zu geben. Wie schwierig der beschriebene Vormarsch war, geht schon daraus hervor, dass man zu der etwa 15 *km* betragenden Strecke von Raljovo nach Gornji Barkač und zur Versammlung an letzterem Punkt 5 Tage (vom 11. bis 15. October) brauchte.

Bei diesem Marsch traten auch einige Mängel in der damaligen Wirtschaft-Ordnung zutage. So hatte z. B. der Commandant der 3. Garde-Infanterie-Division, General. Katalei, behufs Vorsorgung der Truppen mit Stroh und Heiz-Material, den Ankauf desselben durch die Division-Intendanz befohlen. Hier aber zeigte sich die Unzuträglichkeit kleinlicher Formalitäten und einer ebenso kleinlichen Rechnungs-Legung, dass man sofort von jener Anordnung abkam, dagegen die voraus-geschickten „Fourier- und Jalonour-Officiere" mit dem Ankauf der erwähnten Gegenstände beauftragte, was übrigens wegen Mangel von Dolmetschern gleichfalls Schwierigkeiten verursachte.

Das Hauptquartier des Garde-Corps kam nach Gornji Barkač. Um das Dorf herum lagen die 3. Garde-Inft.-Division, 1½ Escadronen des kaiserlichen Convoi und die Garde-Gendarmerie-Escadron; zwischen Biegleš und Gornji Barkač die 1. Garde-Infanterie-Division; — bei Dolnji Barkač (2·5 *km* von letzterem Ort) die „Avantgarde" (Garde-Schützen-Brigade, Sappeur-Bataillon, 1 Batterie und ½ Escadron des kaiserlichen Convoi); — am Vid das 4 Don-Kosaken- und das

9. Husaren-Regiment (Kiew). Hinter den Vedetten war in der Nähe von Gornji Barkač noch eine Kette von „Schützen" aufgestellt.

Nachdem man sich vorne gegen den Feind gesichert, war es unumgänglich nöthig, auch für die rückwärtigen Verbindungen zu sorgen. Man schritt deswegen sofort nach der Ankunft bei Gornji Barkač zur Verbesserung der Haupt-Communicationen im Süd von Plevna, darunter der Wege von Raljevo nach Gornji bezw. Dolnji Barkač (auf das Plateau) und zwischen diesen beiden Orten.

Sehr missliche Verhältnisse wies auch die Vorpflegung der Truppen auf. In den ersten Tagen des Aufenthaltes bei Gornji Barkač wurde der bei den Truppen befindliche Zwieback-Vorrath ausgegeben. Bei den Schwierigkeiten der Zufuhr beschloss man, zur Deckung des nächsten Bedarfes die ersten ankommenden Transporte zu benutzen, im übrigen aber die Mitteln des Landes in Anspruch zu nehmen. In Folge dessen wurden die Dörfer in Dislocations-Bezirke vertheilt und demnächst Officiere hin geschickt, um im Requisitions-Weg durch die Militär-Bäcker und Einwohner so viel Brot (Fladen) wie möglich backen zu lassen; doch hatte diese Anordnung nur ein geringes Ergebnis. Man befahl deshalb die Töpfer und Bäcker der 1. Garde-Infanterie-Division nach Bogot, jene der 3. Garde-Infanterie-Division nach Polišat, und ließ dort sofort Back-Öfen herstellen, von der Intendanz Mehl empfangen und demnächst Brot backen. Zum Transport des letzteren und zum Train-Dienst in den Bäckereien hatte jedes Regiment etwa 10 Paar Zug-Ochsen zu beschaffen. So rettete in dieser wichtigen Frage nur die Selbst-Hilfe die Truppen vor dem Hunger; die Intendanz zeigte sich damals völlig hilflos.

Die weitere Aufgabe der Garde war um diese Zeit noch nicht genau bekannt. Anfangs vermuthete man, diese Aufgabe solle in einem Überfall der türkischen Transporte bestehen, welche sich auf der Sofia-Straße bewegten. Es ist klar, dass dieses Gerücht auf einem Missverständnis beruhte, da eine solche Aufgabe nicht den Wert eines auserlesenen Corps entsprach und auch wenig Zweck gehabt hätte, da die Rückzugs-Linie Osman Pascha's trotzdem frei geblieben wäre. Außerdem konnte ein derartiges Operation-System kein befriedigendes Resultat erzielen, da die Türken nie einen größeren Transport auf einmal abließen, sondern nur von einer Etape zur anderen periodisch 50 bis 100 Wägen schickten.

Nichtsdestoweniger rief jeder solche Transport, da man ihn vom Biwak der Avantgarde aus leicht bemerken konnte, einige Bewegung in der Posten-Linie hervor, verursachte eine vermehrte Absendung von Meldungen u. dgl.

In Folge der Unkenntnis, wozu das Corps eigentlich bestimmt sei, und weil man die völlige Versammlung desselben abwarten wollte, blieben die Truppen im allgemeinen unthätig, bauten vorläufig nur mehrere Befestigungen und klärten nach dem Feind hin auf. Für die Avantgarde hatte General Worouzow-Daškow schon am 12. October bei Dolnji Barkač eine Stellung ausgesucht und sie befestigen lassen, wobei die vorderen Gräben durch die Schützen-Brigade, die Deckungen für die Reserven dagegen durch die Sappeure ausgehoben wurden.

Die Schützen-Brigade entsendete bisweilen zur Unterstützung der aufklärenden Abtheilungen einzelne Compagnien nach Čerikovo.

Die wichtigste Recognoscierung erfolgte am 16. October durch Oberstlieutenant Stawrowski vom Generalstab unter dem Schutz von $1^1/_2$ Escadronen (Kuban-Kosaken) des kaiserlichen Convoi, $1^1/_2$ Sotnien des 4. Kosaken-Regimentes und 2 Compagnien des 2. Garde-Schützen-Bataillon unter dem allgemeinen Befehl des Flügel-Adjutanten Oberst Strukow. Hiebei wurden die Kosaken in der Richtung auf Gornji Dubnjak vor geschickt, während die Schützen-Compagnien den Wald-Rand südwestlich dieses Dorfes besetzten und den Befehl erhielten, sich nicht zu zeigen und das Feuer nur dann zu eröffnen, wenn der Feind gegen den Wald vorgehe. Der Gegner beschoss die Kosaken sowohl mit Geschützen als mit Gewehren; trotzdem wurden seine Posten kühn durch die Convoi-Truppen zurück gedrängt, welche hiebei die Telegraphen-Leitung an der Straße zerstörten. Stawrowski gelang es, ziemlich nahe an die feindliche Stellung heran zu kommen, worauf er noch mit einem Theil der Kosaken eine Recognoscierung in der Richtung auf Teliš unternahm. Die Türken entsendeten beim Abzug der Kosaken 1 Bataillon Infanterie, welches bis auf 500 Meter an die Garde-Schützen heran gieng; diese feuerten jedoch, dem erhaltenen Befehl gemäß, nicht. Ebenso unterließ man es, auf die türkische Cavallerie zu schießen, welche den Convoi-Kosaken, nachdem diese sich zu nahe an den Feind gewagt hatten und jetzt — nach beendigter Recognoscierung — auf Čerikovo zurück giengen, zudringlich folgte. Die ganze Unternehmung dauerte $2^1/_2$ Stunden (wobei Croquis der betreffenden Gegend aufgenommen wurden) und hatte einen Verlust von 2 verwundeten Kosaken und 2 Pferden verursacht.

4. Die russische Armee-Leitung Mitte October.

Inzwischen traten in den Entschlüssen der obersten Heeres-Leitung wichtige Veränderungen ein.

In Gornji Studen war nämlich die Nachricht eingetroffen, dass am 3. October (dem Tag, an welchem Großfürst Nicolaus in der Belagerungs-Batterie bei Plevna Kriegs-Rath gehalten hatte) auf der Straße zwischen Kadiköj und Rasgrad ebenfalls eine Berathung, u. zw. des neu ernannten türkischen Höchst-Commandierenden — Suleiman Pascha — mit seinem Vorgänger Mehemed Ali (?) und den anderen älteren Befehlshabern stattgefunden habe.

Diese Nachricht erregte ernste Unruhe. Der Czar befürchtete, dass der neue türkische Ober-Commandierende in dem Wunsch, das durch den Sultan ihm bewiesene Vertrauen zu rechtfertigen, entscheidende Offensiv-Bewegungen machen und dadurch den russischen linken Flügel in eine äusserst schwierige Lage bringen werde. Er hielt es daher für erforderlich, das ganze Garde-Corps zur Verstärkung der Armee-Abtheilung des Großfürst-Thronfolger zu verwenden.

Die 1. und 3. Garde-Infanterie-Division waren jedoch bereits nach Plevna im Marsch begriffen und hatten schon Poradim passiert.

Man beschloss deshalb (es muss am 13. October gewesen sein), da man die beabsichtigte Besetzung der Sofia-Straße nicht aufgeben wollte, die 2. Garde-Infanterie- und 2. Garde-Cavallerie-Division unverzüglich nach Bjela zur Rusčuk-Armee-Abtheilung zu entsenden. Die 1. und 3. Garde-Infanterie-Division, die Garde-Schützen-Brigade und das Garde-Sappeur-Bataillon sollten dagegen so lang vor Plevna bezw. an der Sofia-Straße verbleiben, bis sie durch das im Anmarsch nach dem Krieg-Schauplatz befindliche Grenadier-Corps abgelöst werden könnten.

Am 14. October ergiengen die diesbezüglichen Befehle.

Diese Verfügungen änderten die Sachlage bei Plevna bedeutend, denn General. Totleben erhielt — statt 3 Infanterie-, 1 Cavallerie-Division, 1 Schützen-Brigade und 1 Sappeur-Bataillon (zusammen 53 Bataillone, 24 Escadronen, 168 Geschütze) — um 1 Infanterie- und 1 Cavallerie-Division weniger (also nur 37 Bataillone und 96 Geschütze). Mit der Ankunft des Grenadier-Corps (2 Infanterie-Divisionen) zur Ablösung der Garde an der Sofia-Straße würden sich im ganzen gar bloß 24 (anstatt 37) Bataillone dort befunden haben.

Nach den über die Stärke der Türken in Plevna vorhandenen Nachrichten hielt der Ober-Commandierende die oben angeführten 37 Bataillone und 96 Geschütze für ausreichend, um die Sofia-Straße zu besetzen und Plevna vollständig zu blockieren. Was die Straße Plevna-Lovča betraf, so maß der Großfürst in Folge persönlicher Recognoscierung, der Stellung auf dem „rothen Berg" südöstlich von Brestovec eine große Vertheidigungs-Kraft bei und meinte, dass wenn sich dort 6 ausgezeichnete Schützen-Bataillone, durch eine mächtige Artillerie unterstützt, befestigen würden, sie wohl imstand wären, sich bis zur Ankunft von Verstärkungen gegen bedeutend überlegene Kräfte zu halten.

General. Totleben erachtete aber das Zurück-Halten der 2. Garde-Infanterie-Division für eine große Gefährdung aller Operationen vor Plevna, und glaubte, dass die zur Verstärkung angekommenen 36 Garde-Infanterie-Bataillone unzureichend wären. Besonders schien es ihm unmöglich, die Plevna-Lovča-Straße nur mit 6 Bataillonen zu behaupten; seiner Ansicht nach mussten hiezu 30 Bataillone verwendet werden (16. Infanterie-Division, 2 Schützen-Bataillone, und dahinter als Reserve die 3. Garde-Infanterie-Division), anderen Falles „könne man sich auf diese Stellung nicht stützen". Dann aber würden von den heran geführten Verstärkungen (abgesehen vom Garde-Sappeur-Bataillon) nur noch 20 Bataillone (1. Garde-Infanterie-Division und Garde-Schützen-Brigade) für die Unternehmung auf der Straße nach Sofia bleiben.

Generall. Totleben fand weiters, dass es äusserst gewagt wäre, die Besetzung der Sofia-Straße etwa lediglich unter dem Schutz der 14 Bataillone Skobelew's vorzunehmen, da Osman Pascha aus Plevna hervorbrechen, die Colonne-Skobelew werfen, dann die zwei Garde-Divisionen (1. und 3.) und die Garde-Schützen-Brigade abschneiden könnte; wenn auch die Besetzung der Sofia-Straße gelänge, die Lage der Garde-Divisionen, zwischen der Armee Osman's einerseits und den Truppen Chefket's (bei Orhanje) anderseits, trotzdem zu gefährlich sein würde.

Angesichts der erlittenen Miss-Erfolge wollte er sich nicht in gewagte Unternehmungen einlassen und hielt es für besser, die Operation auf der Sofia-Straße (d. h. eine wirkliche Blockade von Plevna) ganz aufzugeben, als sich einem neuen Miss-Erfolg auszusetzen.

In einem aus Dolnji Barkač (14. October) datierten Bericht entwickelte Generall. Totleben diese Ansichten und bat noch um Heran-Disponierung der 2. Garde-Infanterie-Division. Er stimmte in diesem Bericht auch den ihm (vermuthlich vom Generall. Gurko) gemachten Meldungen bei, dass 73 Escadronen und Sotnien (Cavallerie-Corps Krylow und Detachement Loškarew) für die Operationen jenseits des Isker nichts erreichen könnten, und bat, sie durch die 2. Garde-Cavallerie-Division zu verstärken. Zum Schluss seiner Vorstellung schrieb der General: „Nach Ankunft der 2. Garde-Infanterie- und „2. Garde-Cavallerie-Division haben diese unverweilt auf die Sofia-„Straße überzugehen" und fügte hinzu: „ohne diese Verstärkungen „laufen wir Gefahr, getrennt und einzeln geschlagen zu werden."

Mit diesen Vorschlägen entsendete Totleben am 15. October den Generall. Gurko in das große Hauptquartier (Gornji Studen).

In Folge dessen wurde dort am 16. October ein Kriegs-Rath (unter dem Vorsitz des Kaiser) abgehalten, zu welchem der Ober-Commandierende, der Kriegs-Minister, sowie die Generale Nepokoitšitzki und Gurko befohlen waren. Nachdem die Situation auf dem Kriegs-Schauplatz beleuchtet und alle Folgen einer Vernichtung der Armee Osman Pascha's erwogen waren, bestimmte der Kaiser endgiltig, dass das ganze Garde-Corps zur Verfügung Totleben's belassen werden solle. Zur eventuellen Unterstützung der Armee-Abtheilung des Großfürst-Thronfolger wurde das Grenadier-Corps, welches unmittelbar der Garde auf den Krieg-Schauplatz folgte, in Aussicht genommen.

In demselben Kriegs-Rath bestimmte der Kaiser als das Ziel der weiteren Operationen vor Plevna „die Gefangen-Nehmung der Armee Osman Pascha's" und befahl, dass alle Truppen, welche mit der Zeit den Vid überschreiten sollten, unter den Befehl des Generall. Gurko zu treten hätten.

So wurde denn hiemit der Beginn der letzten Operations-Periode vor Plevna eingeleitet, indem man als End-Ziel nicht mehr die Vertreibung der Armee Osman's aus den Befestigungen von Plevna, sondern ihre gänzliche Gefangen-Nehmung aufstellte. Als Mittel zur Erreichung dieses Zweckes sollte die Blockade der Türken durch eine starke Colonne aus allen drei Waffen auf dem linken Vid-Ufer dienen. —

B. Ereignisse vom 17. bis 22. October.

I. Thätigkeit der Russen auf dem rechten Vid-Ufer.

Auf Seite der Russen unternahm Generall. Totleben wiederholt persönlich Recognoscierungen in dem zur Concentrierung der Truppen des Generall. Gurko gewählten Terrain östlich, so wie auch in jenem westlich des Vid.

Anregungen zur Besetzung der „grünen Berge". — Die Türken entwickelten von Mitte October an eine große Thätigkeit, um sich auf dem zweiten Kamm der „grünen Berge" zu befestigen. Generall. Skobelew, welcher diese Arbeiten aufmerksam beobachtete, bat endlich um die Erlaubnis, an der Straße Plevna-Lovča den ersten und zweiten Kamm der „grünen Berge", zu nehmen, indem er für den Erfolg einstand; — seine Vorstellungen wurden aber abgelehnt. Er bat nun, dass wenigstens dem General Loškarew befohlen werden möge, mit reitenden Batterien die Arbeiten der Türken zu stören; hiemit war man einverstanden. Thatsächlich nahmen dann die russischen reitenden Batterien zwei Mal (wann, ist unbekannt) auf der Ryshaja gora (rother Berg) Stellung und beschossen die Arbeiten auf dem zweiten Kamm (Entfernung 3.000 m). Ein Erfolg wurde dadurch nicht erzielt, und man entschloss sich auch nicht, den ersten Kamm (auf welchem die russischen Reiter-Posten standen und sich mit den türkischen Posten herumschossen) zu besetzen, welcher von den im Bau begriffenen Redouten auf nur etwa 1.600 m entfernt lag.

Am 18. October meldete auf dem linken Flügel der Blockade-Armee der General Snitnikow (Commandant der 30. Inft.-Div.) dem Generall. Skobelew:

„Gegen 11 Uhr Vormittag begann nach den grünen Bergen hin „eine türkische Schützen-Kette mit Reitern davor sich in Marsch zu „setzen. Die Kette war von verschiedener Dichtigkeit. Hinter der-„selben bewegten sich kleine Colonnen, welche, nachdem sie die „Höhen des ersten Kammes erreicht hatten, Halt machten und zu

„arbeiten anfiengen; was sie arbeiteten, war schwer festzustellen. Sie
„errichteten eine Beobachtungs-Leiter in der Art, wie sie unsere
„Belagerungs-Batterien haben, fällten Bäume und banden anscheinend
„Faschinen. Es kann auch sein, dass sie Erd-Arbeiten ausführten;
„aber was für welche, war nicht zu unterscheiden.

„Als ich um 7½ Uhr aus Radiševo nach Tučenica zurückkehrte,
„sah ich auf den grünen Bergen, dem Dorf Brestovec gegenüber,
„türkische Biwak-Feuer.

„Nach meiner Rückkehr nach Hause wurden mir von meinem Dol-
„metsch, welcher an diesem Tag in Brestovec war, gemeldet, dass die
„Türken heute bis selbst an den Fuß der grünen Berge, in einer
„ungefähren Stärke von 200 Mann herab gestiegen waren; er habe
„sie gesehen. Bei dem sich mit unseren Don-Kosaken entwickelnden
„Feuer-Gefecht ist ein Kosak verwundet worden."

Generall. Skobelew berichtete dies (aus Tučenica, 18. October,
9 Uhr abends) an den Generall. Fürst Imeretinski und fügte in der
Überzeugung, dass eine möglichst schnelle Besetzung des ersten
Kammes der „grünen Berge" nothwendig sei, Folgendes bei:

„Die Besetzung der grünen Berge durch die Türken habe ich
„schon seit einigen Tagen vorher-gesehen und darüber dem Generall.
„Sotow gemeldet.

„Die letzten dort seitens des Feindes vorgenommenen Verstär-
„kungen werden für uns sehr fühlbar werden, weil der Feind von
„diesen Höhen aus die ganze Linie des 4. Corps flankieren und in
„den Rücken nehmen kann. Man vermag sich in ihren Besitz nur von
„Brestovec her zu setzen, und zwar in Folge der Eigen-Art des Geländes
„und der Lage einer feindlichen Redoute auf dem Flügel, nur mit
„großen Verlusten.

„In Bezug auf die allgemeine Linie der türkischen Befestigungen
„bilden die grünen Berge die große Caponniere, welche den Türken
„fehlte, um ihre Linie im Sinn einer wirksamen Vertheidigung viel-
„leicht musterhaft auszubauen.

„Das Gelände ist so gestaltet, dass die grünen Berge, sind sie
„vom Feind besetzt, uns die einzigen überhöhenden Stellungen ent-
„behren lassen, von welchen man auf das Vortheilhafteste die Süd-
„Front und die Stadt Plevna beschießen kann; zweitens verhindern
„sie uns, einen allmählichen Angriff auf eine von den stärksten Fronten
„der feindlichen Linie, welche den Rückzugs-Weg der feindlichen
„Armee deckt, mit Erfolg zu führen.

„Ich ziehe den Schluss: indem uns der Feind die Möglichkeit
„nimmt, auf den grünen Bergen uns festzusetzen, schwächt derselbe
„unsere Angriffs-Kraft im hohen Maß; haben sich die Türken hier
„befestigt und eine weittragende zahlreiche Artillerie hier aufgeführt,
„so gewinnen sie die Möglichkeit, uns zu zwingen, wenn nicht den
„ganzen linken Flügel unserer Aufstellung zu räumen, so doch wenigstens
„links von Radiševo einen Theil unserer Kräfte vollständig nutzlos

„zusammen zu ziehen und mit ihnen vielleicht in einen blutigen aber
„unnützen Artillerie-Kampf einzutreten.

„Die obige Auseinandersetzung gründet sich auf die tiefe Er-
„kenntnis der Wichtigkeit einer Besitz-Ergreifung der Stellung auf
„den grünen Bergen, sowie auf die feste Überzeugung, dass, je ent-
„schiedener wir bei einer vom Feind nicht erwarteten Gelegenheit
„mit demselben verfahren, desto billiger uns die Sache zu stehen
„kommt und desto geringere Gefahr vorhanden ist, eine allgemeine
„Schlacht einzufädeln, welche nach dem angenommenen bekannten Plan
„vermieden werden muss, ohne dabei aber so wesentliche Vortheile,
„wie die Besitz-Ergreifung der grünen Berge, verloren gehen zu lassen.

„Ich schlage vor: nach Mitternacht die 16. Infanterie-Division
„an der Straße, zwei Schützen-Bataillone und einen Theil der Cavallerie
„mit reitender Artillerie hinter dem Dorf Uçindol zusammen zu ziehen;
„um 4 Uhr sich des Kammes der grünen Berge zu bemächtigen,
„welchen mir der General. Totleben angegeben hat; zum Morgen
„werden mit Hilfe der Ingenieur-Officiere und des Ingenieur-Park,*)
„welcher sich bei der Division befindet, die Stellungen zur Verthei-
„digung eingerichtet sein und der Feind wird an ihnen zerschellen.
„Die in der Nähe befindlichen Garde-Divisionen werden den Erfolg
„bei jedem zufälligen Ereignis sichern, wenn auch, meiner Ansicht
„nach, ihre Betheiligung immer noch nicht nothwendig sein wird.

„Das Sappeur-Bataillon muss möglichst schnell eintreffen. Die
„Anwesenheit der Obersten Melnizki und Lasskowski ist bei Beginn der
„Bewegung nach den grünen Bergen unbedingt nothwendig.

„Indem ich diesen Brief abschicke, bin ich von dem Wunsch
„geleitet, dem Allgemeinen zu helfen, und meine Eile gründet sich
„auf die Erkenntnis der Vortheile, welche der Feind bei der Besitz-
„nahme der grünen Berge sich aneignet. Mir ist der Plan Sr. Excellenz
„im allgemeinen bekannt und der einzige Zweck meiner gesammten
„Thätigkeit ist und bleibt, zur Ausführung desselben in der Art beizu-
„tragen, wie der General-Adjutant Totleben ihn entworfen hat." —

Vom 19. October angefangen wurden auf dem linken Flügel
der Blockade-Armee (besonders bei der 16. Inft.-Division) während
einiger Tage die eingehendsten Vorbereitungen ausgeführt, um auf
die Straße Lovča-Plevna überzugehen. Die Commandanten der Abtheilungen versammelten sich wiederholt beim General Skobelew;
hier wurde mit den Ingenieur-Obersten Melnizki und Lasskowski
besprochen, wie der erste Kamm der „grünen Berge" zu nehmen
und zu befestigen wäre. Man machte sich auf einen hartnäckigen
Kampf gefasst.

Am 20. October wurde dem Generalstab-Chef der 16. Infanterie-
Division (Capitän Kuropatkin) befohlen: die Wege, auf welchen die
zur Besetzung der Straße Plevna-Lovča bestimmten Truppen marschieren sollten, zu recognosciren; die für dieselben nothwendigen

---

*) Eine bewegliche Reserve an Schanzzeug

Verbesserungen anzugeben; den Ort zur Zusammen-Ziehung des ganzen zur Besetzung der Straße Plevna-Lovča bestimmten Detachement da, wo die Niederung von Bogot auf die Lovču-Straße mündet, auszusuchen; die Stellungen auf der Ryshaja gora (rother Berg) an die verschiedenen Abtheilungen zu vertheilen; sich mit der Aufstellung der türkischen und der künftigen russischen Posten auf den „grünen Bergen" bekannt zu machen. Außerdem wurde demselben übertragen, einen Lager-Platz für die Truppen der 16. Inft.-Division auszusuchen, da vorherzusehen war, dass dieselben lange an der Straße Plevna-Lovča stehen bleiben werden.

Die hauptsächlichsten Ergebnisse dieser Recognoscierungen wurden vom Generall. Skobelew an Ort und Stelle geprüft.

„Generall. Skobelew beritt täglich alle Abtheilungen seiner „Division und unterhielt sich mit Officieren und Mannschaft. Ein „fester Glaube an seine Untergebenen kam bei diesem Verkehr zum „Ausdruck. Das vollständigste Vertrauen und die Bereitwilligkeit, „durch Feuer und Wasser zu gehen, verbanden die Truppen der „16. Division mit ihrem ruhmreichen Commandanten." —

Dem Generall. Sotow wurden (am 20. October) die Regimenter der 9. Cavallerie-Division, welche sich bei Raljevo befanden, unterstellt.

Am 22. October unternahm man abermals eine Recognoscierung jenseits der Tučenica-Schlucht, wobei man eine große Anzahl Arbeiter bei der Erbauung einer Redoute auf dem zweiten Kamm der „grünen Berge" beschäftigt sah. Auf dem ersten Kamm wurden Bewegungen der Türken bemerkt; abgesehen von einer Cavallerie-Vorposten-Linie, hielten Infanterie-Abtheilungen, welche in Schützen-Gräben eingenistet waren, den ersten Kamm besetzt.

Vervollständigung der Befestigungen. — Wie in den anderen Abschnitten, so ordnete Generall. Totleben auch im Bereich des 4. Corps viele Änderungen in den ursprünglichen Befestigung-Anlagen an. So wurde die auf dem Artillerie-Berg, der Omar bey tabija gegenüber gelegene Lunette Nr. 1 in eine Redoute umgewandelt: die Stellung bedeutend nach dem linken Flügel hin verlängert, nämlich bis an die Tučenica-Schlucht geführt und durch einen Laufgraben mehr der Redoute Omar bey tabija genähert.

Die Gesichts-Punkte, welche der Generall. Totleben bei der Anlage von Laufgräben und Erd-Hütten (vergl. „vierte Operations-Periode", Seite 192) als maßgebend hingestellt hatte, kamen auch hier zur Anwendung.

Diese Arbeiten wurden vom Chef der Ingenieure, General Reitlingen, geleitet und unter der unmittelbaren Aufsicht des Commandanten des 4. Sappeur-Bataillon (Oberst Kobelew) ausgeführt. Sie begannen am 20. October und bestanden in: Anlage und Armierung von Batterien, Bau von Laufgräben in einer Gesammt-Länge von 4 800 m. (Diese Arbeiten dauerten bis gegen Ende November.)

Endgiltige Placierung der Artillerie. — Jetzt waren alle vom General Moller vorgeschlagenen Änderungen in der Aufstellung der Artillerie vor Plevna ausgeführt und die Batterien gebaut: 6 Belagerungs-Geschütze hatte man nach dem rechten Flügel der Stellung des 9. Corps verlegt; 5 Neunpfünder-Batterien, welche früher auf dem linken Flügel des 9. Corps gestanden, anders aufgestellt, 2 Batterien davon (2./5 und 3./5) nach den Höhen von Radiševo in den Rayon des 4. Corps verlegt.

Seit 3. October war eine neue Quote schwerer Belagerungs-Geschütze vor Plevna angekommen, so dass sich nun im ganzen 30 solcher Geschütze hier befanden.

Die Batterien wurden nummeriert; das Einschiessen war beendet, und die Entfernungen hatte man auf einem Plan eingetragen.

Die Vertheilung der Artillerie beim 9. Corps war nun (siehe Beilage 4) folgende:

Batterie A beim Dorf Grivica, 6 Belagerungs-Geschütze;
Lunette Nr. 1 zu 4 Geschützen, nicht armiert;
Batterie Nr. 2 mit 4 Gesch. der 1./31 Batterie;
    „   Nr. 3 „ 2 „ „ 1./31 „ und 2 rum. Feld-Gesch.;
    „   B mit 2 Geschützen der 1./31 Batterie;
    „   Nr. 4 mit 4 Geschützen der 6./31 Batterie;
    „   Nr. 5 mit der 2./31 Batterie (8 Geschütze);
Lunette Nr. 6, nicht armiert;
Batterie Nr. 7 mit 8 Belagerungs-Geschützen;
    „   Nr. 8 mit 4 Geschützen der 6./31 Batterie;
Lunette C mit 4 vierpf. Geschützen der 5. Artillerie-Brigade;
Batterie Nr. 9 mit 4 vierpf. Geschützen der 5. Artillerie-Brigade;
    „   Nr. 10 „ 4 „ „ „ 5. „ ;
    „   Nr. 11 „ 4 „ „ „ 5. „ ;
    „   Nr. 12 mit der 3./31 Batterie (8 Geschütze);
Lunette Nr. 13, nicht armiert;
Redoute Nr. 14 mit der 1./5 Batterie (8 Geschütze);
Batterie Nr. 15, nicht armiert.

Im ganzen befanden sich also in Stellung: 14 Belagerungs-, 2 rumänische Feld-Geschütze, 32 Neun- und 24 Vier-Pfünder; zusammen 72 Geschütze.

In Reserve verblieben für das 9. Corps: 2 vierpf. Batterien (4./31 und 5./5); die 5./31 Batterie war in Nicopoli.

Die Vertheilung der Artillerie des 4. Corps war im allgemeinen dieselbe geblieben, wie bei der Vorbereitung des Sturmes in den Tagen vom 8. bis 11. September. Die stattgefundenen Änderungen bestanden hauptsächlich in einer allmählichen Verstärkung des in der Mitte — nämlich der Omar bey tabija gegenüber — gelegenen Theiles der Stellung, während der rechte Flügel — gegenüber der Ibrahim bey tabija — schwächer gemacht wurde. Eben so änderten sich auch die Artillerie-Abtheilungen, welche die Stellung besetzt hielten. Am 22. October war die Artillerie-Vertheilung folgende:*)

    Batterie Nr. 16 mit 4 vierpf. Geschützen der 30. Artillerie-Brigade;
        „ Nr. 17 mit 8 vierundzwanzig-pf. Belagerungs-Geschützen;
        „ Nr. 18 mit 4 vierpf. Geschützen der 30. Artillerie-Brigade;
        „ Nr. 19 mit der 2./5 und halben 3./5 Batterie (12 Geschütze);
        „ Nr. 20 mit der zweiten halben 3./5 Batterie (4 Geschütze);
        „ Nr. 21, nicht armiert;
        „ Nr. 22 mit der 1./30 und halben 2./30 Batterie (12 Gesch.);
        „ D mit 8 vierundzwanzig-pfünd. Belagerungs-Geschützen;
        „ E mit der 3./30 und halben 2./30 Batterie (12 Geschütze);
        „ G mit 4 vierpf. Geschützen der 30. Artillerie-Brigade.

Im ganzen befanden sich also in Stellung: 16 Belagerungs-Geschütze, 40 Neun- und 12 Vier-Pfünder; zusammen 68 Geschütze.

In Reserve blieben 12 vierpf. Geschütze der 30. Artillerie-Brigade.

Die ganze Stellung der Artillerie war in drei Abschnitte getheilt: rechter Flügel von der Grivica-Redoute bis zur Batterie Nr. 8, Centrum von da bis zur Batterie Nr. 20, linker Flügel die übrigen Batterien bis zur Tučenica-Schlucht; die Abschnitt-Eintheilung der Artillerie deckte sich somit nicht mit jener der Infanterie. Auch waren die Abschnitte nicht den Artillerie-Brigadieren, sondern den Stabs-Officieren der Belagerung-Artillerie unterstellt. Letztere sollten „das Feuer der Batterien leiten und über die genaue Ausführung der Befehle wachen": die Brigadiere waren also des Commandos enthoben, und ihre Truppen erhielten provisorische Commandanten. Die Folge davon war, dass sogar die Corps-Artillerie-Chefs nicht rechtzeitig erfuhren, was den Batterien des Corps für Aufgaben gestellt waren und welche Erfolge sie erzielt hatten.

Der Haupt-Vortheil dieser neuen Vertheilung der Batterien und der Art ihrer Verwendung bestand in einer besseren Controle des Munitions-Verbrauches.

    Aufstellung der Infanterie. — Die dem Generall. Sotow (4. Corps) unterstellten Truppen: 2./30 Inft.-Brigade nebst dem 12. Schützen-Bataillon in der vorderen Linie von Radiševo bis zur Tučenica-Schlucht, im allgemeinen gegenüber der Omar bey tabija; 1./30 Inft.-Brigade in Erd-Hütten bei Radiševo.

Die Regimenter des 9. Corps hatten im grossen ganzen die auf Seite 13 angegebene Aufstellung inne. (Beilage 4.)

Allgemeine Reserve der West-Armee-Abtheilung: 16. Inft.-Division mit 2 Regimentern in Bogot, 1 Regiment in Tučenica, 1 Regiment in Erd-Hütten zwischen Tučenica und Radiševo; — 3. Schützen-Brigade

---

*) Leider ist in keinem der Pläne, welche den Aufsätzen des General Kuropatkin beigegeben sind, die Lage der Batterien mit ihren Nummern eingezeichnet. Unsere Angaben in der Beilage 4 basieren auf sonstige, nicht vollkommen verlässliche Daten.

(exclus. 12. Bataillon) in Erd-Hütten südöstlich von Radiševo; —
2. Infanterie-Division bei Bogot (die Artillerie-Brigade im Dorf selbst);
3. Sappeur-Bataillon in Tučenica.

2. Thätigkeit der Rumänen auf dem rechten Vid-Ufer.

Am 17. und 18. October fanden seitens der Rumänen ebenfalls Demonstrationen gegen die türkische Grivica-Redoute statt, angeblich um zu erfahren, wie stark die Besatzung jener Redoute sei; sie waren immer von einem — stärkeren oder schwächeren — Geschütz-Kampf zwischen den Türken und den Verbündeten begleitet.

Auf türkischer Seite nahmen an diesen Kämpfen auch jene 5 Geschütze, welche man am 15. October (siehe Seite 35) an der Straße Plevna-Bulgareni aufgestellt hatte, und noch 4 andere nächst dieser Straße postierte Geschütze regen Antheil.

Den ersten Angriff (am 17. October) hielten die Türken für einen ernsthaften; ihre Infanterie und Artillerie antwortete augenblicklich dem lebhaften Feuer der Rumänen, und auch die Geschütze ihrer weiter zurück liegenden Schanzen griffen in das Gefecht ein.

Beim zweiten Angriff (am 18. October) erwiderten die in der Grivica-Redoute befindlichen Türken das Feuer nur schwach; bloß ihre mit Festungs-Geschützen (12 cm) armierte Batterie neben der Straße Plevna-Bulgareni feuerte energisch.

Technische Arbeiten. — Bis zum 18. October hatten die Rumänen die dritte Parallele und, nur noch 40 m von der türkischen Grivica-Redoute entfernt, auch die vierte Parallele fertig gemacht. Alle Arbeiten, welche vor der zweiten Parallele lagen, waren als volle Sappen ausgeführt, und an einzelnen Stellen der Laufgräben Cavaliere angebracht.

Die Rumänen hatten bei diesen Belagerungs-Arbeiten recht erhebliche Verluste gehabt, da die Türken dieselben unter einem lebhaften Gewehr- und Geschütz-Feuer hielten. Es war fast keine Nacht vergangen, in welcher nicht ein Feuer-Gefecht stattfand, wobei oft die Rumänen und eben so die Türken die feste Überzeugung hatten, den Angriff des Gegner zurück gewiesen zu haben. Die von den Türken öfter unternommenen Ausfälle waren nur schwach unterstützt gewesen.

Durch den Regen und noch mehr durch den anfangs October gefallenen Schnee war der Verkehr in den Parallelen sehr erschwert, und der Boden schließlich so durchweicht, dass in den Parallelen der Schmutz „fuß-hoch" lag und die Leute keinen Fleck fanden, wo sie sich hätten hinsetzen können. Die Sicherungs-Truppen mussten größtentheils stehen „und in Folge dessen täglich abgelöst werden".

Die Türken ihrerseits unterließen nichts, was ihre Stellung mehr und mehr befestigen konnte. Sie verstärkten nicht bloß die Grivica-

Redoute Nr. 2 (später „Redoute Osman Pascha" genannt), sondern auch das Werk Haïri bey tabija. Tiefe Laufgräben deckten sie auf der Nord- und auf der Süd-Seite. Starke Truppen wurden angesammelt, um den Vertheidigern der Redoute Unterstützung bringen zu können; es war dies mittels eines Laufgrabens möglich, welcher, theilweise eingedeckt, die Stellung bei Haïri bey tabija mit der Grivica-Redoute Nr. 2 verband.

Nebst den Belagerung-Arbeiten hatten die Rumänen bis zum 18. October, zur Sicherung ihrer rückwärtigen Verbindungen und der rechten Flanke, die Redouten Alexander und Kraiova vollendet. Erstere lag in der Nähe des Weges, welcher aus dem Dorf Grivica nach Verbica führt. Letztere war vom Commandanten der 2. rumänischen Division an einer sehr passenden Stelle (etwa 3 km nordöstlich von Bukova) aufgeführt; sie diente als Stütz-Punkt gegen die türkischen Redouten Haïri bey tabija und Suleiman Pascha tabija, so wie auch gegen die Opanec-Redouten. Besetzt war das Werk Kraiova mit 1 Bataillon Infanterie und 1 Batterie. Hinter demselben stand 1 Cavallerie-Brigade, welche ihre Vorposten nach dem Vid zu vorgeschoben hatte.

Die rumänischen Batterien beschossen von der Redoute Alexander aus die türkischen Stellungen bei Haïri bey tabija auf eine Entfernung von 3.200 m; von der Redoute Kraiova aus auf 4.200 m.

Entschluss zum Angriff auf die türkische Grivica-Redoute. — Hierüber äussert sich ein rumänischer Autor (Vacarescu) wie folgt:

„Die Werke waren jetzt so weit gegen die türkische Redoute „vorgeschoben, dass sowohl Feind wie Freund täglich fühlbare Ver-„luste erlitten. Ein Sturm war daher durchaus nothwendig geworden; „wenn die Rumänen ihn nicht unternahmen, musste es der Feind „thun. Allerdings konnte uns die Einnahme der zweiten Grivica-„Redoute dem Ziel, der Einnahme Plevna's, nicht viel näher bringen; „sie musste aber einen bedeutenden moralischen Einfluss auf den „Feind ausüben. Die Redoute, welche keilförmig in unsere Linien „vorsprang, musste im Interesse unserer Ruhe und Sicherheit jetzt „erobert werden. Und endlich brannten auch die Soldaten vor „Ungeduld, den Maulwurfs-Kampf im Dunkeln zu beenden und dem „Feind wieder einmal im hellen Tages-Licht entgegen zu treten."

Nach Beendigung der vierten Parallele und nachdem die Approchen so nahe wie möglich an die Grivica-Redoute Nr. 2 heran geführt waren, erbat der Commandant der 4. rumänischen Division (Oberst Angelescu) beim Commandanten der rumänischen Truppen (General Cernat) die Erlaubnis, die Redoute mit den ihm unterstellten Truppen zu stürmen, ferner, ihm nach eigener Erwägung zu überlassen, wann und wo gestürmt werden soll.

General Cernat ertheilte diese Erlaubnis und gewährte dem Commandanten der 4. Division volle Freiheit, indem er demselben übrigens die ganze Verantwortung für die Anordnung des Sturmes, so wie auch für die dazu anzuberaumende Zeit überließ; bedeutende Verluste seien nach Möglichkeit zu vermeiden.

Einer anderen Version zufolge gab Fürst Carol dem General Cernat den Befehl, die Redoute zu stürmen „jedoch Sorge zu tragen, dass der Kampf nicht zu große „Dimensionen annehme, da vom Gelingen oder Nicht-Gelingen der endliche Erfolg nicht „Abhänge." Hierauf soll General Cernat den Oberst Angelescu mit der Ausführung des Sturmes betraut und es ihm überlassen haben, hiefür den geeigneten Moment zu wählen und die nöthigen Dispositionen zu treffen.

Sturm auf die türkische Grivica-Redoute, am 19. October. (Hiezu Beilage 4.) — Als Vorbereitung für denselben hatte man in der vorderen Parallele große Schanzkörbe (so groß, dass sie einen Mann vollständig deckten), welche mit Wolle oder Faschinen gefüllt waren, aufgestellt; Sappeure sollten sie vor sich her wälzen, um den Graben der türkischen Redoute damit zu füllen.

Dispositionen. — Die Sturm-Colonne sollte, unter Befehl des Oberst Dona, aus folgenden Truppen bestehen: 1. Jäger-Bataillon, 2. Bataillon des 5. Dorobanzen-Regimentes, 1. und 2. Bataillon des 13. Dorobanzen-Regimentes. Eine Abtheilung der 3. Genie-Compagnie und Freiwillige verschiedener Truppen-Körper (welche auf den Aufruf des Divisionär vorgetreten waren) sollten die Sturm-Colonne mit Faschinen und Schanzkörben, mit Leitern, Spaten und anderen Werkzeugen begleiten, damit die feindliche Redoute gleich nach der Erstürmung gegen West umgebaut werden könne.

Der Angriff sollte von der rumänischen Grivica-Redoute aus unterstützt werden, indem das 7. Linien-Regiment die Rückseite der angegriffenen Redoute beschießt, so dass letzterer keine Hilfe gebracht werden könne. Die Batterien der 4. Division hatten ununterbrochen auf die Redoute, auf die mit Festungs-Geschützen armirte Batterie neben der Straße und — im Verein mit der Artillerie der 3. Division — auf die Schanzen von Bukova zu feuern, bei welchen die feindlichen Reserven standen.

Alle diese Dispositionen wurden umsichtig und mit größter Heimlichkeit getroffen.

Der Sturm am Nachmittag. — Als Einleitung des Kampfes eröffneten gegen Mittag 48 rumänische Geschütze (alle Batterien der 3. und 4. Division, nebst 2 Batterien der 2. Division) und 24 russische Geschütze ein lebhaftes Feuer auf die türkische Grivica-Redoute, sowie auf die türkischen Batterien bei Bukova, welche durch einen zur Redoute führenden Laufgraben gedeckt waren, und auf das ganze Terrain, von woher türkische Verstärkungen kommen konnten.

Vor der für den Angriff festgesetzten Zeit wurden das 1. Jäger- und das 2./5 Dorobanzen-Bataillon in der vierten Parallele gesammelt; als Reserve dahinter (in der dritten Parallele) stand das 13. Dorobanzen-Regiment.

Um $12^1/_2$ Uhr Nachmittag ließ Oberst Angelescu, welcher sich bei der Reserve befand, durch eine Mörser-Salve das Signal zum Angriff geben.

Da die Entfernung bis zur türkischen Redoute so gering war, befassten sich die Rumänen nicht erst mit Schießen, sondern warfen sich gleich mit dem Bajonnett auf den Feind, welcher den Graben und die Caponnière darin besetzt hielt.

Zugleich rückten auch die Sappeure tapfer vor, erreichten den Graben der türkischen Redoute und warfen einen Theil der Schanzkörbe hinein. Die meisten Sappeure bezahlten ihren Heldenmuth mit dem Tod.

Die Sturm-Abtheilungen wurden mit einem starken Gewehr-Feuer empfangen. Gleichzeitig eröffneten alle türkischen Batterien, besonders diejenigen, welche sich auf dem befestigten Hügel bei Bukova befanden, ein so mörderisches Feuer, dass die beiden rumänischen Bataillone zusammen-geschossen und gezwungen wurden, Halt zu machen und dann in die Parallele zurück zu laufen.

Die rumänischen Batterien beschossen die Redoute bis um 4 Uhr Nachmittag. Dadurch wollte Oberst Angelescu die Wälle und Parapete der Redoute zerstören, und die Reserven aus ihr vertreiben.

Der Sturm am Abend. — Oberst Angelescu fasste den Entschluss, bei Eintritt der Dämmerung einen neuen Angriff zu unternehmen, in der Hoffnung, dass der Feind, vom Kampf ermüdet und durch das Bombardement geschwächt, dann mürber sein werde.

Hiezu wurde dem 7. Linien-Regiment der Befehl gegeben, die vierte Parallele zu besetzen und dann, unterstützt vom 1. Jäger-Bataillon, dem 13. und 5. Dorobanzen-Regiment zum Sturm zu schreiten.

Gegen 7 Uhr abends warf sich das 7. Linien-Regiment lautlos mit dem Bajonnett auf den Graben vor der feindlichen Redoute; ihm folgte das 1. Jäger-Bataillon. Diese Truppen erreichten den Graben und bemächtigten sich desselben. Es entspann sich ein blutiges Handgemenge mit den Türken, welche den Wall der Redoute verzweifelt vertheidigten.

Da jedoch alle Anstrengungen, die steile Escarpe zu ersteigen, nichts fruchten wollten, warf sich ein Theil der Angreifer in die Trancheen, um die Redoute zu umgehen und durch den Eingang in dieselbe zu dringen. Die Türken hatten aber alle Vorsichts-Maßregeln getroffen: die rumänischen Soldaten wurden von einem mörderischen Feuer der Reserven empfangen, welche ihnen den Weg verlegten; beim Eingang entspann sich ein schrecklicher Kampf, wobei Türken wie Rumänen ihre ganze Kraft einsetzten.

Inzwischen hatten Soldaten des 7. Linien-Regimentes und 1. Jäger-Bataillon, welches zur Unterstützung herbei geeilt war, die Leitern angesetzt und die Escarpe erklommen. Mit lautem „Hurrah!" gelangten sie auf das Parapet und stiegen in die Redoute hinab: die Türken waren geworfen!

Sogleich wurde dem Divisionär die Erstürmung der Redoute gemeldet. Ein großer, aber nicht dauernder Erfolg!

Im türkischen Lager wurde Alarm geblasen; die Truppen strömten von allen Seiten zusammen. Da der Kampf sich auf diesen einzigen Punkt beschränkte, konnten die Türken nicht nur ihre Reserven, sondern auch noch andere Truppen in die Redoute werfen. Der Kampf entbrannte von neuem im Dunkel der Nacht, und trotz allen Heldenmuthes wurden die Rumänen gezwungen, sich vor der Überzahl zurück zu ziehen. Fast alle ihre Officiere waren gefallen, ihr Oberst verwundet aus dem Gefecht getragen.

Als Oberst Angelescu sah, dass auch der zweite Nacht-Angriff den Feind vorbereitet traf, und dass er die ganze Division ins Feuer schicken müsste, um die numerische Überlegenheit desselben auszugleichen, gab er Befehl, den Sturm aufzugeben und in die Parallele zurück zu gehen.

Verluste. — Die beiden Angriffe haben den Rumänen 22 Officiere und 907 Mann an Todten und Verwundeten gekostet. Die Verluste der Türken sollen ebenfalls bedeutend gewesen sein.

In der Nacht zum 20. October wurde ein starkes Gewehr-Feuer gehört. Der rumänische Commandant der Grivica-Redoute Nr. 1 fürchtete einen Angriff der Türken und erbat sich daher von den Russen noch 2 Compagnien zur Besetzung der vorderen Laufgräben (2 Compagnien standen bereits im Redouten-Graben).

Die Zeit vom 20. bis 22. October. — Um die Todten zu begraben, ließ Fürst Carol am 20. October einen Waffen-Stillstand einleiten, welcher auch thatsächlich am 21. (anderen Angaben zufolge am 22.) October, und zwar für die Zeit von 9 Uhr Vormittag bis 2 Uhr Nachmittag (anderen Angaben zufolge nur auf die Zeit von 3 Stunden) zustande kam.

Weitere Thätigkeit der Rumänen. — Vom 20. October angefangen änderte sich dieselbe vollkommen. Nach den missglückten Versuchen, die Grivica-Redoute Nr. 2 mit offener Gewalt zu nehmen, gab man diese Absicht ganz auf. Die nächste Zeit verging unter Fortsetzung der Belagerung-Arbeiten und unter Sicherung der den rumänischen Truppen zugewiesenen weiten Strecke bis zum Vid. Abgesehen von den Verstärkungen der ersten Linie, schritt man nun auch zur Anlage starker geschlossener Werke in der zweiten Linie und begann Minen-Arbeiten.

Die 4. rum. Division, welche bisher die meisten Beschwerden zu erdulden gehabt hatte, wurde in den gegen die türkische Grivica-Redoute angelegten Laufgräben und in der Grivica-Redoute Nr. 1 durch Theile der 2. rum. Division (2. Brigade und 3 Bataillone der 3. Brigade) ersetzt; sie selbst kam vorläufig als Reserve in die Gegend von Verbica.

Die 3. rum. Division hatte die Stellungen gegenüber den türkischen Redouten Suleiman Pascha und Haïri bey tabija inne.

Von der 2. rum. Division waren 5 Bataillone abgezweigt, bildeten eine „fliegende Brigade" und standen hinter der Redoute Kraiova auf dem rechten Flügel der 3. Division.

Personalien. — General Racovitza übernahm den Befehl über die 4. Division; Oberst Angelescu denjenigen über die Artillerie des Observations-Corps bei Kalafat. Zu gleicher Zeit ward Oberst Falcoianu zum Chef des Generalstabes der rumänischen Operation-Armee, Oberst Barozzi zum General-Director im Kriegs-Ministerium ernannt.

<small>Die Enthebung des Oberst Angelescu vom Commando der 4. rum. Division bringt man mit dem verunglückten Sturm vom 18. October in Verbindung. Es ist dies eine su delicate Angelegenheit, um hierüber nähere Nachforschungen pflegen zu können.</small>

3. Thätigkeit der Türken auf dem rechten Vid-Ufer.

Am 18. October ergiengen an Osman Pascha auf Befehl des Sultans durch die Kanzlei desselben folgende Fragen: auf welcher Seite Plevna's befinden sich die Russen und in welcher Entfernung von den türkischen Befestigungen? Sind die Stärke und Absichten der Russen bekannt? Wieviel Munition und Verpflegung sind in Plevna bei den Türken noch vorhanden? Dauern die Zufuhren aus Orhanje noch an?

Osman Pascha antwortete am selben Tag: „Gegenwärtig befindet „sich der Feind auf der nordöstlichen Seite, ist mit dem Bau von „Befestigungen beschäftigt, jeden Tag macht er Schein-Angriffe und „unterhält Tag und Nacht Artillerie-Feuer. Bei der heutigen Besichti„gung der Befestigungen habe ich mich, nach dem Feuer des Feindes „zu urtheilen, überzeugt, dass er mehr als 90 Geschütze hat; nach „meiner Annahme ist er 60 Bataillone stark, verstärkt sich aber mit „jedem Tag.

„Wir hoffen, dass in diesen Tagen ein Angriff erfolgen wird, „aber auch wir sind, bei der Gnade Gottes, zum Widerstand bereit. „Nach den früheren Beispielen zu urtheilen, ist der Bestand an „Munition noch für eine zwei-tägige Schlacht ausreichend. Der Kriegs„Minister theilte mit, dass in Orhanje 30.000 Geschosse gelagert „werden, von denen die letzten 12.000 in diesen Tagen aus Con„stantinopel abgehen. Über deren Eintreffen in Orhanje ist noch „keine Nachricht eingegangen. Proviant kann man, wenn die volle „Portion gegeben wird, für drei oder vier Tage erlangen. Wir führen „ihn von anderen Orten heran. Da es unbekannt ist, welche Wen„dung die Dinge nehmen können, so müssen in Orhanje vorsichts„halber große Vorräthe an Proviant und Munition zusammen gebracht „werden. Ich habe schon dem Kriegs-Minister mitgetheilt, dass wir „hier 20 Bataillone entbehren, welche ich aus der Armee-Abtheilung

„abzweigte und zur Sicherung der Verbindungen absandte; außerdem
„noch 3 oder 4 Regimenter Cavallerie."

Aus dieser Meldung geht hervor, dass Osman Pascha die thatsächliche Stärke der Russen bei Plevna sehr niedrig veranschlagte, besonders was die Artillerie betrifft.

Wie wir weiters türkischen Angaben entnehmen, erfuhr Osman Pascha erst am 18. October, dass „ein Theil" der russischen Garden und Grenadiere „die Donau überschritten" habe, — und dass „die Ankunft des Restes bevorstehe."

Eben so fällt die geringe Menge von Proviant auf, welche sich noch in Plevna befand, acht Tage vor der vollständigen Blockade.

Die Zufuhr von Verpflegs-Mitteln nach Plevna war sehr schwierig. Die Wege waren verdorben, und besonders schwer fiel es, die Wägen zusammen zu bringen. Chefket Pascha meldete unter dem 18. October:

„Die Transport-Mitteln sind unzureichend; es ist unmöglich, alle die „Schwierigkeiten zu beschreiben, welche mit deren Zusammenbringung „verknüpft sind, um täglich Proviant nach Plevna abzusenden. Wir „brauchen jeden Tag wenigstens 300 oder 400 Wägen, um nur eine „ein-tägige Portion für die Plevna-Armee fortzuschaffen. Gott weiß, „unter welchen Schwierigkeiten ich sie zusammen gebracht habe. „Die requirierten Zugthiere sind untauglich, weil die Fourage, welche „sie unterwegs selbst fressen müssen, mehr wiegt, als sie fortzuschaffen „im Stand sind; sie krepieren alle. Einige tausend Fahrzeuge, welche „ich abtheilungsweise abgesendet habe, verursachen unaufhörlich „Klagen gegen mich und man verlangte ihre Rückkehr. Die örtliche „Verwaltung hat mir schon dreimal befohlen, sie zurück zu bringen."

Anscheinend wurde der etwa 90 km lange Weg von Orhanje nach Plevna von den Transporten in der Zeit, wo die Wege grundlos waren, in sechs Tagen zurückgelegt. Die Anzahl der Wägen, welche für die Fortschaffung eines ein-tägigen Bedarfes an Verpflegung für die Besatzung von Plevna nothwendig war, ist von Chefket Pascha jedoch zu hoch angesetzt. Rechnet man letztere zu 50.000 Mann, die tägliche Portion zu 820 g pro Mann und eine Wagen-Ladung zu 327 kg, so waren im ganzen nur 125 Wägen erforderlich.

Nach den weiteren Meldungen Chefket Pascha's vom 18. October waren seit Anfang des Monat eine zehn-tägige und dann am besagten Tag noch einmal eine acht-tägige Portion nach Plevna geschafft worden.

Zur Verstärkung Osman Pascha's wurde im Lauf des Monat October bei Adrianopel eine „Reserve-Division" zusammen gezogen, welche endlich die Stärke von 23 Bataillonen und 6 Escadronen erreichte. Diese, durchwegs aus Milizen (Mustaliz) bestehenden Truppen wurden successive nach Sofia und Orhanje gesendet. —

(Über Vervollständigung der türkischen Befestigungen, siehe: „technische Arbeiten der Rumänen", Seite 57 u. 58).

4. Die russischen Garden vom 17. bis 22. October.

Beabsichtigter Angriff auf Gornji Dubnjak. — Am 17. October wurden an das Garde-Corps Dispositionen ausgegeben, in welchen es unter anderem hieß:

„Erhaltenen Nachrichten zufolge hält der Feind Gornji Dubnjak „und Teliš schwach besetzt, außerdem marschiert eine bedeutende „Zahl feindlicher Infanterie über Teliš auf Gornji Dubnjak. In der „Absicht, den Feind auf dem Marsch anzugreifen und die Sofia-Straße „in Besitz zu nehmen, bestimme ich:

„Die Avantgarde, bestehend aus der Schützen-Brigade, 2 Batterien „der 3. Garde-Artillerie-Brigade und 1 Escadron des Convoi, unter „dem Befehl des Generalmajor der kaiserlichen Suite, Ellis I, marschiert „unverzüglich nach Čerikovo, durchschreitet dort die Furt über den „Vid, rückt auf Gornji Dubnjak und nimmt es. Generalstabs-Officier „bei der Avantgarde: Oberstlieutenant Stawrowski. — Die übrigen „Truppen marschieren in zwei Colonnen u. s. f."

Allein diese Anordnungen sollten nicht zur Ausführung gelangen, da der neu ernannte Commandant der Garde und Cavallerie der West-Armee-Abtheilung, Generall. Gurko, beim Corps eintraf.

Einer anderen Angabe zufolge erbat sich General Graf Woronzow-Daškow (stellvertretender Commandant des Garde-Corps) am 17. October durch eine Depesche aus Gornji Barkač vom Generall. Totleben den Befehl, mit den beiden schon am Vid versammelten Garde-Divisionen (1. und 3.) sich in den Besitz der Sofia-Straße bei Gornji Dubnjak zu setzen. In Rücksicht auf das baldige Eintreffen von noch zwei Divisionen (2. Garde-Infanterie- und 2. Garde-Cavallerie-Division) wurde dieser Vorschlag abgelehnt.

Generall. Gurko kam am Abend des 17. October in Gornji Barkač an und übernahm das Commando über die Truppen der Garde und über die Cavallerie der West-Armee-Abtheilung.

Josef Wladimirowič Gurko ist einem alten russischen Adels-Geschlecht entsprossen. Am 15. November 1828 geboren, wurde er im kaiserlichen Pagen-Corps erzogen und nach Beendigung seiner Studien am 28. August 1846 als Cornet in das Leibgarde-Husaren-Regiment eingetheilt, wo er rasch avancierte. Seine kriegerische Thätigkeit begann während des Krim-Feldzuges, welchen er zum Theil als Capitän im Regiment Diebič mitmachte; bei der Vertheidigung der Balbek'schen Positionen zeichnete er sich besonders aus, und erhielt dafür die Beförderung zum Rittmeister. Im Jahr 1861 avancierte Gurko zum Obersten; 1863 nahm er an dem Feldzug in Polen theil. Drei Jahre später (1866) erhielt er das Commando über das 4. Husaren-Regiment (Mariapol), und 1870 bei Beförderung zum Generalmajor das Commando über das Leibgarde-Grenadier-Regiment zu Pferd; gleichzeitig wurde er zum Flügel-Adjutanten des Kaisers ernannt. Im Jahr 1873 erfolgte seine Ernennung zum Commandanten der 1. Brigade der 2. Garde-Cavallerie-Division, und schon 1876 seine Beförderung zum Generallieutenant, wobei ihm das Commando über jene Division verliehen wurde.

Allgemein hatte Gurko den Ruf eines klugen, gebildeten, dabei strengen, äußerlich sogar rauhen und außerordentlich energischen Commandanten erworben, während für ihn als Mann — seines geraden und noblen Charakters wegen — alle eine große Hochachtung empfanden. Nicht selten musste man erstaunen über die unbegrenzte Offenheit, mit welcher er sich aussprach, ohne auf Personen oder Umstände zu achten.

In dieser Beziehung war Gurko Gegenstand einer Menge von Erzählungen und Anekdoten, welche man in der Garde bestens kannte.

Zu all dem muss man noch den bedeutenden Eindruck hinzufügen, welchen die äußere Erscheinung des energischen General hervorbrachte, und seine anschlußbare Gabe, mit Soldaten und Officieren zu sprechen: einfach, verständlich, tief eindringend „wie ein mit starker Hand geführtes geschliffenes Schwert."

Lediglich schon das Erscheinen des Generall. Gurko vor der Front brachte auf alle einen belebenden Eindruck hervor, so dass es dann nur einiger entsprechender Worte bedurfte, um die Masse zu elektrisieren.

Der stellvertretende Commandant des Garde-Corps, General-Adjutant Graf Worontzow-Daškow (Generalstab-Chef dieses Corps), gieng zur Armee-Abtheilung des Großfürst-Thronfolger ab, bei welcher er als Commandant der Cavallerie fungieren sollte.

Zum Generalstab-Chef bei Gurko war General Naglowski ernannt worden (sein Gefährte und nächster Mithelfer auf dem ersten Balkan-Übergang). —

Generall. Gurko verlegte gleich nach dem Eintreffen bei der Garde seinen Stab, welchen er mit demjenigen des Garde-Corps verschmolz, vorwärts zur Avantgarde nach Dolnji Barkač, woselbst man einen ausgedehnten Überblick über die Sofia-Straße von Dolnji Dubnjak bis Teliš besaß.

Die wenigen Tage, welche bis zur völligen Vereinigung des Corps verblieben, benutzte er zu einer eingehenden Orientierung und führte zu diesem Zweck (in Begleitung des General Naglowski und einer kleinen Escorte von 6 bis 8 Reitern) zahlreiche Recognoscierungen gegen Dolnji Dubnjak und Teliš aus.

Ferner ritt er fast täglich auf einen hohen, zwischen Dolnji Barkač und Čerikovo gelegenen Grab-Hügel, auf welchem ein besonderer Officiers-Beobachtungs-Posten mit einem großen Fernrohr eingerichtet worden war, dessen Aufgabe darin bestand, alles, was auf der Sofia-Straße vorgieng, zu erforschen. Von hier aus konnte man deutlich den Marsch der türkischen Transporte sehen und bei Nacht die Anwesenheit des Feindes an den leuchtenden Punkten seiner Biwaks erkennen, welche sich hauptsächlich um Gornji Dubnjak gruppierten.

Außerdem wurden Oberst Stawrowski des Generalstabes und ein Lieutenant beauftragt, — so gut dies von weitem möglich war — Croquis der Position von Gornji Barkač anzufertigen.

Während sich die Regimenter der Garde bei Dolnji Barkač und Gornji Barkač befanden, setzten ihre Sappeure die nach Plevna zu liegenden Seiten dieser Dörfer in Vertheidigung-Zustand und stachen bei Čerikovo Rampen nach den Furten des Vid ab, von denen jede durch Tafeln mit der ihr gegebenen Nummer bezeichnet wurde. Alle Regimenter stellten Arbeiter bei, um durch die dichten Eichen-Büsche mittels Abholzens Wege nach den Furten zu bahnen. Das Regiment Finnland schnürte sich hiebei 50 *kg* schwere Faschinen, welche die Mannschaft am 24. October mit sich schleppen sollte, um nach Einnahme der feindlichen Position sofort mit dem Bau einer gegen Plevna gerichteten Verschanzung beginnen zu können. —

Generall. Gurko befahl, dass die ganze Garde-Infanterie die Tornister und Proviant-Wägen zurück zu lassen, jedoch dafür zu sorgen habe, dass die Leute bis zum 24. October (auf 6 Tage) mit Zwieback versehen seien.

Sich eingehend für die Operation vorbereitend, konnte Generall. Gurko auch die moralische Seite der Sache nicht unbeachtet lassen. Er hielt es hiebei für nöthig, die Soldaten auch mit seinen Grund-Anforderungen bekannt zu machen und ihnen einige aus den Kriegs-Erfahrungen geschöpfte nützliche Anleitungen zu geben. Beim Abreiten der Biwaks blieb er oft stehen, sprach mit Officieren und Soldaten, versammelte dann den Truppen-Theil um sich und wies auf die ihm zugefallene ehrenvolle Aufgabe, die Garde zu führen, hin, diese — wie man sagen könne — beste Truppe der Welt, welche berufen sei, auf den türkischen Gefilden den Ruhm der Zeiten Elisabeth's neu erstehen zu lassen. Dann wandte er sich an die Officiere, indem er versicherte: „Die Türken kämpfen vorzüglich und sich mit ihnen zu messen, rechnet „sich jede Armee Europa's zur Ehre an. Sie sind sehr tapfer, aber schlecht ausgebildet. „Wir, meine Herren, sind besser ausgebildet, daher haben wir auch in dieser Richtung „einen Vortheil vor dem Feind. Wir müssen nun all das anwenden, was wir im Frieden „in Krasnoje Selo gelernt haben. Ein Kampf, bei gründlicher Ausbildung, ist nichts „Besonderes; er ist eine Übung mit scharfen Patronen, nur verlangt er noch größere „Ruhe, noch größere Ordnung. Flößen Sie es, wenn man so sagen darf, dem Soldaten „ein, dass es seine heiligste Pflicht ist, im Gefecht die Patronen und im Biwak den „Zwieback zu sparen, und bedenken Sie, dass die russische Soldaten in den Kampf „führen, welche noch ihre Officiere im Stich gelassen haben. Doch, ich muss Sie davon „in Kenntnis setzen, dass es Ihre Schuldigkeit ist, sich nach Möglichkeit zu schonen. „Ich spreche nicht von jenen Momenten, wo der Officier die Leute durch sein Beispiel „mit fortreißen muss, und zweifle nicht an Ihrem Eifer und Ihrer Tapferkeit; aber „ich bitte, sich bedachtsam zu schonen, denn der Verlust von Officieren ist für eine „Truppe sehr schwer."

Sich an die Soldaten wendend, sagte dann Generall. Gurko: „Denket daran, „Kinder, dass Ihr die Garde des russischen Kaiser seid und dass die gesammte „christliche Welt auf Euch blickt. Die Türken schießen schon von weitem und viel, „dies ist Ihre Sache; aber Ihr feuert, wie Ihr es gelernt habt, vernünftig und sicher. „Kommt es aber zum Bajonnett-Kampf, dann durchbohrt den Feind. Unser Hurrah „erträgt er nicht. Für Euch, Garde-Soldaten, sorgt man besser als für die übrige „Armee: Ihr habt die besten Kasernen, seid besser gekleidet, besser ernährt, besser „ausgebildet; jetzt ist für Euch der Moment gekommen, zu zeigen, dass Ihr dieser „Fürsorge würdig seid."

Um Nachrichten über den Feind zu erhalten, befand sich Gurko in ziemlich ungünstigen Verhältnissen, da er seine Absichten vor dem Feind unbedingt verbergen, ihn über die Bestimmung des Garde-Corps täuschen und daher entschieden einen frühzeitigen Übergang der Infanterie auf das linke Vid-Ufer vermeiden musste.

Es war mithin eine gewaltsame Recognoscierung, welche gestattet hätte, des Gegners Stellungen und Werke einzusehen, nicht möglich; außerdem schützten sich die Türken durch Cavallerie und Infanterie, welche bei jedem Annäherungs-Versuch der russischen Reiterei schon von weitem ein starkes Feuer eröffneten.

Aus diesen Gründen musste man sich auf eine Umschau aus großen Entfernungen begnügen und den Truppen zur allgemeinen Orientierung eine Recognoscierungs-Skizze geben, welche schon früher durch Lieutenant Sokolski des Topographen-Corps ausgeführt worden war. Dieselbe blindlings als Richtschnur zu benutzen, gieng natürlich nicht an, da sie schon veraltet war und die Türken unaufhörlich neue Werke schufen. Auch hatte man seinerzeit die feindliche Stellung hauptsächlich auf der Nord-Seite (im vorliegenden Fall der weniger wichtigen) recognosciert.

Das Detachement des General Bremsen. — Da das Garde-Corps bei Barkač von dem linken Flügel der Einschließungs-Truppen bedeutend entfernt war, entsendete Generall. Gurko noch am 19. October eine besondere — aus dem Garde-Regiment Wolhynien mit der 6. Batterie der 3. Garde-Artillerie-Brigade bestehende — Abtheilung unter Commando des General v. Bremsen nach Medeven. Dieselbe sollte die unmittelbar bis an das Vid-Thal reichenden Höhen nordöstlich von Medeven besetzen und sich dort verschanzen, um den Türken den Austritt aus der Schlucht von Kartužaven zwecks Unterstützung der die Sofia-Straße vertheidigenden Truppen zu verwehren.

Jene Stellung hatte aus nachstehenden Ursachen eine große Bedeutung: das Land zwischen Raljevo, Čerikovo und Medeven bildet ein Dreieck, dessen Grund-Linie der Weg Raljevo-Čerikovo ist; die West-Seite wird durch den Lauf des Vid mit seinem steilen, schwer zugänglichen Ufern, — die Ost-Seite dagegen durch die tiefen Schluchten von Raljevo und Kartužaven mit ihren sehr jähen, felsigen Rändern begrenzt. In dieses Dreieck kann von Plevna aus nur an seiner Spitze eingebrochen werden, d. h. über Medeven. Bei diesem Dorf aber war an dem Punkt, wo die letzt-genannte Schlucht in die Vid-Ebene tritt, eine sehr starke Stellung, in welcher eine verhältnismäßig schwache Abtheilung den Angriff eines bei weitem stärkeren Feindes mit Erfolg abwehren konnte. Von hier aus beherrschte man die ganze im gedachten Dreieck gelegene Land-Strecke und mithin auch die zwischen Raljevo-Čerikovo liegenden Verbindungs-Linien.

Das Detachement des General v. Bremsen besetzte am 19. October spät abends, bei Mondschein, die Stellung. Am 20. October verschanzte es sich in derselben.

Gerücht, Osman Pascha wolle Plevna verlassen. — Das Gros der 3. Garde-Infanterie-Division (3 Regimenter, 6 Batterien), welche an die Plevna-Lovča-Straße rücken sollte, marschierte am 20. October nach Raljevo. (Das Regiment Wolhynien und die 6./3 Garde-Batterie standen bei Medeven.)

An diesem Tag verbreitete sich jedoch das Gerücht, dass Osman Pascha die Absicht habe, am 21. October Plevna zu verlassen, was noch durch eine Meldung der 9. Cavallerie-Division bestätigt wurde, welche auf Aussagen von bei Trnina gemachten Gefangenen beruhte.

Angesichts dessen wurde die 3. Garde-Infanterie-Division zur Verfügung des Generall. Gurko belassen und dagegen die im Marsch nach Bogot begriffene 2. Garde-Infanterie-Division dem Generall. Totleben überwiesen.

Jenes Gerücht bewahrheitete sich aber nicht. Der 21. October verlief in Ruhe, weshalb die 2. und 3. Garde-Infanterie-Division wieder ihre ursprüngliche Bestimmung erhielten: erstere zu Generall. Gurko, das Gros der letzteren zu Generall. Totleben.

Die 2. Garde-Cavallerie-Division erhielt am 17. October den Befehl, von Dolnji Lipnica über Poradim und Bogot nach Bieżanovo, südlich von Gornji Barkač (etwa 125 *km* Marsch-Länge), abzurücken.

Sie langte bis 21. October vollzählig dort an.

Die Division war am 18. October von Dolnji Lipnica (wo sie seit 29. September stand) brigade-weise abmarschiert; der Train folgte einen halben Marsch dahinter. Die Regimenter hatten auf den Wägen einen Zwieback-Vorrath für 5 Tage und außerdem in den Brot-Beuteln einen solchen für 8 Tage. Angesichts der äußersten Schwierigkeiten bei der Bewegung der „Intendantur-Transporte" wurde befohlen, die tägliche Zwieback-Ration per Tag und Kopf um ¼ Pfund zu verringern und dafür die Fleisch-Ration auf 1 Pfund zu erhöhen. Das Schlachtvieh befand sich beim Train, um im Bedarfs-Fall den Zug-Pferden bei ihrer Arbeit zu helfen.

Auf dem zweiten Marsch (19. October) wurde die Division bei Poradim durch den Fürsten Carol von Rumänien besichtigt, und marschierte dann nach Bogot. Da dort keine Möglichkeit war, Heu zu kaufen, verfutterte man das in den Netzen mitgeführten Vorrath.

Der beabsichtigte Ruhe-Tag wurde abbestellt; der Train, die Hand-Pferde und die schwächlichen Leute sollten in Bogot zurück bleiben, die Division aber (die Züge nicht unter 14 Rotten stark) weiter marschieren.

Der Marsch nach Bieżanovo (20. October) war äußerst beschwerlich, sowohl wegen des schlechten, bedeutende Steigungen und Senkungen enthaltenden Weges, welcher zum Theil durch einen Wald führte, in welchem er sich stark verengte, — als auch weil die Reiterei unterwegs mit der 3. Garde-Infanterie-Division und deren Trains zusammen traf. Die reitenden Batterien konnten in Folge dessen an diesem Tag die letzte Schlucht nicht durchschreiten.

Die Artillerie langte daher erst am 21. October in dem gemeinsamen Biwak bei Bieżanovo an, woselbst nun die ganze 2. Garde-Cavallerie-Division versammelt war; die Trains verblieben bei Bogot. Bei den Regimentern befanden sich nur die Lazareth-„Linejken", die ein-achsigen Apotheker-Karren, die Patronen- und die Zwieback-Wägen, letztere mit einem 8-tägigen Vorrath. Die Leute hatten für 5 Tage Zwieback und für 8 Tage Hafer; das Schlachtvieh befand sich bei den Regimentern. Die Einwohner von Bieżanovo waren geflüchtet, und nur einige bulgarische Familien bei Ankunft der Cavallerie dort verblieben. Übrigens war auf den Höfen und in den Häusern viel angedroschener Hafer, Gerste und Korn geblieben, wodurch die Verpflegung der Pferde wesentlich erleichtert wurde.

Die Division deckte die linke Flanke der Garde-Infanterie und entsendete zu ihrem eigenen Schutz Abtheilungen, welche mit ihren Feld-Wachen die Linie längs des Vid von Čerikovo bis Aglen besetzten; Aufklärungs-Patrouillen ritten über den Fluss gegen den Straßen-Abschnitt Teliš-Lukovit; 1 Escadron wurde auf 3 *km* über das linke Vid-Ufer vor gesendet und besetzte den höchsten Punkt auf dem Weg nach Svinar, sich durch Vedetten sicherndd. Endlich wurden 2 Escadronen, in der Eigenschaft als „du jour habender Truppen-Theil", 1½ *km* westlich von Bieżanovo auf den Ufer-Höhen des Vid aufgestellt.

Am 22. October entsendete man von allen Regimentern der 2. Garde-Cavallerie-Division, zur Aufklärung der Straße Gornji Dubnjak-Teliš-Radomirci, Patrouillen in der Stärke von je 1 Zug. Hiebei hatte Lieutenant Sdrojewski des Garde-Dragoner-Regimentes bei Rakita ein

Scharmützel mit einer kleinen feindlichen Abtheilung, und entdeckte bei Teliš türkische Schützen-Gräben, aus welchen er mit heftigem Gewehr-Feuer empfangen wurde.

Die 2. Garde-Infanterie-Division marschierte am 17. October von Pavel über Gornji Studen nach Ovča mogila, wo sich das Garde-Grenadier-Regiment ihr anschloss, und dann weiter; sie war bis zum 22. October fast ganz bei Bogot versammelt (es fehlten 3 Bataillone des Regimentes Moskau und 3 Batterien), und rückte an diesem Tag nach Gornji Barkač, woselbst sie Biwaks bezog.

Das Gros der Division (2. Brigade und Garde-Grenadier-Regiment) war am 18. October von Ovča mogila nach Pelišát, und am 19. October nach Bogot marschiert.

Der Marsch des Regimentes Moskau mit der 2. Garde-Artillerie-Brigade auf den schlechten Wegen Rumäniens war derart ermüdend gewesen, dass der Regiments-Commandant (General Brock) in Zimnitza auf eigene Verantwortung einen Ruhe-Tag bewilligte. Der Commandant der Artillerie-Brigade (Oberst Siwers) entschloss sich jedoch nicht, diesem Beispiel zu folgen, und marschierte, nachdem er sich das 4. Bataillon des Regimentes Moskau als Bedeckung erbeten, nach Bulgareni weiter. Auf dem Marsch dahin hörte man Geschütz-Donner von Plevna her. Bei der Unkenntnis der Sachlage und angesichts der vermutheten Gefährlichkeit des Weiter-Marsches einer so bedeutenden Menge von Geschützen unter der Bedeckung von nur einem Bataillon, beschloss man nun, 3 Batterien in Bulgareni zu belassen, um dort die Ankunft der übrigen 3 Bataillone des Regimentes Moskau abzuwarten und mit diesen dann den Marsch fortzusetzen; die anderen 3 Batterien mit dem 4. Bataillon dagegen rückten zur Division nach Bogot.

General J. Gurko versammelte am 22. October die Divisions- und Brigade-Commandanten sowie die Generalstabs-Officiere bei Čerikovo, um sie, basiert auf die von ihm selbst erworbene Terrain-Kenntnis, in jenes Terrain einzuführen, in welchem sie später handeln sollten. Er recognoscierte dann, begleitet von den höheren Officieren der Garde-Cavallerie unter Bedeckung von 2 Escadronen des kaiserlichen Convoi und 1 Sotnie des 4. Kosaken-Regimentes die zu beiden Seiten der Sofia-Straße zwischen Teliš und Gornji Dubnjak liegenden befestigten Gehölze, Redouten und Schützen-Gräben. Die Bedeckung etwas hinter sich lassend, sprengte der General — nur von einigen Officieren begleitet — schließlich die Linien entlang, wobei er von verschiedenen Punkten heftiges Kleingewehr-Feuer erhielt. Die feindliche, numerisch schwache Cavallerie wagte sich nicht vor; sie blieb bei ihrer Infanterie.

5. Die Armee-Leitung vom 17. bis 22. October.

Verlegung der Hauptquartiere. — Nachdem alle Garde-Truppen in Bulgarien eingetroffen waren, verlegte Kaiser Alexander sein Hauptquartier von Gornji Studen nach Poradim. Hier befand sich bereits auch Fürst Carol mit dem ganzen Hauptquartier der West-Armee.

Großfürst Nicolaus etablierte sich (am 22. October) sammt seinem Stab bei Bogot (unter Zelten).

Generall. Totleben übersiedelte nach Tučenica.

Verfügungen über die Grenadiere und 24. Inft.-Division. — Die noch eintreffenden 2 Grenadier-Divisionen wurden zur Armee-Abtheilung des Großfürst-Thronfolger bestimmt. Die 2. Grenadier-Division war noch im Anmarsch; 3. Grenadier-Division am 21. October in Bjela eingetroffen (sie war von Warschau bis Frateşti per Bahn gefahren.) — Die 24. Infanterie-Division wurde zur Verstärkung des Generall. Radetzki bestimmt.

Verhältnisse bei Sistov. — General Lewitzki (Gehilfe des Generalstab-Chef der Armee) kehrte am 21. October von Sistov zurück, wo er im Auftrag des Ober-Commando die Verkehrs-Verhältnisse (die beiden Brücken und die zu denselben führenden Communicationen), sowie u. zw. hauptsächlich die dort entstandenen Befestigungen zu inspicieren gehabt hatte.

Es sollen bei diesen Befestigung-Arbeiten gerade die taktisch wichtigen Punkte ganz außeracht gelassen, außerdem das ganze mit einer viel zu großen Ausdehnung angelegt worden sein. Wenigstens war General Lewitzki mit dem, was er gesehen hatte, sehr unzufrieden und erklärte alle fertigen Erd-Bauten für nicht zweck-entsprechend.

Die Auffahrt von den Donau-Brücken nach Dorf Sistov befand sich in einem elenden Zustand. Wenn es regnete, konnte — wegen des lehmigen Boden und der immensen Steigung — kein beladener Wagen ohne riesigster Nachhilfe nach Sistov gelangen.

Die **Stärke der Türken** wurde im allgemeinen etwas überschätzt. Man vermuthete, dass ungefähr 120 Bataillone (die Stärke der Cavallerie und Artillerie war auch nicht annähernd bekannt) die 40 km lange Strecke von Plevna bis Radomirci besetzt halten. Man rechnete hiebei auf Plevna 80 (in Wahrheit waren es 62) Bataillone, und auf Radomirci — unter Chefket Pascha — etwa 25 Bataillone. An den Zwischen-Punkten Dolnji Dubnjak und Gornji Dubnjak vermuthete man je 5 bis 7 Bataillone mit 4 Geschützen, endlich in Teliš mindestens 3 Bataillone mit 4 Geschützen; in den drei letztgenannten Orten zusammen also wenigstens 13 bis 17 Bataillone mit 12 Geschützen oder zusammen 10.000 Mann (was so ziemlich richtig war.) Für am stärksten befestigt erachtete man Dolnji Dubnjak, minder Gornji Dubnjak und noch minder Teliš.

Angriffs-Plan. — Generall. Totleben beschloss nun, in Übereinstimmung mit Generall. Gurko, den Haupt-Stoß auf den Mittelpunkt der türkischen Aufstellung an der Sofia-Straße, d. i. auf Gornji Dubnjak zu führen, weil „das Terrain in der Nähe dieses Ortes in „taktischer Beziehung die besten Chancen bot, und dieser Terrain-„Punkt den Verbindungs-Linien des Corps (Gurko) am nächsten lag."

Die in Teliš und Dolnji Dubnjak stehenden feindlichen Truppen sollten gleichzeitig beschäftigt, einem etwaigen Ausfall aus Plevna, sowie einer etwa von Orhanje her anrückenden Verstärkung musste entgegen getreten werden. Gegen Teliš also sollte eine kleine Colonne vorrücken und deren linke Flanke durch Cavallerie gedeckt werden; gegen Dolnji Dubnjak eine stärkere Infanterie-Colonne, um die dort stehenden Türken zu verhindern, Gornji Dubnjak zu unterstützen, und um einem eventuellen Flanken-Stoß aus Plevna zu begegnen.

Der Angriff musste bald durchgeführt werden, weil, wenn man noch einige Tage wartete, ein Eingreifen Chefket Pascha's, welcher mit angeblich noch 25 Bataillonen bei Orhanje stand, zu befürchten war. Für den Übergang auf das linke Vid-Ufer und den Angriff gegen die türkischen Stellungen an der Sofia-Straße wurde daher der 24. October bestimmt.

Es fiel also dem Garde-Corps die strategisch außerordentlich wichtige Aufgabe zu, die Besatzung von Plevna sowohl von der Versorgung mit jedweder Art von Material, als auch von allen Unterstützungen abzuschneiden, welche außerhalb des befestigten Lager standen und fast so stark waren, als die unter dem unmittelbaren Commando Osman's befindlichen Truppen.

Dieses Ziel kam in dem Befehl des Generall. Totleben an Generall. Gurko, vom 22. October, wie folgt zum Ausdruck:

„Euerer Excellenz ist bekannt, dass bis jetzt die Plevna und „Umgegend besetzt haltende Armee Osman Pascha's von uns nicht „derart eingeschlossen werden konnte, dass ihre Verbindung mit „Sofia unterbrochen gewesen wäre.

„Zwecks einer vollständigen und ununterbrochenen Einschließung „des Gegners befehle ich:

„1. Die Straße Sofia-Plevna und die Gegend auf dem linken „Vid-Ufer sind durch unsere Truppen zu besetzen.

„2. Zur Sicherung der Verbindungen unserer Truppen und des „Zusammenhanges letzterer mit den Theilen, welche östlich und süd„lich von Plevna stehen, ist die Straße Plevna-Lovča zu besetzen.

„Mit letzterer Aufgabe ist Generall. Sotow betraut, wozu ihm „die 16. Infanterie-Division, eine Brigade der 30. Infanterie-Division, „3 Bataillone der 3. Schützen-Brigade, die 3. Garde-Infanterie-Division „(mit Ausnahme des Leibgarde-Regimentes Wolhynien und einer Batterie, „welche Medeven besetzt halten) und das 3. Sappeur-Bataillon unter„stellt werden.

„Se. Hoheit (Fürst Carol), der Commandant der Armee-Abthei„lung, befahl:

„a) Euere Excellenz haben am 24. October die Sofia-Straße und „das Terrain auf dem linken Vid-Ufer zu besetzen, wozu außer der „gegenwärtig auf den beiden Ufern befindlichen Cavallerie noch zu „Ihrer Verfügung gestellt werden: die 1. und 2. Garde-Infanterie„Division, die Leibgarde-Schützen-Brigade, das Leibgarde-Regiment „Wolhynien mit einer Batterie der 3. Garde-Artillerie-Brigade, welche

"beide bei Medeven stehen, das Leibgarde-Sappeur-Bataillon und
"8 rumänische Bataillone, worunter das in Demirkiöj befindliche.

„*b*) Nach Einnahme und Befestigung einer Position auf der
"Sofia-Straße oder seitwärts derselben, sind nach Ihrem Ermessen
"Vorkehrungen zu treffen, welche dem Feind das Heranziehen von
"Unterstützungen und Kriegs-Vorräthen auf den Wegen westlich des
"Isker, aus Vidin und Itahova, sowie den Abmarsch über den Isker
"und nach Vidin verwehren.

„*c*) In Anbetracht einer möglichen Verspätung der Intendantur-
"Transporte ist durch Requisition und Fouragierungen für Beschaffung
"der gesammten Verpflegung Ihrer Colonne zu sorgen.

„*d*) Auf die Sicherstellung des Sanitäts-Dienstes bei den Ihnen
"anvertrauten Truppen ist ein besonderes Augenmerk zu richten.

„*e*) Die Cavallerie des General Loškarew hat bei dem am
"24. October, nachmittags 4 Uhr, stattfindenden Angriff des Generall.
"Sotow auf die Lovča-Straße mitzuwirken.

"Nachdem ich Euere Excellenz behufs Ausführung und ent-
"sprechender Anordnung von all dem Vorstehenden in Kenntnis
"gesetzt, füge ich bei, dass es sich empfehlen dürfte, zwecks größerer
"Einheit in den Operationen, die Cavallerie des General Loškarew,
"oder wenigstens einen Theil davon, zeitweilig dem Generall. Sotow
"zu unterstellen, und zwar namentlich am 24. October und bis zur
"dauernden Festsetzung der Colonne auf der Lovča-Straße, welche
"wahrscheinlich am 25. October erfolgt."

Bestimmungen für die Demonstration am rechten
Vid-Ufer. — Um mit den Truppen der West-Armee-Abtheilung
einen Schein-Angriff zu machen, damit die in Plevna befindlichen
Truppen Osman Pascha's den in Gornji Dubnjak angegriffenen
Abtheilungen nicht zu Hilfe kommen können, traf Generall. Totleben
für den 24. October folgende Anordnungen:

Für das 9. Corps: alle Batterien des rechten Flügel der Stellung
des Corps eröffnen ein starkes Feuer auf die Redouten, gegen welche
sie gewöhnlich schießen. Das Feuer wird bis zum Abend fortgesetzt;
jedes Geschütz thut 20 bis 30 Schüsse. Alle Truppen des Corps sind
in vollster Gefechts-Bereitschaft.

Für das 4. Corps und die 3. Garde-Infanterie-Division: dem
Commandanten des 4. Corps, Generall. Sotow, wurde die Besetzung
der Straße Plevna-Lovča übertragen, wozu man an Truppen bestimmte:
16. Infanterie-Division (12 Bataillone, 48 Geschütze); 1. Brigade der
30. Infanterie-Division (6 Bataillone); 3 Regimenter der 3. Garde-
Infanterie-Division (12 Bataillone mit 40 Geschützen); 3 Bataillone
(9., 10., 11.) der 3. Schützen-Brigade; 2. Artillerie-Brigade (48 Geschütze);
3. Sappeur-Bataillon; — im ganzen 34 Bataillone und 17 Batterien
(136 Geschütze.)

Die Avantgarde (16. Inft.-Division mit ihrer Artillerie, 3 Schützen-

Bataillone, 1 Regiment und 3 Batterien der 3. Garde-Infanterie-Division, 2. Artillerie-Brigade, 3. Sappeur-Bataillon; zusammen 20 Bataillone und 120 Geschütze) unter Befehl des Generall. Skobelew sollte am 23. October um 4 Uhr Nachmittag den ersten Kamm der „grünen Berge" und die westlich von Brestovec gelegene Höhe besetzen, sich hier befestigen und bis zum äußersten halten, zu einem Angriff aber nicht übergehen. Behufs Ausführung der Befestigung-Arbeiten wurden dem Generall. Skobelew die Obersten Melnizki und Laßkowski zur Verfügung gestellt. Auf Bitten Skobelew's gab man der Avantgarde auch noch 2 Sotnien Kosaken.

Die 9. Cavallerie-Division (General Loškarew) wurde beauftragt, zwischen der Straße Plevna-Lovča und dem Vid mit den Truppen des Generall. Sotow zusammen zu wirken, die Verbindung zwischen diesen Truppen und jenen auf dem linken Ufer des Vid zu erhalten.

Die sehr wichtige Stellung bei Medeven war schon am 19. October (siehe Seite 67) auf Anordnung des Generall. Gurko durch das Garde-Regiment Wolhynien (der 3. Garde-Inft.-Division) und der 6./3. Garde-Batterie besetzt worden.

Endlich wurde vom Ober-Commando angeordnet, dass vom rechten Flügel der West-Armee-Abtheilung 7 Bataillone der 4. rumänischen Division und „entsprechende" Artillerie in der Nacht zum 23. October bei Ribino den Vid zu übersetzen und sich dem General Arnoldi zur Verfügung zu stellen haben. (Das achte in der Disposition des Generall. Totleben erwähnte rumänische Bataillon stand schon bei Demirkiöj.)

Generall. Gurko versammelte am Abend des 22. October in seinem Hauptquartier zu Dolnji Barkač die Commandanten bis herab zu den Regiments-Commandanten der Infanterie und den Brigade-Commandanten der Artillerie, sowie sämmtliche Officiere des Generalstabes. Er setzte dabei eingehend seine Absichten betreff des Angriffes auf Gornji Dubnjak, Teliš und Dolnji Dubnjak aus einander und bemühte sich, jeder Abtheilung die ihr zufallende Aufgabe darzulegen. Gurko bemerkte hiebei, er wünsche nicht, dass der bevorstehende Widerstand der Türken und der Sieg zu leicht und dadurch der Garde eine Geringschätzung des Gegners eingeflößt würde, und schloss seine Rede mit der Erinnerung an die Erwartung, welche der Kaiser und Rußland über die Leistungen der Garde hegen.

C. Der 23. October.

Nachtrag zur Angriffs-Disposition. — Rücksichtlich der tags zuvor ausgegebenen Befehle wurde noch, theilweise ergänzend und theilweise abändernd, beigefügt:

Die rumänischen Truppen haben am 24. October um 7 Uhr morgens Artillerie-Feuer auf die türkischen Stellungen bei der Grivica-Redoute Nr. 2 zu eröffnen.

Truppen des russischen 4. Corps sollten in der Nacht zum 24. October an der Ost-Seite der Tučenica-Schlucht eine Batterie zu 29 Geschützen erbauen, und letztere hatte von 7 Uhr morgens an auf die den zweiten Kamm der „grünen Berge" krönende türkische Redoute Tahir bey tabija das Feuer zu eröffnen.

Die am 24. October beabsichtigte Besetzung des ersten Kammes der „grünen Berge" durch Generall. Skobelew wurde durch den Generall. Totleben abgeändert; Skobelew sollte sich nur darauf beschränken, die Stellung auf der Ryshaja gora zu besetzen.

I. Einleitungen des Generall. Gurko für den Angriff.

Die dem Generall. Gurko (sein Generalstab-Chef der General Naglowski) zur Verfügung stehenden Truppen waren, wenn man alles mitrechnet, folgende:

	Baons.	Esc.	Gesch.
Garde-Corps:			
1. Garde-Infanterie-Division (Generall. Rauch)	16	—	48
2. „ „ „ („ Schuwalow)	16	—	48
Regiment Wolhynien und 6. Batt. der 3. G.-Inft.-Div.	4	—	8
Garde-Schützen-Brigade (General Ellis I)	4	—	—
2. Garde-Cavallerie-Division (General Leonow)	—	24	24
Vom Convoi des Kaiser	—	4	—
4. Kosaken-Regiment zu Wegweiser-Diensten	—	6	—
Garde-Sappeur-Bataillon	1	—	—
Zusammen	41	34	128
Unter Commando des General Arnoldi:			
1 rum. Inft.-Brigade (Oberst Cantili) mit 1 Batt.	6	—	6
4. Cavall.-Division (excl. 1 Esc., 6 Sot., 2 Gesch.)	—	11	10
Don-Kosaken-Brigade (Oberst Černozubow)	—	7	6
Kaukasus-Kosaken-Brigade (Oberst Čerewin)	—	12	6
1 Rossiori-Brigade (Oberst Cretzanu)	—	8	6
1 Kalaraşi-Brigade (Oberst Formak)	—	8	—
Zusammen	6	46	34
Unter Commando des General Leškarew:			
Gros der 9. Cavall.-Division (exclus. Kosaken)	—	12	12
Im ganzen	49	92	174

oder beiläufig 60.000 Mann mit 24²/₃ Batterien (45.000 Infanteristen, 11.000 Reiter, 4.000 Artilleristen).

Das 4. Kosaken-Regiment war dem Garde-Corps beigegeben, um in Folge seiner durch lange Anwesenheit in der Gegend westlich des Vid gewonnene Terrain-Kenntnis Wegweiser-Dienste zu verrichten.

Die türkischen Positionen an der Straße Orhanje-Plevna. — Das Gelände westlich des Vid ist ziemlich eben, nur an den dasselbe durchziehenden Wasser-Läufen leicht hügelig und scharf abgedacht. Wiewohl mit kleinen Waldungen und dichtem Gestrüpp bewachsen, ist es für alle Waffen-Gattungen zugänglich, wobei das wesentlichste Hindernis, welches die Schnelligkeit der Bewegungen hätte beeinflussen können, die mit Kukuruz bewachsenen Felder waren.

Das rechte, östliche Ufer überhöht das linke überall um ein Bedeutendes; man kann daher von ihm aus fast alles, was auf letzterem vorgeht, schon auf weite Entfernungen überschauen. Besonders ist dieses Ufer in der Umgegend von Plevna überhöhend, so dass man von dort aus Dolnji Dubnjak völlig, Gornji Dubnjak und Toliš theilweise überblickt.

Der Mittelpunkt der türkischen Aufstellung, Gornji Dubnjak, befand sich in nächster Nähe von Čerikovo, dem besten Übergangs-Punkt der Russen über den Vid. Dieser Fluss hatte zwar zufällig einen niederen Wasser-Stand, aber das rechte Ufer ist sehr steil, weshalb man für die Artillerie eigene Wege anzulegen genöthigt war. Ein guter Übergangs-Punkt bestand auch bei Medeven.

Die bedeutendste Schwäche der türkischen Aufstellung war ihre große Ausdehnung; sie barg sogar die Gefahr eines Durchbruches. Dagegen waren jedoch die einzelnen Stütz-Punkte derartig stark befestigt, dass die Türken an jedem derselben einen energischen Widerstand leisten und dadurch Unterstützungen Zeit geben konnten, von den beiden äußersten Punkten herbei zu eilen. Man musste in Folge dessen die ganze Aufstellung der Türken an der Straße, von Plevna bis Radomirci, als eine einzige, wenn auch aus einander gezogene befestigte Stellung ansehen, und bei der Angriffs-Disposition auch sämmtliche dieselben besetzt haltenden Truppen in Berechnung ziehen.

Dispositionen (siehe Beilage 2). — „Morgen, am 24. October, „werden die Truppen des mir unterstellten Detachement auf die „Straße Plevna-Sofia übergehen, um die Position bei Gornji Dubnjak „zu nehmen, sich in ihr zu verschanzen und damit die Einschließung „der in Plevna versammelten feindlichen Armee zu vollenden."

Die nun folgenden Dispositionen zerfallen in zwei Theile: einem „Befehl zur Concentrierung der Truppen" während der Nacht des 23./24. October, und einer „Angriffs-Disposition" für den 24. October. Beide sind ziemlich compliciert und nicht sehr übersichtlich; wir haben dieselben daher in unserem Sinn anschaulicher gruppiert, dabei jedoch nach Möglichkeit den Wortlaut der Original-Dispositionen beibehalten.

Man muss sich zum besseren Verständnis gegenwärtig halten, dass General Gurko die ihm zur Verfügung stehenden Kräfte im allgemeinen in fünf Gruppen getheilt hat: 1. gegen Gornji Dubnjak, —

2. gegen Teliš, — 3. gegen Dolnji Dubnjak, — 4. gegen Plevna (General Černozubow), — 5. allgemeine Reserve. — Überdies verblieb bei Medevan ein Detachement zur Sicherung des dortigen Vid-Überganges.

Angriff auf Gornji Dubnjak. — Rechte Colonne, General Ellis I (Generalstab-Chef Oberst Pusyrewski): Garde-Schützen-Brigade, 2 Convoi-Escadronen und 1 Sotnie des 4. Kosaken-Regimentes, 6./1 und 6./2 Garde-Batterie; zusammen 4 Bataillone, 3 Escadronen, 16 Geschütze. — Sie hat um 1 Uhr nachts aus dem Biwak aufzubrechen und sich über Furt Nr. 1 in Rendezvous-Formation 2 km nördlich von Čerikovo, auf dem Weg nach Krušovica aufzustellen; von dort um 6$^1/_4$ Uhr früh aufzubrechen und, gegen Gornji Dubnjak vorrückend, dasselbe von der Plevna-Seite aus anzugreifen.

Linke Colonne, General Rosenbach (Generalstab-Chef Oberstlieut. Afanasović): 2. Brigade der 2. Garde-Infanterie-Division, 2 Sotnien des 4. Kosaken-Regimentes, 4./2 und 5./2 Garde-Batterie; zusammen 6 Bataillone, 2 Sotnien, 16 Geschütze. — Sie bricht um 1$^1/_2$ Uhr morgens aus dem Biwak auf, folgt unmittelbar hinter dem Leibgarde-Jäger-Regiment (Colonne gegen Teliš) und stellt sich in jener Thal-Niederung, 3 km „jenseits des Dorfes Svinar" auf; von dort rückt sie um 6$^1/_4$ Uhr früh vor, und hat die feindliche Stellung von der Teliš-Seite aus anzugreifen.

Mittlere Colonne, General Seddeler (Generalstab-Chef Oberst Stawrowski): 1. Brigade der 2. Garde-Infanterie-Division, 1 Sotnie des 4. Kosaken-Regimentes, 1./2 und 2./2 Garde-Batterie und Garde-Sappeur-Bataillon (nur 3$^3/_4$ Compagnien); zusammen (da das 1. Bataillon Moskau bei Medevan stand) 8 Bataillone, 1 Sotnie, 16 Geschütze. — Sie rückt um 2 Uhr nachts aus dem Biwak ab, folgt unmittelbar hinter der 2. Brigade der 2. Garde-Infanterie-Division (linke Colonne), passiert die Furt Nr. 3 und massiert sich auf dem linken Fluss-Ufer „hinter dem Eichen-Wald" ($^1/_2$ km vorwärts Čerikovo auf dem Weg gegen Čumakovici); sie hat um 6$^1/_2$ Uhr früh aufzubrechen und, rechts von dem Gehölz vorgehend, welches zwischen Gornji Dubnjak und Čerikovo liegt, die feindliche Position aus der Richtung von Čerikovo anzugreifen.

Im ganzen 20 Bataillone, 6 Escadronen bezw. Sotnien, und 46 Geschütze. — Nebstdem zur Unterstützung des Angriffes von West her das Detachement des Oberst Čerewin (siehe Truppen des General Arnoldi, Seite 78).

Angriff gegen Teliš, Oberst Čoličeff des Garde-Jäger-Regimentes (Generalstab-Chef Oberstlieutenant Baron Krüdener) mit:

Garde-Jäger-Regiment, 1 Sotnie des 4. Kosaken-Regimentes, 3./1 Garde-Batterie; zusammen 4 Bataillone, 1 Sotnie, 8 Geschütze. — Diese Colonne rückt um 1 Uhr nachts aus dem Biwak ab, marschiert, unmittelbar hinter der Garde-Schützen-Brigade, dann über Furt Nr. 4

und Svinar in die nach Teliš führende Thal-Niederung, woselbst concentrierte Aufstellung hinter der 2. Brigade der 2. Garde-Cavallerie-Division zu nehmen ist.

Die 2. Brigade der 2. Garde-Cavallerie-Division (Flügel-Adjutant Oberst Baron Meiendorff) mit der 5. reitenden Garde-Batterie (zusammen 8 Escadronen und 6 Geschütze) rückt derart aus dem Biwak ab, dass sie um 3 Uhr morgens an dem nach Teliš zu gelegenen Ausgang des Dorfes Svinar eintrifft; dann hat sie sich in der nach Teliš führenden Thal-Niederung ungefähr 3 km vorwärts von Svinar aufzustellen.

Vom Garde-Sappeur-Bataillon wurde dem Detachement Čelišeff der 4. Zug der „Sappeur-Compagnie des Kaiser" beigegeben.

Diese Truppen (im ganzen 4 Bataillone, 9 Escadronen bezw. Sotnien, 14 Geschütze und ¼ Sappeur-Compagnie) haben um 6¼ Uhr früh aufzubrechen und die feindliche Position beim Dorf Teliš anzugreifen, eventuell einen von Orhanje erscheinenden türkischen Truppen-Körper abzuweisen. (Nach einer anderen Version: als „linke Flügel-Colonne" durch eine Vorrückung gegen Teliš die dort stehenden feindlichen Truppen festzuhalten, und hiedurch die linke Flanke der mittleren Colonne zu sichern.)

Die 1. Brigade der 2. Garde-Cavallerie-Division (General Klodt) mit 1 reitenden Garde-Batterie (zusammen 8 Escadronen, 6 Geschütze) hat sich derart in Marsch zu setzen, dass sie um 5 Uhr morgens das Dorf Svinar erreiche, bei welchem Rendezvous-Formation mit der Front nach Gornji Dubnjak zu nehmen ist; dann um 6¼ Uhr aufzubrechen, um die 2. Brigade der 2. Garde-Infanterie-Division herum zu gehen und sich in das Terrain, welches zwischen den Positionen des Feindes von Gornji Dubnjak und Teliš liegt, zu dirigieren. Der Zweck dieser Bewegung ist: einerseits die Vorrückung der linken Flügel-Colonne gegen Teliš zu unterstützen, anderseits den Rücken und die linke Flanke der 2. Brigade der 2. Garde-Infanterie-Division (Angriff auf Gornji Dubnjak) zu decken.

(Über die Mitwirkung seitens der Kalarasi-Brigade des Oberst Formak: siehe bei General Arnoldi, Seite 78.)

Schein-Angriff gegen Dolnji Dubnjak. — General Lotkarew hat im Lauf der Nacht vom 23. zum 24. October das 9. Uhlanen-Regiment nebst der bei demselben befindlichen reitenden Batterie (welche Truppen sich im „Lager der 9. Cavallerie-Division" befanden) an sich zu ziehen, und am 24. October, 6¼ Uhr früh, mit allen seinen Truppen (12 Escadronen, 12 Geschütze) gegen Dolnji Dubnjak vorzurücken, um zu verhindern, dass die Türken von diesem Dorf aus der Besatzung von Gornji Dubnjak zu Hilfe kommen. Mit General Arnoldi ist die Verbindung herzustellen.

General Arnoldi sollte (siehe Seite 78) in analoger Weise von Metropolja aus gegen Dolnji Dubnjak vorrücken.

Das Detachement des General Arnoldi bestand, da 8 rumänische Bataillone mit 1 Batterie dazu gekommen, dagegen von der 4. Cavallerie-Division das ganze 4. Kosaken-Regiment (zu Wegweiser-Diensten) sowie 1 Escadron mit 2 Geschützen (unbekannt wohin) abdetachiert waren, aus: 8 Bataillonen, 46 Escadronen, 34 Geschützen.

Diese Truppen sollten hauptsächlich eine Demonstration gegen Dolnji Dubnjak ausführen, um die dort sowie in Plevna befindlichen Truppen zu verhindern, der Besatzung von Gornji Dubnjak zu Hilfe zu kommen; nebstdem gegen letztere Position sowie auch gegen Radomirci demonstrieren. — Behufs Ausführung dieses Auftrages wurde des Näheren befohlen:

Das ganze Detachement hat im Lauf der Nacht vom 23. zum 24. October nach Gornji Motropolja zu rücken.

General Cernozubow mit der Don-Kosaken-Brigade, 5 Bataillonen*) und 1 Batterie der Rumänen (zusammen 5 Bataillone, 7 Sotnien, 12 Geschütze) bezieht bei Motropolja eine Stellung, um, bei einem Ausfall der türkischen Truppen aus Plevna, diese entweder festzuhalten, oder wenigstens ihre Vorrückung gegen Gornji Dubnjak nach Möglichkeit zu verzögern.

General Arnoldi mit der 4. Cavallerie-Division, der Rossiori-Brigade und 2 rumänischen Bataillonen (zusammen 2 Bataillone, 19 Escadronen, 16 Geschütze) hat um 7½ Uhr morgens bei Dolnji Dubnjak einzutreffen, dann gegen diesen Ort zu demonstrieren und im Fall, dass türkische Truppen aus demselben gegen Gornji Dubnjak vorrücken wollten, dies um jeden Preis zu verhindern. Nebstdem hat das Detachement mit der 9. Cavallerie-Division, welche aus der Richtung von Medeven gegen Dolnji Dubnjak operieren soll, Verbindung herzustellen.

Oberst Čerewin mit der Kaukasus-Kosaken-Brigade (12 Sotnien, 6 Geschütze) sammelt sich am Abend des 23. October in Abaskiöj (bei Mahalata) und hat am 24. October, 7½ Uhr früh, westlich von Gornji Dubnjak Stellung zu nehmen, um den Angriff der Garde-Truppen gegen diesen Punkt zu unterstützen und die türkische Besatzung — wenn selbe etwa versuchen sollte, in südwestlicher Richtung zu entweichen — abzufangen.

Oberst Formak mit der Kalarasi-Brigade (8 Escadronen) sammelt sich am Abend des 23. October ebenfalls bei Abaskiöj, und hat am 24. October von dort wie folgt vorzurücken: theilweise über Devenica und Červenbreg, um nach dieser Richtung hin, in welcher kleinere türkische Truppen bemerkt worden sind, zu demonstrieren; — mit dem anderen Theil längs des linken Isker-Ufer auf Čumakovci, um das Terrain nach dieser Richtung hin aufzuklären und eventuell den Türken, für den Fall ihres Rückzuges nach West, den Weg zu verlegen.

---

*) Oberst Candli mit: 7. Linien-, 14. und halben 16. Dorobansen-Regiment.

Allgemeine Reserve. — Das Gros der 1. Garde-Infanterie-Division, nämlich 3 Regimenter (Preobraženskij, Semenowskij, Ismailowskij), 1 Sotnie des 4. Kosaken-Regimentes, 2 Esc. des kais. Convoi und 4 Batterien (1., 2., 4., 5.) — zusammen 12 Bataillone, 3 Escadronen, 32 Geschütze — bricht um 2½ Uhr morgens aus dem Biwak auf, folgt hinter der 1. Brigade der 2. Garde-Infanterie-Division und stellt sich in Rendezvous-Formation hinter den Furten Nr. 1 und Nr. 2 auf. Dasselbe hat dann um 6½ Uhr früh vorzurücken, die beiden Furten zu passieren und sich in Rendezvous-Stellung an dem Weg Čerikovo-Kruševica, ungefähr 2 km von Čerikovo, mit der Front nach Dolnji Dubnjak zu formieren.

Die 3. Brigade der 2. Garde-Cavallerie-Division (General Graf de Balmen), bestehend aus 8 Escadronen und 2 reitenden Garde-Batterien (12 Gesch.), hat bis 5 Uhr früh (im Verein mit der 1. Garde-Cavallerie-Brigade) das Dorf Svinar zu erreichen, von dort um 6½ Uhr früh aufzubrechen und hinter dem Eichen-Wald, aber vorwärts des Dorfes Čerikovo, Aufstellung zu nehmen. —

Vorwendung der allgemeinen Reserve: das Gros der 1. Garde-Infanterie-Division hat als „rechte Flügel-Colonne" Gornji Dubnjak von der Nord-Seite anzugreifen, dabei aber auch gegen Dolnji Dubnjak bezw. Plevna hin die Sicherung zu übernehmen; — die 3. Garde-Cavallerie-Brigade sollte das Vorrücken der rechten Flügel-Colonne „umschleiern", nach Dolnji Dubnjak hin sichern und möglichst auch mit der gegen die West-Front von Gornji Dubnjak operierenden Kaukasus-Kosaken-Brigade die Verbindung herstellen.

Vorkehrungen für den Nacht-Marsch und Fluss-Übergang. — General l. Gurko begab sich am 23. October an den Vid und wies den Truppen die zu benutzenden Furten an, welch letztere durch aufgestellte Stangen mit Nummern kenntlich gemacht waren. Ferner wurden die Punkte bestimmt, wo die Truppen sich nach dem Fluss-Übergang zu sammeln hatten, und die allgemeine Richtung für den weiteren Vormarsch angegeben; hiebei mussten die den einzelnen Colonnen zugewiesenen Generalstabs-Officiere mit den Uhren in der Hand vom Vid bis zum Versammlungs-Punkt ihrer Truppen reiten, um die Entfernung festzustellen und dadurch Fehler während des nächtlichen Marsches zu vermeiden. —

Recapitulation über die Kräfte-Vertheilung. — Diese ergibt sich, als Succus der Angriffs-Disposition, wie folgt:

Zum Angriff auf Gornji Dubnjak:	Bacone	Esc.	Gesch.
Rechte Colonne (General Ellis I)	4	3	16
Linke Colonne (General Rosenbach)	8	2	16
Mittlere Colonne (General Soddeler)	8	1	16
Oberst Čerewin mit der Kaukasus-Kosaken-Brigade	—	12	6
Zusammen:	20	18	54

Zum Angriff auf Teliš und zur Beobachtung gegen Čumakovci:

	Baone	Esr.	Gesch.
Garde-Jäger-Regiment } zum eigentlichen	4	1	8
2. Garde-Cavallerie-Brigade } Angriff	—	8	6
1. Garde-Cavallerie-Brigade zur Flanken-Sicherung	—	8	6
Oberst Formak zur Beobachtung gegen Čumakovci	—	8	—
Zusammen:	4	25	20
Zum Schein-Angriff gegen Dolnji Dubnjak:			
General Loškarew mit dem Gros der 9. Cav.-Div.	—	12	12
General Arnoldi: 4. Cav.-Div., Rossiori Brig., 2 rumänische Bataillone	2	19	16
Zusammen:	2	31	28
Zur Beobachtung gegen Plevna:			
1 rumänisches Bataillon in Demirkiöj	1	—	—
General Černozubow: Don-Kos.-Brig., 5 Baone und 1 Batt. Rumänen	5	7	12
Zusammen:	6	7	12
Allgemeine Reserve:			
Gros der 1. Garde-Infanterie-Division	12	3	32
3. Garde-Cavallerie-Brigade	—	8	12
Zusammen:	12	11	44
Bei Medeven zur Sicherung des Vid-Überganges:			
Das Detachement des General Bremsen	4	—	8
1 Bataillon Moskau mit der 3./2 Garde-Batterie	1	—	8
Zusammen:	5	—	16
Im ganzen in Verwendung:	49	92	174

Detail-Bestimmungen. — Verpflegung: am 23. October sind per Mann 3 Pfund Fleisch zu kochen, davon 1½ Pfund zu verzehren und 1½ Pfund am 24. October mitzunehmen, da es wahrscheinlich ist, dass an diesem Tag nicht gekocht wird. Das Abend-Abkochen (am 23.) muss schon um 4 Uhr Nachmittag beendet sein.

Concentrierung. — Alle Infanterie- und Artillerie-Truppen-Theile haben in Zug-Colonnen zu marschieren.

Alle den Vid überschreitenden Truppen dürfen, außer den Sanitäts-Wägen und bei der Artillerie die Vorraths-Lafetten, keinerlei Train mit sich führen. Daher sind am 24. October früh morgens alle Truppen-Fahrzeuge (auch die Patronen-Wägen) nach der Gabelung der Wege Raljevo-Biegleš und Raljevo-Dolnji Barkač zu dirigieren, woselbst sie zu einer großen Wagenburg formiert werden. Zu deren Bedeckung ist von allen Regimentern und der Schützen-Brigade je 1 Zug (hauptsächlich aus Marsch-Kranken zusammen gestellt) zu commandieren. Oberst Šewič (Commandant des Stabes des Garde-Corps) erhält den Ober-Befehl über die Wagenburg.

Aufenthalt der Gefechts-Leitung: bei Beginn des Vorgeben der Truppen werde ich mich zwischen der 1. Brigade der 2. Garde-Infanterie-Division und der Garde-Schützen-Brigade befinden.

Um das Überbringen von Meldungen zu beschleunigen, ist einerseits zwischen den Detachements Oberst Čerewin, General Arnoldi und General Černozubow, andererseits zwischen den Detachements in Medeven und Čerikovo eine Relais-Verbindung zu etablieren; eine solche Relais-Linie ist ferner zwischen dem Leibgarde-Jäger-Regiment und Čerikovo herzustellen. Die Einrichtung dieser Relais-Linien ist den Generalen Loškarew und Arnoldi, und dem Flügel-Adjutanten Oberst Baron Meiendorff übertragen.

Sobald die Position bei Gornji Dubnjak von unseren Truppen genommen sein wird, ist die 1. Garde-Infant.-Division an die Straße Plevna-Sofia vorzuführen, um auf dieser Straße eine Position mit der Front nach Dolnji Dubnjak einzunehmen und dadurch die Truppen zu decken, welche Gornji Dubnjak genommen haben und es unverzüglich in Vertheidigung-Zustand setzen werden. (Zu letzterem Zweck eben war der 1. Brigade der 2. Garde-Infant.-Division das Garde-Sappeur-Bataillon beigegeben.)

2. Auf dem rechten Vid-Ufer.

Dispositionen des Generall. Skobelew. — Letzterer erließ am Morgen des 23. October (im Biwak bei Tučenica) an seine Truppen: eine „Disposition für den 24. October", eine „Beilage zur Disposition" und eine „Anordnung betreff Ausführung der Arbeiten zur Befestigung der Stellung zwischen Brestovec und der Tučenica-Schlucht". Das Hauptsächliche davon lautet, wenn man es etwas systematisch ordnet, wörtlich wie folgt:

Vorsorgen für Verpflegung. — „Alle Abtheilungen der „Avantgarde, die Garde ausgenommen, kochen um 10½ Uhr in Bogot „ab. Alle Leute sollen außerdem noch je 409,5 g Fleisch ausgehändigt „erhalten. Die Abtheilungen, welche in die Gefechts-Linie gehen, „sollen eine zwei-tägige Zwieback-Portion als Vorrath empfangen.

„Alle Abtheilungen, welche für die erste Linie bestimmt sind, „haben Maßnahmen zu treffen, dass ihnen zum Abend des 24. Brannt- „wein nach den Stellungen zur Verausgabung geschafft wird. Dazu „sind besondere Wagen unter Bewachung von den Abtheilungen zu „bestimmen, welche zur allgemeinen Reserve gehören.

„Die Artel- (Wirtschafts-) Wagen fahren aus Bogot auf besonderen „Befehl des Chef des Stabes ab und werden am Hang südlich des „Bogot-Baches aufgestellt. Die Küchen werden in der Nähe der „Plevna-Lovča-Straße eingerichtet.

„Die Artel-Wagen haben nicht den Weg durch die Niederung „von Bogot einzuschlagen, sondern auf dem südlichen Rücken der „die Niederung begrenzenden Höhen.

„Zum Commandanten des gesammten Train wird der Verwalter
„der Wirtschaft des Regimentes Kasan, Major Nefedjew, ernannt.
„Den Major Nofedjew ersuche ich, für die Aufstellung der Artel-
„Kesseln*) am morgigen Tag für die Truppen, welche die Reserve
„bilden, Sorge zu tragen, nämlich für das Regiment Wladimir, Uglic,
„Kasan, das Sappeur-Bataillon, das 10. und 11. Schützen-Bataillon
„und die 16. Artillerie-Brigade".

Bestimmungen für den Angriff. — „Ist die ganze Avant-
„garde um 2½ Uhr Nachmittag am Ausgang der Niederung von
„Bogot nach der Plevna-Lovča-Straße an den von dem Chef des
„Stabes des Detachement (Capitän Kuropatkin) angewiesenen
„Stellen zusammen gezogen, so besetzt und — im Fall der Feind dort
„steht — nimmt ein Theil der Avantgarde auf meinen Befehl: das
„Dorf Brestovec und den ersten Kamm der „grünen Berge" östlich
„der Plevna-Lovča-Straße.

„Um sich in den Besitz des Dorfes Brestovec zu setzen, werden
„die (9) Schützen-Compagnien der Regimenter Wladimir, Uglic, Kasan,
„ferner das 9. Schützen-Bataillon, unter dem Commando des General-
„major Tomilowski bestimmt.

„Das Garde-Regiment der 3. Garde-Division und das Re-
„giment Susdalski unter dem Befehl des Commandanten des Garde-
„Regimentes, gehen zwischen der Lovča-Straße und der Tučenica-
„Schlucht vor, mit einem Bataillon von jedem Regiment an der Spitze.

„Ich mache darauf aufmerksam, dass das Gelände eine ver-
„deckte Aufstellung der Reserven gestattet.

„Sobald die schweren Batterien der 2. Artillerie-Brigade gesichert
„auffahren können; nehmen sie Stellung auf der Rysbaja gora, um
„den Angriff gegen den ersten Kamm der „grünen Berge" vor-
„zubereiten.

„Am Ausgang der Niederung von Bogot verbleiben, als Reserve:
„das 3. Sappeur-Bataillon, die Regimenter Wladimir, Uglic und Kasan
„(ohne die Schützen-Compagnien), das 10. und 11. Schützen-Bataillon,
„3 Garde-Batterien, die 4., 5. und 6. Batterie der 2. Artillerie-Brigade,
„die 16. Artillerie-Brigade und 2 Sotnien Kosaken, unter dem Com-
„mando des Generalmajor Grenkwist.

„Der Angriff der Höhen ist nach der allgemeinen Disposition
„auf 4 Uhr Nachmittag festgesetzt".

Technische Arbeiten. — „Die Arbeits-Regimenter, die all-
„gemeine Reserve der Avantgarde bildend, werden auf meinen beson-
„deren Befehl zur Arbeit geführt. Die Regimenter werden von Stabs-
„Officieren begleitet und zwar das 1. Wladimir vom Oberst Melnizki,
„das 2. Kasan vom Oberstlieutenant Saßki, das 3. Uglic vom Oberst
„Laßkowski. Den genannten Stabs-Officieren liegt, unter Leitung des

---

*) Die russischen Truppen führen größere Kesseln auf Wägen mit; es wird abtheilungsweise zusammen gekocht.

„Commandanten des 3. Sappeur-Bataillon, Oberst Rudowski, die Aus-
„wahl der Stellen für die Batterien, der Laufgräben der ersten Linie
„und die Deckungen für die Reserven ob. Sind die Compagnien an
„der Stelle angekommen, wo Befestigungen angelegt werden sollen,
„so wird ein Zug zur Reserve abgezweigt und in der Nähe möglichst
„hinter Deckungen im Gelände aufgestellt, während die übrigen drei
„zu arbeiten beginnen.

„Das Abstecken der Befestigungen und die Aufsicht über die
„regelrechte Ausführung liegt den Sappeur-Officieren und -Unter-
„officieren ob.

„Die Forderungen derselben, sofern sie die Anlage von Be-
„festigungen und einleitende Anordnungen betreffen, müssen sofort
„von den Commandanten der Abtheilungen ausgeführt werden; das
„Dienst-Alter hat dabei keinen Einfluss.

„Die unmittelbaren Vorgesetzten der Arbeiter sorgen für Ruhe,
„Ordnung und Fortgang der Arbeiten.

„Beim Beginn der Arbeit legen die Arbeiter ihre Gewehre hinter
„sich mit den Bajonnetten vom Feind ab.

„Die Arbeit wird ohne Rücksicht auf irgend welches Feuer des
„Feindes fortgesetzt; wenn die vorwärts aufgestellte Bedeckung von
„überlegenen feindlichen Kräften gedrängt wird, so legen die Arbeiter
„auf den Befehl ihrer Commandanten die Spaten nieder, nehmen die
„Gewehre, formieren sich auf dem Arbeits-Platz und treten dem
„angreifenden Feind gegenüber.

„Unter keiner Bedingung darf der Feind über die Linie der
„angefangenen Arbeiten hinaus verfolgt werden.

„Es ist aller Mannschaft, welche zum Arbeiten bestimmt ist,
„einzuprägen, dass von ihnen die Ausführung der ihnen übertragenen
„Arbeiten ohne Rücksicht darauf, ob der Feind dem entgegen tritt,
„erwartet wird, und dass in meinen Augen für jeden die Vollendung
„der ihm übertragenen Arbeit der Ausdruck des höchsten kriegerischen
„Ruhmes sein wird".

Sanitäts-Wesen. — „Das Divisions-Lazareth für die 16. Divi-
„sion verbleibt im Dorf Tučenica. Verband-Platz: an dem Bogot-
„Bach, 1 *km* von der Plevna-Lovča-Straße. Vom Verband-Platz werden
„die Verwundeten in das Divisions-Lazareth, die schwer Verwundeten
„nach Bogot in das bewegliche Lazareth des „rothen Kreuzes"
„geschafft, nach der von mir persönlich mit dem Fürsten Čerkasski
„getroffenen Vereinbarung."

Adjustierung. — „Nach der Disposition des Detachement-
„Commandanten, General. Sotow, ist der Anzug für die Leute:
„Röcke mit Mantel über der Schulter".

Aufenthalt des Commandanten. — „Ich werde mich bei
„Beginn des Gefechtes auf der Ryshaja gora, bei der 2. Artillerie-
„Brigade aufhalten." —

Wenn man alle diese Befehle chronologisch ordnet und nur das Wesentliche derselben, dabei aber auch andere ergangene Bestimmungen berücksichtigt, so ergibt sich Folgendes:

Alle Regimenter der 16. Infanterie-Division, die 2. und 16. Artillerie-Brigade und die 3 Schützen-Bataillone concentrieren sich am 24. October auf Wegen, welche diese Bewegungen dem Feind möglichst verborgen, um 10½ Uhr Vormittag im Dorf Bogot. Das Garde-Regiment und die 3 Batterien der 3. Garde-Artillerie-Brigade sollen um 2 Uhr Nachmittag an die Niederung von Bogot heran rücken und sich „hinter" derselben möglichst gedeckt in Reserve-Formation aufstellen.

Die Patronen-, sowie die 1. und 2. Munitions-Wägen folgen unmittelbar ihren Abtheilungen; die 3. Munitions-Wägen bleiben beim Haupt-Train, welcher nächst Bogot zu concentrieren ist.

Von den 20 Bataillonen der „Avantgarde" bestimmte Generall. Skobolew: 8 Bataillone (das Garde-, das 62. Infl.-Regiment und 9. Schützen-Bataillon) und 9 Schützen-Compagnien der 16. Infl.-Division zur Besetzung des ersten Kammes der „grünen Berge" und von Brestovoc;

12 Bataillone als Reserve. Von letzteren sollten 9 Bataillone (61., 63. und 64. Regiment) ausschließlich der Schützen-Compagnien, also 36 Linien-Compagnien, die genommene Stellung befestigen. Diese Arbeiter-Compagnien sollten je 120 Mann stark gemacht werden; jeder derselben 10 Sappeure, jedem Bataillon außerdem 1 Officier und 1 Unterofficier, jedem Regiment noch 6 Unterofficiere und 60 Sappeure beigegeben werden.

Das erforderliche Schanzzeug (3.600 Spaten, 350 Beile, 180 Grabscheite, 180 Hacken) wurde in Tučenica zusammen gebracht. Jede Arbeiter-Compagnie sollte 100 Spaten, 50 Reserve-Stiele und 100 Nägel erhalten. Zur schnellen Vorausgabung des Schanzzeuges wurden eigene Maßnahmen getroffen. Die Regimenter Uglic und Kasan hatten das Schanzzeug vom Commandanten des 3. Sappeur-Bataillon von 8 Uhr morgens an (bis längstens 10 Uhr) im Sappeur-Lager (beim Dorf Tučenica) in Empfang zu nehmen; das Regiment Wladimir bis längstens 12 Uhr in Bogot. —

Am 23. October hielt Generall. Skobolew über die Truppen der 16. Infl.-Division bei Bogot eine Parade ab, nebst nachherigem Gobet und Defilierung. „Die Truppen hatten ein wackeres, vergnügtes und „kühnes Aussehen. Das Essen war ihnen in den letzten Tagen reich„licher, nebstdem auch Branntwein, verabfolgt worden." Abends sangen die Sänger (alle russischen Truppen haben aus Mannschaft gebildete Sänger-Chöre) und es spielte die Musik.

Östlich der Fluss-Linie Tučenica-Vid nahm das allgemeine Bombardoment am 23. October an Heftigkeit zu; es wurde während des ganzen Tages eine ziemlich lebhafte Kanonade unterhalten, welche sich in der Nacht noch verstärkte.

Bei den Rumänen wurde die 4. Division aus der Reserve an den Vid u. zw. nach Ribiuo und Kacamunica disponiert, gleichzeitig von der „fliegenden Brigade" der 2. Division eine Posten-Kette gegen die Opanec-Redouten aufgestellt.

Die Brigade Cantili der 4. Division wurde über den Vid gesendet, wo sie bei Metropolja und Demirkilij Stellung nahm, um mit der russischen Garde an den Operationen westlich von Plevna theil zu nehmen.

Zum Übergang der auf das linke Vid Ufer bestimmten Truppen war bei Ribino eine Bock-Brücke geschlagen worden.

Bei den Russen wurden — in Folge „Nachtrag zur Angriffs-Disposition" (siehe Seite 74), — um gegen die türkische Stellung auf dem zweiten Kamm der „grünen Berge" wirken zu können, in der Nacht vom 23. zum 24. October auf dem linken Flügel, nahe an der Tučenica-Schlucht, 3 Batterie-Emplacements für 8 Belagerungs- und 24 Feld-Geschütze erbaut.

3. Auf Seite der Türken.

Stärke und Stellung. — Am 23. October war die sogenannte „West-Armee," unter Befehl des Marschall Osman Pascha, wie folgt zusammengesetzt:

Truppen innerhalb des befest. Lager von Plevna:

	Baone	Esc.	Čerk.	Gesch.
1. Division (Hadji Adil Pascha):				
3 Brigaden (Hassan, Atuf, Ali)	24	4	—	24
2. Division (Hassan Sabri Pascha):				
3 Brigaden (Hamil, Achmed, Mahmud)	22	—	800	28
3. Division (Tahir Pascha):				
3 Brigaden (Kir Ali, Schukri, Abri)	19	4	—	24
4. Division (Emin Pascha):				
2 Brigaden (Hafus Pascha, Schakir Bey)	10	4	—	12
Zusammen:	75	12	800	88

oder 45,000 Mann mit 14 Feld-Batterien und 4 Belagerungs-Geschützen. (Die 4. Division war aus Bašibozuk's formiert, welche Osman Pascha bekleidet und bewaffnet hatte.)

Die 1. Division stand an der Nord-Front, vom Vid bis an den Grivica-Bach; — die 2. Division im Raum von letzterem bis zur Tučenica-Schlucht; — die 3. Division an der West-Front; — die 4. Division im Raum zwischen Tučenica-Schlucht und Vid.

In Plevna sollen sich noch 5- bis 6.000 Kranke und Verwundete befunden haben.

Truppen außerhalb des befest. Lager von Plevna:

	Baone	Esc.	Čerk.	Gesch.
Die Division Achmed Hifzi Pascha auf der Etapen-Linie von Dolnji Dubnjak bis Teliš	21	6	—	12
Das Reserve-Corps Chefket Pascha bei Sofia-Orhanje mit Vortruppen bis gegen Teliš	54	20	100	60
Die Division Sefi (?) Pascha in Vidin	20	4	2.200(?)	30
Zusammen:	95	30	2.300(?)	102
Die West-Armee daher im ganzen:	170	42	3.100(?)	190

Ausrüstung. — Es ist interessant zu constatiren, wieviel Verpflegs-Vorräthe zu diesem Zeitpunkt (23. October) in Plevna vorhanden waren. Nach einer Meldung Chefket Pascha's hatte Plevna am 18. October noch eine vierzehn-tägige Verpflegung; nimmt man an, dass dann bis zum 23. October noch ein vierzehn- bis zwanzig-tägiger Vorrath nach Plevna geschafft wurde, so waren die Truppen Osman Pascha's am 24. October mit Verpflegung für vier, höchstens fünf Wochen versehen. Man kommt somit zu dem Schluss, dass es den Türken im Lauf von sechs Wochen nach dem Sturm am 11. und 12. September nicht gelang, Plevna mit einer zwei-monatlichen Verpflegung zu versehen, wie der Kriegs-Rath es angeordnet hatte.

Die Versorgung der Armee Osman Pascha's mit Munition glückte der türkischen Regierung besser.

Nach den Meldungen Chefket Pascha's befanden sich um Mitte September in Plevna 7.500 Kartuschen mit Geschossen (d. h. 107 Ladungen pro Geschütz). Von Mitte September bis Mitte October wurden 10.000 Geschosse zugeführt, was pro Geschütz im ganzen 250 Ladungen gibt. Was Osman Pascha an Patronen nach den Kämpfen vom 7. bis 12. September übrig blieb, ist leider nicht bekannt. In derselben Zeit wurden aber 1.700 Patronen-Kästen mit je 1.000 Patronen herbei geschafft, was pro Mann 35 Patronen ergibt. Osman hatte augenscheinlich keinen Mangel an Munition, was daraus hervorgeht, dass er Mitte October Chefket Pascha ersuchte, keine Munition mehr heran zu führen, sondern seine Thätigkeit nur auf die Zufuhr von Verpflegung zu beschränken. — Abgesehen von der nach Plevna geschafften Munition, bestand in Orhanje noch ein großes Munitions-Depot, welches 13.700 Artillerie-Geschosse und 3.620 gefüllte Patronen-Kästen enthielt.

Es waren noch Maßnahmen getroffen, die Truppen mit Kleidung und Schuhwerk zu versehen. In Folge der ununterbrochenen Erd-Arbeiten und des eingetretenen schlechten Wetter hatte beides sehr gelitten. Am 6. September waren 10.000 Paar Uniformen und 20.000 Paar Wäsche aus Sofia nach Plevna abgesendet worden. In der letzten Hälfte des October sollten noch 20.000 Paar Uniformen und Wäsche, 5.000 Halb-Pelze und 5.000 Fese abgeben; dieser Transport konnte aber nicht mehr nach Plevna durchkommen. Über die Lieferung von Schuhwerk fehlen die Angaben.

Zelte hatte man beim Abmarsch aus Vidin nicht mitgenommen. In Folge dessen wurden für jedes Bataillon 12 Zelte heran geschafft. Man konnte sie aber nur bei Nacht und bei Nebel-Wetter benutzen, weil sie sonst sofort das Feuer der russischen Artillerie auf sich zogen.

D. Gefecht bei Gornji Dubnjak am 24. October.

(Hiezu Beilage 3.)

Die türkischen Befestigungen bei Gornji Dubnjak. — Beiläufig 1 *km* südwestlich des Dorfes Gornji Dubnjak liegt ein Hügel, welcher das ganze umliegende Terrain überragt. Auf demselben war das Haupt-Werk der Verschanzungen gebaut: mit unregelmäßigem Grundriss, seine nordöstliche Face gegen Plevna, seine südliche Face gegen die Straße gewendet; Brustwehr-Höhe 3·2 *m*, Brustwehr-Dicke 6 *m*. Die Kehle dieser „großen Redoute" im West, war durch keinen Graben gesichert, dagegen die zwei schmalen Ausgänge, welche die Schanze außerdem besaß (einer nach Ost, der andere nach Süd) durch Gräben geschützt. Im Inneren der Schanze zog sich längs des Banket ein innerer Graben, hinter welchem Erd-Hütten standen. Nahe der nordöstlichen Face, gegenüber dem Haupt-Ausgang, war ein hoher Cavalier erbaut. Nordwestlich der großen Redoute lag eine Lunette.

Südlich der großen Redoute stand eine zweite geschlossene Schanze, die „kleine Redoute", welche von bedeutend geringerem Umfang als das Haupt-Werk, diesem ihren Ausgang zuwendete. Von der großen Redoute aus konnte man nicht nur das Vor-Terrain der kleinen Redoute, sondern auch größtentheils das Innere der letzteren unter Feuer halten.

Der ganze Raum vor den Facen beider Schanzen war auf 400 bis 900 Schritte, in welchem Gürtel ein dichtes Eichen-Gebüsch gestanden hatte, abgeholzt worden. Auf diesen rasierten Hängen waren vor beiden Redouten noch hie und da zwecks niederer Bestreichung, Logements und Schützen-Gräben angelegt. Das beim Bloßlegen des Terrain gewonnene Strauchwerk hatte theils zum Bau von Laub- und Erd-Hütten Verwendung gefunden, theils waren aus demselben auf dem abgeholzten Raum einzelne Haufen gebildet worden, welche augenscheinlich dazu dienten, die Schuss-Distanzen zu bezeichnen (denn in der Nähe dieser Haufen erwies sich am 24. October das türkische Feuer ganz besonders mörderisch).

Ungefähr 50 Schritte südlich der großen Redoute lag ein kleines, von den Türken als Proviant-Magazin eingerichtetes Häuschen mit hellem Ziegel-Dach.

Die türkischen Befestigungen bei Gornji Dubnjak, mit allen ihren ziemlich imposanten Details, haben uns in hohem Maß interessiert und dürften die Aufmerksamkeit eines jeden Militärs verdienen.

1. Vom Beginn des Gefechtes bis Mittag.

Die mittlere Colonne (General Baron Seddeler), anfangs schlüpferige Mais-Felder und dann dichtes Eichen-Gehölz durchschreitend, kam nur langsam vorwärts.

Sie hatte beim Vormarsch folgende Gliederung: ihre Artillerie in der Mitte; links davon das Garde-Grenadier-Regiment mit dem 4. Bataillon im ersten, mit dem 2. und 3. Bataillon im zweiten Treffen; rechts von den Batterien das Garde-Regiment Moskau in derselben Formation; das 1. Bataillon der Grenadiere und das Sappeur-Bataillon bildeten die Reserve.

Das Grenadier-Regiment verlor in dem dichten Eichen-Gehölz die Direction und zog sich stark nach links gegen die linke Colonne. General Seddeler befahl dem Regiment umzukehren, sich wieder rechts zu ziehen und so den Anschluss an die Batterien zu suchen. Zur Ausfüllung der bedeutenden, zwischen dem Regiment und der Artillerie entstandenen Lücke wurden nun vom Regiments-Commandanten (Flügel-Adjutant Ljubowitzki) das 3. Bataillon rechts und das 2. Bataillon links des 4. Bataillon in die vorderste Linie disponirt; außerdem wurden zum gleichen Zweck durch den General Seddeler auf den linken Flügel der Artillerie 2 Compagnien (15. und 16.) des Regimentes Moskau beordert, und das 1. Bataillon Grenadiere aus der Reserve vor genommen.

Anderthalb Kilometer vor der großen Redoute erhielten die Grenadiere aus dieser und bald darauf auch aus der kleinen Redoute starkes Gewehr-Feuer. Die Grenadiere blieben aber, ohne auf das Feuer zu antworten, im Vorrücken.

Mittlerweile, ungefähr 8½ Uhr, hatten beide Batterien (1. und 2. der 2. Garde-Artillerie-Brigade) in einer Wald-Lichtung abgeprotzt und das Feuer auf 1.700 m eröffnet.

Bald hierauf kam vom General Rosenbach die schriftliche Mittheilung, dass die linke Colonne durch Überschreitung tiefer Gräben aufgehalten worden sei. In Folge dessen hielt General Seddeler sofort seine Colonne etwas an und beschränkte sich vorläufig auf Artillerie-Feuer.

Das Grenadier-Regiment hatte den Nord-Rand des Gehölzes überschritten und stand soziemlich in gleicher Höhe mit dem rechts der Artillerie vorgegangenen Regiment Moskau. Die feindlichen Schüsse hatten schon angefangen, zahlreiche Opfer zu fordern, besonders im Garde-Grenadier-Regiment.

Um diese Zeit (9 Uhr) trafen die beiden Flügel-Colonnen im Angesicht der feindlichen Stellung ein und eröffneten mit ihrer Artillerie das Feuer. Die Vorrückung beider Flügel-Colonnen hatte sich etwas verzögert.

In dem Wunsch, eine größere Feuer-Wirkung zu erzielen, befahl jetzt General Seddeler seinen Batterien, noch 900 m weiter vor zu fahren. Die Batterien begaben sich frontal und schnell, staffelweise in die neue Position und eröffneten das Feuer auf die große Redoute. Aber in dieser neuen Stellung, welche sich als viel tiefer als die erste erwies, mussten die Batterien in die Höhe schießen, und außerdem war das Gewehr-Feuer, welches sie empfiengen, so stark, daß ihnen bei dem Mangel jeder Deckung die Gefahr drohte, die ganze Bedienungs-Mannschaft und alle Pferde zu verlieren. Die Batterien kehrten daher nach einigen Lagen in eine etwas vorwärts der ersten Stellung liegende Position zurück.

Um 9 Uhr 30 Minuten erschien auch die kaukasische Kosaken-Brigade Cerewin nordwestlich von Gornji Dubnjak und ließ ihre Batterie ebenfalls das Feuer beginnen, so dass jetzt die türkische Stellung, in welcher sich nur 4 Geschütze befanden, concentrisch von 54 Geschützen (16 Neunpfünder, 38 Vierpfünder) beschossen wurde.

Zur Zeit dieses Artillerie-Gefechtes befahl General Seddeler, damit die voran geeilten Grenadiere nicht isoliert bleiben, den in erster Linie stehenden 2 Compagnien des 2. Bataillon und 2 Compagnien des 4. Bataillon Moskau, vorzurücken.

Aber kaum hatten sich die Moskauer in Bewegung gesetzt, als aus persönlicher Initiative des Oberst Ljubowitzki das 2. Bataillon der Grenadiere, unterstützt durch das eigene 3. Bataillon, vom Angriff zum Anlauf übergieng.

Es war etwas nach 10 Uhr Vormittag.

Die Grenadiere (angeführt durch Oberst Ljubowitzki) erstiegen im Sturmlauf, ohne einen Schuss zu thun den Berg, und trieben die aus den vorgeschobenen Logements fliehenden Türken vor sich her. Aus beiden Redouten krachte und donnerte dem Angreifer ein in seiner Vereinigung furchtbares Artillerie- und Gewehr-Feuer entgegen. Gleichsam in eine einzige ununterbrochene, lange Salve flossen die schnell abgegebenen Schüsse einiger tausend Hinterlader zusammen. Nicht mehr als 8 Minuten brauchten die Bataillone, um laufend den Graben der kleinen Redoute zu erreichen, und doch war der ganze von ihnen zurückgelegte Raum schon buchstäblich mit Todten und Verwundeten übersät. Weder Graben noch Brustwehr hielten diesen heldenmüthigen Ansturm auf. Die Türken flohen nach der großen Redoute; nur einige hundert Kühne setzten sich mit Bajonnett und Kolben, sowie mit aus nächster Nähe abgegebenen Schüssen zur Wehr, und versuchten die auf die Brustwehr kletternden Grenadiere herab zu werfen. Es vergiengen noch einige Secunden, und alle diese Vorwegenen waren bis auf den letzten Mann durch Bajonnett-Stiche oder Kolben-Schläge gefallen.

Dieser glänzende Sieg kostete den Grenadieren 200 Todte und 400 Verwundete; unter letzteren befand sich Oberst Ljubowitzki.

Die Grenadiere versuchten es nun, an der Ferse der fliehenden Feinde in die große Redoute einzudringen. Aber schon war es zu spät! Schon hatten die Geflohenen in der großen Redoute Schutz gefunden, aus welcher jetzt die kleine Redoute beschossen wurde. Die kampf-ermüdeten Grenadiere mussten bald wieder in die kleine Redoute zurück weichen. In diesem kritischen Augenblick wurde ihnen durch eine auf Befehl des General Seddeler ausgeführte, ungestüme Attaque des 2. und 4. Bataillon Moskau Luft gemacht; diese Bataillone hatten den Moment ausgezeichnet gewählt, um sich mit „Hurrah!" vor zu werfen, rasch die Straße in Besitz zu nehmen und sich in ihren Gräben einzunisten.

Den Versuch, dem geflohenen Feind ohneweiters zu folgen, hatten die Grenadiere mit neuen Opfern bezahlt. General Baron Seddeler, bei Beginn der Attaque des Regimentes Moskau schwer verwundet, übergab das Commando an General Brock und befahl noch, daß dem Oberst Ljubowitzki das 1. Bataillon seines Regimentes, welches in Reserve zurück behalten worden war, zur Verstärkung gesendet werde.

Beiläufig um 11 Uhr Vormittag sammelten sich hinter den Wällen der kleinen Redoute: das 2., 3. und 4. Bataillon der Grenadiere; das Regiment Moskau lag rechts davon theils in den Straßen-Gräben, theils hinter leichten Deckungen südlich der Straße.

Nach der Anlage der feindlichen Vertheidigungs-Linie war die kleine Redoute augenscheinlich dazu bestimmt gewesen, als Reduit für die ganze Reihe von vorgeschobenen Logements zu dienen, welche sich vorwärts der südöstlichen Face der großen Redoute befanden. Da sich nach der Einnahme der kleinen Redoute alle jene Logements im Rücken bedroht sahen, flohen die sie besetzt haltenden Türken, ohne sich weiter in einen Kampf einzulassen, nach der großen Redoute. Doch hierin beruhten nicht allein die Vortheile, welche sich aus dem Besitz der kleinen Redoute ergaben; mit ihrer Wegnahme hatten sich die Grenadiere der großen Redoute auf 180 bis 200 Schritte genähert und konnten nun hinter den Erd-Deckungen der kleinen Redoute hervor den Feind mit einem wirksamen Feuer bekämpfen.

Das 1. Bataillon des Grenadier-Regimentes, im Reserve-Verhältnis seinem Regiment nachrückend, hatte eben den Hang des Hügel, auf welchem sich die türkischen Redouten befanden, erreicht, als der vom Verband-Platz rückkehrende Oberst Ljubowitzki bei demselben eintraf; er führte es, die kleine Redoute links lassend, persönlich zum Sturm auf die große Redoute vor. Das Terrain, welches das Bataillon hiebei überschritt, war vollständig offen. Unter der unaufhörlichen Wirkung rasanter Infanterie- und von oben einschlagender Shrapnel-Geschosse wich das 1. Bataillon aus der Angriffs-Richtung nach links ab, gelangte zwar noch etwas über die kleine Redoute hinaus, war dann aber genöthigt, sich mit jenen Kameraden zu vereinen, welche hinter den Wällen dieses Werkes Deckung gefunden hatten. Neue Opfer hatte das feindliche Feuer hiebei gefordert.

Die hinter den Befestigungs-Werken der kleinen Redoute liegenden Grenadiere hatten während des Sturm-Anlaufes ihres 1. Bataillons ein hartnäckiges Feuer-Gefecht gegen die große Redoute unterhalten.

Da sich die ganze Artillerie-Munition der Türken in der kleinen Redoute befand, verstummte nun bald das türkische Artillerie-Feuer vollkommen.

Die linke Colonne (General Rosenbach) hatte sich aus der Svinar-Niederung nördlich gegen die Straße vorbewegt. Auf dem Marsch durch das kahle und bergige Terrain musste sie einige tiefe Terrain-Verschneidungen überschreiten, welche ihr Vorgehen bedeutend verzögerten. Dies hatte auch den General Rosenbach veranlasst, dem General Soddeler einen Kosaken mit der (siehe Seite 88) schon erwähnten schriftlichen Mittheilung zu senden.

Nachdem die Straße Sofia-Plevna erreicht worden war, stellte es sich als nothwendig heraus, die Truppen zu massieren und Vorbereitungen für das Gefecht zu treffen; hiezu machte man Halt. Dann wurde rechts geschwenkt; das Regiment Pawlowskij auf die rechte, das Regiment Finnland auf die linke Seite der Straße dirigiert.

Die 4. und 5. Batterie der 2. Garde-Artillerie-Brigade, welche bisher der Colonne gefolgt waren, fuhren nun im Trab rechts (südlich) der Straße auf einen Berghang auf und eröffneten auf 1.800 m von der großen Redoute das Feuer. Die Batterien rückten aber bald bis 1.600 m vor und wurden nach einiger Zeit durch die 2. reit. Garde-Batterie verstärkt, welche man von der gegen Teliš dirigierten 1. Garde-Cavallerie-Brigade herbei beordert hatte.

Mittlerweile gieng die Colonne genau in nordöstlicher Richtung, parallel der Straße vor: im ersten Treffen hatten die Regimenter ihre 3. und 4. Bataillone, jedes in Compagnie-Colonnen in zwei Treffen formiert.

Es war beiläufig 9 Uhr. Die große Redoute eröffnete das Artillerie-Feuer auf die Colonne. Beide Regimenter giengen trotz des hinderlichen Gesträuches rasch vor.

„Cavalier" 	Kleiner Redoute,
der großen Redoute. 	Häuschen mit hellem Dach.

Die Befestigungen bei Gornji Dubnjak, von Südwest (Sofia-Straße) gesehen.
(Nach einer von Oberstlieutenant Springer bewirkten photographischen Aufnahme.)

Aus den zweiten Bataillonen beider Regimenter hatte man eine Brigade-Reserve unter Commando des Flügel-Adjutanten Oberst Runov gebildet.

Etwas nach 10 Uhr ertönte rechts von der 2. Brigade ein starkes Infanterie- und Artillerie-Feuer, auch ließen sich „Hurrah!-" Rufe hören. Dies waren die Grenadiere, welche die kleine Redoute stürmten.

Als General Rosenbach bemerkte, dass der Feind sein Feuer gegen die Grenadiere concentrire, führte er das Regiment Pawlowskij zum Sturm vor. Die anfängliche Direction ändernd, schob er das 3. und 4. Bataillon etwas rechts, machte eine Links-Schwenkung und bildete so nun beinahe die Verlängerung der Angriffs-Front der Grenadiere; das 1. Bataillon behielt jedoch die frühere Angriffs-Richtung (längs der Straße) bei. Die Türken empfiengen das Regiment Pawlowskij mit starkem Feuer; trotzdem gieng dasselbe jedoch, nachdem es an der Wald-Lisière kurze Zeit gehalten, unaufhaltsam bis an die Straße vor und eröffnete hier ein starkes Feuer auf die nun unmittelbar vor ihnen liegende große Redoute.

Gleichzeitig mit diesen Vorgängen war das Regiment Finnland an die Lisière des vor ihm liegenden Gebüsches heran gegangen; hinter ihm hatte sich die Brigade-Reserve compagnie-weise aufgestellt. Es war der Befehl ertheilt worden, die schweren Faschinen, welche die Leute bei dem Marsch über Berg und Thal sehr belästigt hatten, weg zu werfen. Um diese Zeit schon (11 Uhr) zwang die Eroberung der kleinen Redoute durch die Grenadiere die Türken. alle ihre auf dem linken Hang des Seiten-Thales befindlichen Positionen zu verlassen. Enthusiasmirt von dem Sieg der Grenadiere giengen das 1. und 4. Bataillon Finnland zum Angriff vor; man hoffte hiebei, das freie Terrain bis zur großen Redoute in einem Zug zurücklegen zu können, oder auf demselben doch wenigstens irgend eine Deckung zu finden. Dem 1. Bataillon, welches besseres Terrain traf, gelang es schneller und glücklicher bis in den todten Winkel, welchen das Seiten-Thal bildete, zu kommen; das 4. Bataillon jedoch verlor bis zu diesem Terrain-Abschnitt 5 Officiere und viel Mannschaft. Etwas vorwärts und links der beiden Bataillone waren einige von den Türken verlassene Logements; sie wurden nun durch Lieutenant Baron Funk und 30 Freiwillige, ungeachtet des infernalischen feindlichen Feuer, besetzt. Bald darauf eilte auch das 3. Bataillon bis in das deckende Seiten-Thal vor.

Die sich beständig steigernden Verluste veranlassten den General Rosenbach, die Compagnien der Reserve, bis auf zwei, in die Gefechts-Linie zu ziehen; die beiden 5. Compagnien wurden, unter Commando des Oberst Borisov, seit- und vorwärts der jetzt ihr Feuer verdoppelnden Batterien disponirt.

Eine große Flamme loderte nahe der türkischen Position auf

und bezeugte die Wirkung des russischen Artillerie-Feuer (es dürften Hütten und Strauchwerk in Brand gerathen sein).

Nachdem das Regiment Pawlowskij an der Straße wieder zu Athem gekommen war, stürzte es sich über völlig offenen Raum zum Angriff auf die große Redoute vor. Aber unter dem höllischen Feuer des Feindes war es unmöglich, mit einem Mal bis zur großen Redoute zu gelangen; der größte Theil der Leute warf sich hinter kleinen Unebenheiten des Bodens zwischen Straße und Redoute nieder, die anderen Leute nahmen Direction nach rechts und schlossen sich den hinter der kleinen Redoute liegenden Grenadieren an. Die 5. Compagnie des Regimentes, dessen letzte Reserve, wurde jetzt vorgeführt.

General Rosenbach, welcher sich bisher beim Regiment Pawlowskij aufgehalten hatte, eilte — ungefähr 12 Uhr — zum Regiment Finnland, um einen neuen Angriff anzuordnen. Er wurde jedoch vorwärts des Eichen-Wäldchen, welches nördlich der Straße liegt, verwundet. Der Divisionär Graf Schuwalow übernahm nun selbst das Commando über die linke Colonne.

Die rechte Colonne (General Ellis I) dirigirte sich nach dem Aufbruch aus ihrer Rendezvous-Stellung (am linken Vid-Ufer) directe nach jenem Theil der Straße Sofia-Plevna, welcher zwischen den beiden Dörfern Dubnjak liegt; an der Tête marschierte der Convoi des Kaiser (2 Kuban-Escadronen), an der Queue die Artillerie. Die Colonne musste hiebei schlammige Mais-Felder durchschreiten, daher ihr Vorgehen, trotzdem die Leute sich fast total erschöpften, um 20 Minuten gegen die in der Angriffs-Disposition angegebene Zeit verzögert wurde.

In der Befürchtung, bei Annäherung an die Straße dem Feuer der Befestigung von Gornji Dubnjak ausgesetzt zu sein, befahl General Ellis, die Direction etwas mehr nach rechts zu nehmen.

Noch ehe die Straße erreicht wurde, stießen die 2 Convoi-Escadronen zuerst auf Čerkessen, dann auf Infanterie, welche südlich der Straße in Logements lagen. Die Čerkessen wurden sofort über den Haufen geworfen; mit der Infanterie entspann sich ein kurzes Feuer-Gefecht, worauf beide Escadronen die Türken vor sich her trieben und nebstdem die Telegraphen-Leitung an der Straße zerstörten.

Mittlerweile war von Dolnji Dubnjak her die Meldung eingelaufen, dass von dort aus der Feind in der Stärke eines Bataillons anrücke. General Ellis sendete demselben das 2. Garde-Schützen-Bataillon (Commandant Flügel-Adjutant Grippenberg) entgegen.

Die Garde-Schützen-Colonne machte, noch ehe sie die Straße erreichte, eine Links-Schwenkung, um die Front gegen die Befestigungen von Gornji Dubnjak zu nehmen, und formirte sich dann zum Gefecht: im ersten Treffen das 1. und 3. Bataillon; im zweiten Treffen das 4. Bataillon und, in gleicher Höhe mit demselben, die beiden 6. Batterien der 1. und 2. Garde-Artillerie-Brigade.

Es war ungefähr 8½ Uhr morgens, als bei der Colonne von links her Geschütz- und rasch zunehmendes Gewehr-Feuer vernehmbar wurde: die Grenadiere hatten das Gefecht begonnen. Da nun schon die Umrisse der großen Redoute deutlich sichtbar wurden, protzten die Batterien in der ihnen vom Generalstabs-Oberst Pusyrewski ausgesuchten Position, 2400 m vom Feind, ab.

Die nun schnell vorrückenden Bataillone zogen bei General. Gurko vorüber, welcher sich zur Beobachtung des Gefechtes auf einem hohen Hügel aufgestellt hatte.

Auf diesen Hügel wurde nun infolge Befehl des General Ellis I die Artillerie vorgezogen, — im wahren Sinn des Wortes eine „ideale" Artillerie-Position, 1.700 m von der großen Redoute entfernt. Bald eröffneten alle 16 Geschütze das Feuer, worauf die Artillerie der Türken sich sofort gegen sie richtete.

Die Garde-Schützen-Brigade rückte unter starkem Gewehr-Feuer des Feindes vor. Hiebei zogen sich, um die durch das Terrain gebotenen Deckungen benutzen zu können, das 3. Bataillon und die 1. Compagnie des 1. Bataillon nach links (südlich der Straße), drei Compagnien des 1. Bataillon und das ganze 4. Bataillon nach rechts gegen den Thal-Hang der Dubnička. Trotz dieser Deckungen erlitten die Garde-Schützen in Folge der unglaublichen Tragweite der türkischen Gewehre*) immer mehr und mehr Verluste. Bei den von den Türken verlassenen Logements angelangt, legten sich die Garde-Schützen nieder und eröffneten ihrerseits das Feuer-Gefecht (Distanz 750 bis 900 Schritte).

Jenseits des Dubnička-Thales beschossen die Kosaken-Batterien des Oberst Cerewin die große Redoute.

Das 2. Garde-Schützen-Bataillon hatte inzwischen die aus Dolnji Dubnjak heraus debouchierten Türken, trotz deren starkem Gewehr-Feuer, zu regelloser Flucht gezwungen.

General. Gurko schickte nun (etwa nach 9 Uhr), um die Gefechts-Linie der rechten Colonne zu verstärken, einerseits der (bei Čerikovo als allgemeine Reserve stehenden) 1. Garde-Infanterie-Division den Befehl, auf der Straße gegen Dolnji Dubnjak vorzurücken, — anderseits beorderte er das 2. und 4. Garde-Schützen-Bataillon in die Gefechts-Linie.

In Ausführung dieses Befehles setzte der Commandant des 4. Bataillon (Flügel-Adjutant Oberst Kleinmichel), auf Rath des Generalstabs-Oberst Pusyrewski, das Vorgehen im Dubnička-Thal mit der Absicht fort, den rechten Flügel der Gefechts-Linie zu verlängern. Nördlich der türkischen Verschanzungen angelangt, erspähten die

---

*) Nach Angabe des Oberst Pusyrewski hatten die türkischen Geschosse sogar auf 2.400 Schritte noch eine bedeutende Percussions-Kraft, welche er nicht allein den Eigenschaften des Gewehres, sondern auch der vortrefflichen Beschaffenheit des Schieß-Pulver zuschreibt.

Schützen den Lieutenant Baron Funk des Regimentes Finnland (siehe linke Colonne), welcher sich mit 30 Mann unweit der türkischen Lunette befand und sich den anrückenden Garde-Schützen durch ein an ein Bajonnett gebundenes Tuch bemerkbar machte. Nachdem Oberst Kleinmichel bis auf gleiche Höhe mit der Lunette vor gegangen war, machte er mit dem Bataillon schnell gegen dieselbe Front, eroberte sie und warf die Türken bis auf ihre weiter rückwärts liegenden Logements und auf die große Redoute zurück; die besten Schützen wurden nun zum Einzeln-Feuer gegen die Redoute vorbeordert. Bald darauf bemerkte man, dass in einem 70 Schritte vor der Lunette liegenden Logement, sowie in der hinter dem Wall desselben befindlichen Hütten-Reihe noch Türken eingenistet waren; sofort stürzten einige Officiere mit ihren Leuten vor und warfen die Türken auch aus jener Position heraus. Das Schützen-Feuer wurde fortgesetzt. Dicht neben der großen Redoute befand sich ein Munitions-Depot, aus welchem die Türken nun, nachdem sie ihren Hand-Vorrath an Patronen verbraucht hatten, anfiengen, Munition zu holen; doch nur Wenigen gelang dies, die meisten wurden von den Garde-Schützen nieder geschossen. Nach Verlauf einer halben Stunde brach in den oben erwähnten Hütten in Folge des Einschlagen türkischer Geschosse Feuer aus, welches jedoch bald gelöscht werden konnte.

Die beiderseitige Artillerie hatte unterdessen fortdauernd geschossen; das verhältnismäßig starke türkische Geschütz-Feuer forderte, zur allgemeinen Verwunderung, während der ganzen Zeit in den russischen Batterien nicht ein einziges Opfer. Endlich schwiegen die türkischen Geschütze.

Da die jetzt von den Garde-Schützen innehabende Stellung in gerader Linie vor den Batterien lag und diese im Feuer behinderte, gab General Gurko den Befehl, die Batterien näher an den Feind vor zu führen. Sie nahmen nun auf 600 m vor der Redoute Position und eröffneten ein Shrapnel-Feuer. Aber die Türken schleuderten den Batterien eine wahre Wolke von Blei entgegen; bald darauf begannen auch Granaten in den Batterien einzuschlagen, ungeachtet das Feuer der türkischen Geschütze schon lange geschwiegen hatte, — es waren russische 9-pfündige Granaten! Die russische Artillerie beschoss bereits die eigenen Truppen.

Etwas nach 11 Uhr brachte ein Ordonnanz-Officier den Batterien den Befehl, das Feuer einzustellen. Sobald dies geschah, schwieg auch die türkische Redoute; sowie sich aber nur ein einziger Russe aus der Deckung erhob, entlud sich die Redoute sofort mit Gewehr-Feuer.

Bald darauf ritt General Brewern (Artillerie-Chef des Garde-Corps) an die Batterien heran und gab, nachdem er sich von deren ungünstiger Lage überzeugt hatte, Befehl, sie in ihre frühere Position auf dem Hügel zurück zu nehmen. Dort angelangt, nahmen die Batterien jedoch das Feuer auch nicht mehr auf, da die Gefahr bestand, die eigenen Truppen zu treffen.

Ungefähr um 11½ Uhr wurde, auf persönlichen Befehl des Generall. Gurko, das unlängst von Dolnji Dubnjak her eingetroffene 2. Garde-Schützen-Bataillon, welches mit dem 4. Bataillon Fühlung genommen hatte, in die vorderste Linie gezogen.

Nach und nach hatte sich die ganze Gefechts-Linie der Schützen-Brigade aus den Compagnie-Colonnen zu einer einzigen langen Plänkler-Linie entwickelt, in welcher sich aber an einzelnen Stellen bedeutende Lücken befanden. Es standen jetzt einige Truppen-Theile (hauptsächlich der linke Flügel) der Colonne des General Ellis 600 Schritte, andere (hauptsächlich der rechte Flügel) nur 150 Schritte von der großen Redoute entfernt. Obwohl zu dieser Zeit die türkische Artillerie schon zum Schweigen gebracht war, erschien es dennoch unmöglich, noch weiter vor zu gehen, da das bei einem Angriff nun zu überschreitende Terrain vollständig offen war. Unvermeidlich hätten die Garde-Schützen bei einem derartigen Versuch dasselbe Schicksal getroffen, welches (bei der linken Colonne) das Regiment Finnland ereilt hatte. „Ein gewisser Instinct sagte Jedem, dass der entschei-„dende Augenblick noch nicht gekommen sei. Das psychologische „Moment, welches in diesem Factum liegt, ist außerordentlich inter-„ressant! Der Ausdruck der Gesichter, einzelne Beobachtungen und „derartige Anzeichen, welche sich häufig gar nicht näher definieren „lassen, sagen fast immer und unfehlbar richtig den Ausgang einer „kritischen und entscheidenden Unternehmung vorher!"

2. Von Mittag bis circa 3 Uhr Nachmittag.

Bei der mittleren Colonne stand gegen Mittag das Garde-Sappeur-Bataillon noch als Reserve unweit der Batterien an der Lisière des Eichen-Gehölzes. Da kam Generalstabs-Oberst Stawrowski zum Bataillon und machte dem Commandanten desselben (Oberst Skalon) Mittheilung über die bisherigen Ereignisse bei der kleinen Redoute, zum Schluss erwähnend, dass nun das 1. Bataillon der Grenadiere als Verstärkung vorbeordert worden sei. Oberst Skalon erhielt dabei den Eindruck, dass diese Hilfe nicht genügend sein werde. Er führte daher aus eigener Initiative seine Sappeure, in zwei Treffen formirt, vor, wurde aber bald darauf verwundet und musste das Commando an den Hauptmann Fürst Argutinski-Dolgorucki übergeben.

Beim Passieren des dichten Waldstückes, welches noch zu durchschreiten war, verloren die beiden Halb-Bataillone der Sappeure sich gegenseitig aus den Augen.

Der Commandant der 2. Compagnie führte diese, in Folge einer Aufforderung des Adjutanten des Grenadier-Regimentes, aus der Wald-Lisière heraus und wurde in dem freien Terrain sofort mit einem höllischen Feuer empfangen. Die Compagnie stürzte sich daher in aufgelöster Ordnung, laufend, gegen die Grenadiere, welche hinter der kleinen Redoute lagen. Aber schon war dort kein Platz mehr für sie frei: nur an den äußersten Grenzen des todten Winkel, welcher durch die Brustwehr gebildet wurde, konnten sich die Sappeure placieren, und hier waren sie, selbst wenn sie am Boden lagen, einem frontalen und einem flankierenden Feuer ausgesetzt. Ihr Commandant befahl daher, sich im Liegen einzugraben. Die Grenadiere folgten diesem Beispiel; man grub sich ein so gut es gieng, mit Ess-Schalen, Seiten-Gewehren, sogar bloß mit den Händen.

Die 1. Sappeur-Compagnie war im Wald der 2. Compagnie gefolgt, später aber auf Befehl des Generall. Gurko nach dem rechten Flügel der mittleren Colonne geführt worden, wo ihr der General Brock befahl, rechts von der Plänkler-Linie des 4. Bataillon Moskau sich in Schwarm-Linie zu entwickeln.

Die 3. und 4. Sappeur-Compagnie hatten sich weiter westlich gezogen, waren einige Zeit in dem dichten Wald herum geirrt und hierauf nach der dem Vid zugekehrten Wald-Lisière geführt worden. General Brock disponierte bald darauf beide Compagnien auf die Flügeln der Batterien. Nachdem dorthin durch einen verwundeten Officier die Nachricht von dem Misslingen des Sturmes auf die große Redoute gebracht worden war, entschloss sich Stabs-Capitän Cudowski auf eigene Verantwortung, zur Unterstützung der Gefechts-Linie vor zu gehen. Aber es war ganz unmöglich, bis zur kleinen Redoute zu gelangen. Nachdem man bei diesem Versuch 2 Officiere und einige Soldaten verloren hatte, warfen sich die Compagnien hin und begannen, Verstärkungen abwartend, sich im Terrain einzugraben.

Um 2 Uhr Nachmittag, als die 2. Sappeur-Compagnie die Grenadiere erreicht hatte, befahl der unermüdliche und energische Oberst Ljubowitzki, Sturm zu schlagen. Hierauf sprangen viele Officiere und Soldaten auf die Brustwehr; aber augenblicklich von feindlichen Geschossen hingerafft, gab ihr Untergang den Beweis, dass in dem Raum zwischen der kleinen und großen Redoute ein in Massen ausgeführter Angriff unmöglich sei. Es blieb also nichts anderes übrig, als in Erwartung eines günstigeren Momentes das Feuer-Gefecht wieder aufzunehmen und sich mittlerweile nach Möglichkeit zu verschanzen.

Aber weder bei den Officieren noch bei den Soldaten war dadurch der feste Entschluss, die gleichsam „behext" erscheinende große Redoute dennoch zu nehmen, ins Wanken gerathen. Da sprangen plötzlich ohne jedes Commando drei, vier brave Jungen vorwärts; mit einem Sprung waren sie auf dem Wall, mit dem nächsten schon jenseits desselben, dann eilten sie im rasenden Wettlauf zur Straße, warfen sich kopfüber in den vordersten Graben derselben und begannen von hier aus zu schießen; von Vieren raffte Einen auf diesem Weg ein Schuss hin. Doch, für den russischen Soldaten wirkt nichts verführerischer als ein Wagestück. Es sprang wieder ein kleiner Trupp empor und eilte rasch den vorgegangenen Tapferen nach, freilich nicht ohne einzelne Leute dabei zu verlieren. Dem ungeachtet erhoben sich wieder zwei, dann drei solcher Gruppen. Gleichzeitig mit den Soldaten liefen auch Officiere vor. Mit den Grenadieren warfen sich auch die Sappeure vorwärts. Unterdessen begann an der Straße selbst schon wieder eine neue Vorbewegung: aus dem nächst-gelegenen Straßen-Graben sprangen die Leute zu dem entfernteren über. Schon begann es in den Straßen-Gräben an Platz zu mangeln, — da sah die in ihnen liegende Mannschaft kaum 40 Schritte vor sich ein kleines Häuschen mit hellem Dach; sofort lief der erste Trupp auf dieses Häuschen los, es folgte ein anderer, dann ein dritter und so weiter; bald standen hinter dem Häuschen eine Masse Grenadiere.

Unterdessen sprühte die große Redoute fortwährend Feuer; ihre Artillerie allerdings schwieg schon längst, aber dafür hatte das Gewehr-Feuer an Heftigkeit eher zugenommen.

Die Russen beantworteten zwar das feindliche Feuer, doch ihre Munition war bereits zur Neige. Da kam ein Grenadier auf den schlauen Gedanken, den Todten und Verwundeten nicht nur einzelne Patronen, sondern ganze Patronen-Taschen abzunehmen; dies fand allgemeine Nachahmung, und so wurde der Munitions-Bedarf gedeckt.

Ungefähr um diese Zeit begann auch das Regiment Moskau von der Straße aus zu den von den Türken verlassenen Logements sowie anderen Deckungen (Hütten, einzelne Haufen von Gestrüuch etc.) vor zu laufen.

Um 3 Uhr Nachmittag standen die Grenadiere bei dem Häuschen nur 40, an der Straße 100 Schritte von der großen Redoute entfernt.

Bald darauf führte die Initiative einzelner Soldaten zu einer neuen kühnen That. Hinter dem Häuschen, hinter den Hütten und Haufen von Strauchwerk drängten sich zu dieser Zeit Grenadiere und Sappeure, Leute des Regimentes Pawlowskij und sogar einige Leute des Regimentes Finnland (letztere hatten sich nach ihrem abgeschlagenen Angriff, statt mit ihrem Regiment zurück zu gehen, nach rechts gewendet) zusammen. Für so viele Soldaten boten die Deckungen keinen Platz, und auf so geringe Entfernung von der Redoute konnte man nicht daran denken, sich einzugraben. So sprangen denn einzelne der Waghalsigsten hinter den Deckungen hervor, stürzten eilenden Laufes auf die Redoute zu und sprangen in den Graben der südlichen Face. Nachdem sie hier wahrgenommen, dass der Graben nicht flankirt wurde und man daselbst vor feindlichen Geschossen völlig sicher sei, riefen diese Eclaireurs ihre Kameraden nach, und bald war in dem Graben eine Menge von Officieren und Soldaten aller Regimenter der mittleren und linken Colonne versammelt. Und alle diese Leute begannen nun in fieberhafter Eile mit Bajonnetten, Säbeln, Ess-Schalen und Händen zu kratzen, zu stechen und zu wühlen, um in der Escarpe des Graben zur Erleichterung des Sturmes Stufen herzustellen.

Unterdessen sorgten ihre Kameraden, welche außerhalb des

Graben geblieben waren, noch hinter dem Häuschen und in den Straßen-Gräben, oder hinter den ehemaligen türkischen Emplacements lagen, durch ein scharfes, gezieltes Feuer dafür, daß die Türken nicht auf die Brustwehr steigen und die im Graben befindlichen Russen beschießen konnten.

Bei der linken Colonne stürzte sich um ungefähr 2 Uhr das Regiment Finnland, welches auch das Eintreffen der Reserven abgewartet hatte, mit lang anhaltendem donnerndem „Hurrah!" von neuem vorwärts. Über völlig freies Terrain und bei heftigem Feuer des Feindes durcheilte das Regiment, wenn auch unter fürchterlichen Verlusten, mehr als hundert Schritte, musste dann aber in seine bisherige Position zurückkehren. Das 1. Bataillon war bei diesem Anlauf etwas weiter vor gekommen und lag nun in dem todten Winkel unterhalb des Plateau, beinahe nordwestlich von der großen Redoute; die anderen Bataillone hatten weiter rechts, südwestlich der großen Redoute, Deckung gefunden.

Von der ganzen Brigade stand jetzt nur noch eine Compagnie (die 5. des Regimentes Finnland) in Reserve; man hatte sie fast vergessen. Da ihr Commandant (ein Lieutenant) weder den Oberst Borisov noch die 5. Compagnie des Regimentes Pawlowskij mehr fand, beschloss er auf eigene Faust, seine Compagnie dem Regiment zuzuführen. Als er an die Wald-Lisière kam, empfieng er jedoch ein so starkes Feuer, dass er sich zur Vermeidung bedeutender Verluste im Reihen-Marsch rechts zog, um laufend die Straße zu erreichen, längs welcher er hoffte, fast unbemerkt zum Regiment sich vor bewegen zu können. Unterwegs traf er den Generall. Schuwalow und erhielt von diesem die Zustimmung zu seinem Vorhaben.

Obwohl es dem Regiment Finnland, trotz wiederholten Ansturmes und fürchterlicher Verluste, nicht gelungen war, so nahe an die große Redoute heran zu kommen wie dies dem größten Theil der anderen Regimenter glückte, so hatte dafür sein Angriff die schwächste Stelle der feindlichen Position — die Kehle der großen Redoute — getroffen. Darum eben hatte gerade dieses Regiment während der ganzen Zeit das stärkste Feuer des Gegner auf sich gelenkt und hiedurch indirect die Annäherung der anderen Truppen an die große Redoute wesentlich erleichtert.

Vorrückung des Garde-Regimentes Ismailowskij. — Dem Generall. Gurko, welcher scharfen Auges dem Verlauf des Gefechtes folgte, waren die großen Lücken in der Plänkler-Linie der Garde-Schützen-Brigade nicht entgangen. Er beschloss daher, die Verhinderung eines feindlichen Angriffes von Plevna her der bereits vor Dolnji Dubnjak stehenden 1. Brigade der 1. Garde-Infanterie-Division und der zahlreichen Cavallerie (Arnoldi, Loškarew, de Balmen) allein zu übertragen, und befahl dem ebenfalls vor Dolnji Dubnjak stehenden Garde-Regiment Ismailowskij (der 1. Garde-Inft.-Div.), in die Gefechts-Linie gegen die große Redoute einzurücken.

Nach 12 Uhr mittags ritt Gurko (von der Höhe bei der Batterie-Stellung der rechten Colonne) zu einem von den Türken verlassenen Logement vor, um das Eintreffen des Regimentes Ismailowskij abzuwarten. Sobald dieses heran kam, disponirte Gurko: das 3. und 4. Bataillon (im ersten Treffen vorrückend) zur Ausfüllung der bei der rechten Colonne bestehenden Lücken, das 2. Bataillon zur Verstärkung der mittleren, das 1. Bataillon zur Verstärkung der linken Colonne.

Der Regiments-Commandant (General Ellis II) führte persönlich die beiden Bataillone des ersten Treffens. Beim Überschreiten der Straße erhielten sie aus der großen Redoute Feuer, welches immer heftiger wurde.

Gegen 2 Uhr rückte das 4. Bataillon in die Gofechts-Linie ein: sein linker Flügel an der Straße, sein rechter Flügel in Fühlung mit den 3 Compagnien des 1. Garde-Schützen-Bataillon. Das 3. Bataillon rückte rechts von diesen drei Compagnien vor, und kam hiebei theils in offenes Terrain, theils auf den Abhang, welcher sich zur Dubnička herunter senkt. Der Regiments-Commandant befand sich bei der 16. Compagnie, konnte aber nach Vermischung seiner Abtheilungen mit jenen der rechten Colonne keine gemeinsame Gefechts-Leitung über die beiden Bataillone mehr ausüben. Als diese in die vorderste Linie der Garde-Schützen eingerückt waren (700 Schritte von der großen Redoute) eröffneten sie das Feuer. Die Mannschaft des 3. Bataillon, in ihren neuen Positionen noch nicht völlig orientiert, hielt die Leute des 4. Garde-Schützen-Bataillon, welches auf dem äußersten rechten Flügel in und bei der Lunette stand, für Feinde und beschoss dieselben, bis der Irrthum durch einen vom Oberst Kleinmichel entsendeten Officier aufgeklärt wurde.

Das 2. Bataillon Ismailowskij, zur Verstärkung der mittleren Colonne bestimmt, dirigierte sich in den Raum links von der 3. und 4. Garde-Sappeur-Compagnie, und erhielt vom General Brock den Befehl, über die Stellung der Sappeure vor zu gehen. Nachdem das Bataillon unter einem ungewöhnlich starken Feuer etwas über diese Linie hinausgegangen war, warf es sich in die von den Türken geräumten Logements östlich der kleinen Redoute; die 8. Compagnie hatte sich beim Vorgehen jedoch bedeutend links gezogen und gerieth in den Raum westlich dieser Redoute.

Das 1. Bataillon Ismailowskij, zur Verstärkung der linken Colonne bestimmt, dirigierte sich in einem weiten Bogen und außer Schuss-Bereich des Feindes gegen jenes Seiten-Thal der Dubnička, in welchem das Regiment Finnland lag, und rückte dann vollkommen gedeckt in diesem Thal vor.

Das Regiment Ismailowskij hatte Befehl erhalten, sich in seinen neuen Positionen zu etablieren und dort zu warten, bis von allen die große Redoute umringenden Truppen der gemeinsame Sturm ausgeführt werden wird.

Dispositionen für den allgemeinen Sturm. Nachdem Generall. Gurko die Anordnungen bezüglich des Regimentes Ismailowskij getroffen hatte, begab er sich (zwischen 1 und 2 Uhr Nachmittag) zu den Batterien der mittleren Colonne. Dort erhielt er (beiläufig gegen 2 Uhr) die Meldung, dass bei Teliš das Garde-Jäger-Regiment den Rückzug angetreten habe.

Die Sachlage war sehr bedenklich!

Jeden Augenblick musste man, trotz der am rechten Ufer des Vid an diesem Tag in Scene gesetzten Demonstrationen, gewärtig sein, dass starke feindliche Kräfte von Plevna her vorrücken.

Vor Gornji Dubnjak war das Gefecht der rechten Colonne ohne wesentlichen Erfolg geblieben; die mittlere Colonne hatte zwar die kleine Redoute, die Straße und andere Deckungen in unmittelbarer Nähe der großen Redoute genommen, doch konnte sie bis zum Eintreffen von Verstärkungen nicht daran denken, einen neuen Sturm auszuführen; der Sturm der linken Colonne war abgeschlagen worden. Bei diesen beiden Colonnen verhinderten die fürchterlichen Verluste und die Erschöpfung der Mannschaft jedes weitere Unternehmen.

Dem energischen Widerstand zufolge, auf welchen das Garde-Jäger-Regiment bei Teliš gestoßen war, musste der Feind in jener Gegend über bedeutend mehr Kräfte verfügen, als die Russen vorausgesetzt hatten, und dies gab der Möglichkeit Raum, dass er auch von jener Seite her etwas zur Befreiung von Gornji Dubnjak thun könnte.

Aus alledem gieng hervor, dass Generall. Gurko nun zunächst sein Detachement vor der Eventualität, zwischen zwei Feuer — aus Plevna und aus Teliš — zu gerathen, sichern musste. Das einzige Mittel hiezu war: die Eroberung der großen Redoute von Gornji Dubnjak um jeden Preis zu beschleunigen.

Auf Grund der eben angedeuteten Erwägungen, ertheilte Generall. Gurko folgende Disposition für einen allgemeinen Sturm auf die große Redoute:

Sobald die linke Colonne alle Maßregeln getroffen hat und zum Angriff bereit ist, soll ihre Artillerie drei Salven geben; hierauf geschieht dasselbe zunächst bei der mittleren Colonne, wenn hier alles bereit ist: endlich auch bei der rechten Colonne. Sobald die Artillerie der rechten Colonne die letzte Salve gegeben, beginnt überall der Sturm.

(Generall. Gurko nahm an, dass dieser entscheidende Angriff ungefähr um 3 Uhr Nachmittag stattfinden werde.)

An die mittlere Colonne (General Brock) wurden die betreffenden Weisungen mündlich gegeben; der rechten Colonne sendete man hierüber einen schriftlichen Befehl.

Nach 2 Uhr traf Gurko auf jener Höhe ein, auf welcher die Batterien der linken Colonne standen, und ertheilte hier dem Generall.

Schuwalow ebenfalls persönlich die für den allgemeinen Sturm erforderlichen Befehle.

Um den Gang der sich nun vorbereitenden Attaque verfolgen zu können, blieb General. Gurko auf der eben erwähnten Höhe.

3. Vorzeitiger Wieder-Beginn des Kampfes.

Bei der rechten Colonne hatte General Ellis I den Befehl betreff der Salven dem Artillerie-Commandanten (Oberst Skworzow) schriftlich übersendet.

Bald darauf hörte man von rechts her ein entferntes, dumpfes Getöse, gleich nachher scharf und deutlich eine Salve von links her. Von nun an konnte man aus dem allgemeinen Getöse nicht mehr klug werden: auf beiden Seiten hörte man Artillerie-Salven, auf der ganzen Linie und von der großen Redoute her stärker werdendes Infanterie-Feuer. Auf diese Weise vollständig aus dem Text gebracht und in der Befürchtung, sonst zu spät zu kommen, ließ Oberst Skworzow seinerseits drei Salven abgeben. Nun war die Confusion fertig!

Es mag ungefähr 3 Uhr gewesen sein.

General Ellis I beschloss, die übrigen 6 Salven abzuwarten, da er annahm, dass nun jedermann von rechts nach links die Salven zählen werde. Dieser Auffassung entsprechend, gab er seine Befehle.

Da wurde plötzlich rechts vom Regiment Ismailowskij Sturm-Marsch geschlagen. Das Regiment nahm das Signal ab und gab es nach links weiter.

Das 4. Bataillon Ismailowskij gieng in einer Front zum Sturm vor. „Die Luft pflanzte keinen Ton mehr fort bei dem martialischen „Gekrache und dem Pfeifen der Kugeln; nicht ein Hagel von Geschossen, „gleichsam eine Wand von Blei bewegte sich den angreifenden „Ismailowern entgegen." Als ob man sich durch eine zähe Masse durcharbeiten müsste, so legten alle das Gewicht des Oberkörper nach vorne und schritten einmüthig den Berg hinan. Doch, das Bataillon blieb in seinem Vorgehen vollkommen isoliert, sein Angriff konnte daher nicht fortgesetzt werden.

Das Bataillon warf sich hinter einen circa 400 Schritte von der Redoute befindlichen, langen Logement nieder, den linken Flügel an die Straße gelehnt.

In dieser Position wollte man die richtigen Salven abwarten; aber die Truppe ließ sich nicht halten. Bald liefen einzelne Tirailleure, nach ihnen einige Gruppen vor, endlich folgten Colonnen. Dem Beispiel des 4. Bataillon folgte nun auch das 3. Bataillon Ismailowskij. Letzteres gelangte „sprungweise" bis zu den 100 bis 150 Schritte von der großen Redoute befindlichen Hütten; das 4. Bataillon in eine Tranchée 100 Schritte links-rückwärts jener Hütten. Früher als alle anderen hatte hiebei die 12. Compagnie die Hütten erreicht, ja sie war sogar — in der Hoffnung, in einem Zug bis zur Redoute vorlaufen zu können — über die Hütten hinaus vorgebrochen; aber ihr Commandant bemerkte endlich, dass die anderen Compagnien stehen geblieben waren, und führte deshalb auch seine Compagnie wieder hinter die Hütten zurück.

Generall. Gurko hatte erkannt, dass in Folge des eingetretenen Missverständnisses bezüglich der Salven nun ein gleichzeitiger Angriff unmöglich gemacht sei. Um jedoch die Stürmenden der rechten Colonne nach Möglichkeit zu unterstützen, entsendete er nach allen Seiten Ordonnanzen mit dem Befehl: jede Abtheilung solle, ohne auf das Signal zu warten, sofort zum Angriff vor gehen. Daraus entwickelte sich natürlich eine Reihe ungleichzeitiger Einzeln-Angriffe.

Bei der mittleren Colonne drängten sich dem Commandanten des 2. Bataillon Moskau, als die Confusion mit den Salven eingetreten war, Zweifel auf: aber er schwankte nicht lange, liess „Sturm-Marsch" schlagen, und seine Leute warfen sich mit lautem „Hurrah" vorwärts.

Beim 4. Bataillon Moskau wusste niemand, um was es sich handle; trotzdem stürzten sich einige Trupps dem 2. Bataillon nach.

Mittlerweile eilte auch das 3. Bataillon Moskau, auf einen allgemeinen Vorstoß rechnend, zur Straße vor. Aber da es diese erst in dem Moment erreichte, als das 2. Bataillon und die erwähnten kleinen Theile des 4. Bataillon nach fürchterlichen Verlusten zur Straße zurückkehrten, warf es sich auch in die Gräben und verstärkte das allgemein wieder beginnende Feuer-Gefecht.

Bei der kleinen Redoute hatte man die von rechts her schallenden „Hurrah"-Rufe für ein Anzeichen gehalten, dass dort jetzt das sprungweise Vorlaufen stärker cultiviert werde. Daher strömten plötzlich, von rechts und rückwärts der kleinen Redoute her, die erst unlängst in dieser Stellung eingetroffenen 3 Compagnien des 2. Bataillon Ismailowskij gegen die große Redoute vor; kleine Abtheilungen der Grenadiere und Sappeure folgten diesem Beispiel. Aber diese Angriffe wurden einer nach dem anderen, ohne gemeinsame Leitung ausgeführt, und ihr Beginn fiel beinahe mit jenen Zeitpunkt zusammen, in welchem die Angriffe der rechten Colonne als gescheitert zu betrachten waren.

Die 8. Compagnie Ismailowskij, westlich der kleinen Redoute stehend, wurde durch das immer mehr an Heftigkeit zunehmende Gewehr-Feuer der Türken und durch das viele „Hurrah"-Rufen verleitet, selbständig den Angriff zu beginnen; sie erreichte das Häuschen mit hohlem Dach und etablierte sich hinter demselben.

Jetzt traf, zu rechter Zeit, das 1. Bataillon Ismailowskij in der Thal-Niederung u. zw. gegenüber der Südwest-Ecke der großen Redoute, zwischen dem Regiment Pawlowskij und Finnland ein. Generall. Schuwalow ritt demselben entgegen und disponierte es zur Unterstützung der Grenadiere gegen das zwischen den Regimentern Pawlowskij und Finnland liegende Wäldchen.

Um diese Zeit erneuerten gerade (im Terrain rechts-vorwärts das 1. Bataillon Ismailowskij) die 8. Compagnie Ismailowskij, die Grenadiere und die 3 Compagnien des 2. Bataillon Ismailowskij — ein Truppen-Theil nach dem anderen — ihre heroischen, aber dermalen noch immer fruchtlosen Angriffe.

Bei diesem erschütternden Anblick stürzte sich das 1. Bataillon Ismailowskij eilenden Laufes vorwärts und gelangte auf 60 bis 80 Schritte an die Redoute heran, wo es sich hinter Haufen von Strauchwerk und hinter einer kleinen Anschüttung nieder warf; die 3. Compagnie jedoch war nach rechts abgebogen und hatte sich hinter dem Häuschen mit hellem Dach an die 8. Compagnie des eigenen Regimentes angeschlossen.

Zu dieser Zeit hatten auch beim Regiment Pawlowskij einige vereinzelnte Anläufe von schwachen Plänkler-Schwärmen stattgefunden. Bei einem derselben wurde ein bisher noch von den Türken besetztes Logement genommen.

Bei der linken Colonne hatte sich General. Schuwalow, nachdem er vom General. Gurko die bewusste Disposition für den allgemeinen Sturm auf die grosse Redoute empfangen, persönlich zu den Finnländern begeben (welche „wie Blutegel überall an dem vor ihnen aufsteigenden Thalrand hiengen") und dort den Befehl des Corps-Commandanten ausführlich mitgetheilt. Als nun in der Ferne irgendwo drei Salven ertönten, merkte man auch hier, dass eine Confusion vorgekommen sein müsse; aber man grübelte nicht lange darüber nach. Vielmehr entschied sich der Regiments-Commandant (General Lawrow) sofort dahin, zum Sturm zu schreiten. Zuvor jedoch sendete er an die seinem Regiment benachbarten Truppen (2. Schützen-Bataillon und Regiment Pawlowskij) Adjutanten mit der Aufforderung, ihn zu unterstützen.

Nach Rückkehr der Adjutanten (beiläufig 3¹/₄ Uhr) wurde der Anlauf ausgeführt: General Lawrow erhob den Säbel und rief „Hurrah!"; das ganze Regiment sprang in die Höhe und dann mit einem Mal auf das Plateau, trotzdem schon dieser Moment viele Opfer kostete (darunter General Lawrow und 4 Officiere). Einzelne Leute drangen bis auf 10 Schritte an die Redoute vor. Aber die rapid wachsenden Verluste nöthigten das Regiment zum Rückzug; ein Theil desselben gelangte hiebei nördlich des Plateau, der andere Theil in die frühere Position südwestlich der Redoute.

Lieutenant Lwow hatte bei diesem Anlauf die Entdeckung gemacht, dass sich das Regiment gegenüber der völlig offenen und weiten Kehle der grossen Redoute befinde. Oberst Weiss, welcher inzwischen das Regiments-Commando übernommen hatte, hielt es jedoch nicht für thunlich, den Angriff zu erneuern, sondern beschloss — zumal da die Dämmerung eintrat —, sich zu verschanzen und weitere Befehle abzuwarten; er gestattete aber, dass Lieutenant Lwow mit etlichen Freiwilligen in eine beim letzten Anlauf innegehabte günstige Position (80 Schritte von der Redoute-Kehle) wieder vorrücke. Dort etablirte sich dieser Officier hinter den früher verlassenen Deckungen (Hütten, Zelte und einige todte Pferde) und eröffnete ein scharf gezieltes Feuer.

Stabs-Hauptmann Werkow des Regimentes Pawlowskij hatte bei Gelegenheit des letzten Anlaufes vom Lieutenant Lwow die Wahrnehmung betreff des Vorhandenseins der großen, offenen Kehle erfahren, in Folge dessen ungefähr 150 Mann verschiedener Compagnien seines Regimentes gesammelt, und war mit ihnen in der ihm angedeuteten Richtung vor gegangen. So gelangte er bis auf 60 Schritte vor die Kehle der Redoute, befahl hier seinen Leuten, sich so gut es gehe einzugraben, und begann dann in Erwartung eines neuen Angriffes, ebenfalls ein wohlgezieltes Feuer.

4. Neue Verfügungen des Generall. Gurko.

Es war etwa 4 Uhr Nachmittag, als der Angriff überall zum Stehen kam. Die Artillerie hatte insgesammt ihr Feuer einstellen müssen, um nicht die eigenen Truppen zu treffen.

Generall. Gurko, welcher die erschütternden Phasen dieser heroischen, aber ohne Zusammenhang unternommenen Sturm-Versuche mit schwerem Herzen verfolgt hatte, sah seine Überzeugung, dass sie nicht zum Sieg führen würden, bestätigt.

Immerhin aber war ein relativ sehr günstiges Resultat erreicht vorden: sowohl alle schon von Anfang an im Gefecht gewesenen Truppen als auch die neu eingetroffenen 4 frischen Bataillone hatten sich der Redoute bedeutend genähert; außerdem waren unmittelbar nach Einnahme dieser weit vorliegenden Positionen von allen Seiten neuerdings einzelne Trupps unter Führung von Officieren in den Graben der Redoute vorgeeilt. Und so konnte man darauf rechnen, dass bei der ersten günstigen Gelegenheit der entscheidende Schlag fallen werde.

Auf Grund dieser Anschauung beschloss Generall. Gurko, die Truppen überall in den augenblicklich innehabenden Stellungen zu lassen, und bei Einbruch der Dunkelheit den Angriff zu erneuern. Er ertheilte daher sofort dem Generall. Schuwalow persönlich den Befehl: nach Eintritt der Dämmerung den Sturm zu erneuern; für den Fall, dass — wider jedes Erwarten — auch dieser Sturm nicht gelingen sollte, bis in die Höhe der Batterien zurück zu gehen, dort zu übernachten und alles zu retabliren, — bei grauendem Morgen mit einer starken Beschießung zu beginnen und dann, je nach Umständen, sich entweder auf ein Artillerie-Gefecht zu beschränken oder von neuem zum Sturm zu schreiten.

Bald nach 4 Uhr begab sich Generall. Gurko zu den Batterien der mittleren Colonne, wo er den analogen Befehl auch dem General Brock persönlich ertheilte.

Um 5¹/₄ Uhr langte Generall. Gurko auf der Höhe hinter den Batterien der rechten Colonne ein, wo er auch den General Ellis I persönlich bezüglich der Fortsetzung des Kampfes instruierte.

5. Erstürmung der großen Redoute.

Das Feuer der Türken war schwächer geworden, vermuthlich weil sie in besonderer Besorgnis vor den sich im Graben befindlichen Russen, bestrebt waren, zunächst diese dicht vor ihnen stehenden, sie gleichsam unterminierenden Feinde sich abzuschütteln.

Im Graben befanden sich Leute aller Truppen der drei Angriffs-Colonnen; dieselben standen jedoch schon sehr lang im Feuer und hatten daher ihre Patronen gänzlich verbraucht. Da kamen einige Leute des Regimentes Pawlowskij auf den Gedanken, vom Graben aus den Türken Erde und Steine ins Gesicht zu werfen. Diesem Beispiel folgten auch andere, und bald erhob sich in Folge dessen eine solche Staub-Wolke, dass so mancher die Möglichkeit gewann, beinahe gefahrlos den Graben verlassen und den auf dem Glacis liegenden Todten Patronen abnehmen zu können. Auf diese Weise wurde ein Vorrath von Patronen neu beschafft.

Gegen 7 Uhr loderte plötzlich im Inneren der großen Redoute eine mächtige Flamme auf: die türkischen Hütten und Zelte waren in Brand gerathen.

Da erschallten von verschiedenen Seiten her „Hurrah"-Rufe, — anfangs vereinzelt, aber im nächsten Augenblick gleich Sturmes-Rauschen rings um die ganze Redoute.

Noch einige Minuten, — und schon wogte im Inneren der Redoute, düster beleuchtet von dem rothen Feuerschein, unaufhörlich begleitet von den Explosionen herumliegender Patronen und Artillerie-Geschosse, ein fürchterliches Handgemenge.

Höchst wahrscheinlich waren zuerst einige Gruppen der im Graben befindlichen Mannschaft in die Schanze eingedrungen; bald darauf einzelne Abtheilungen jener Truppen-Theile, welche im Umkreis der Redoute lagen.

Schreck-ergriffen hissten die Türken auf dem nach Plevna vorspringenden Theil der südlichen Redoute-Face eine weiße Fahne auf. Von dieser Face aus stürzten die meisten von ihnen herab, um gegen die Straße zu fliehen; doch hier stießen sie auf das 2. und 3. Bataillon Moskau und auf das 4. Bataillon Ismailowskij, gaben gegen dieselben noch zwei Salven ab und warfen dann ihre Waffen mit dem Ruf „Aman!" (Gnade) von sich.

Die Dunkelheit war eingetreten.

Die weiße Fahne hatte niemand bemerkt, umsoweniger, als die in den Hütten und Baracken steckenden Türken fortfuhren, verzweifelt um sich zu schießen, und auch andere Kampf-Gruppen nicht daran dachten, die Waffen weg zu werfen. Daher kam es, daß trotz der weißen Fahne im Inneren der Redoute noch der wüthendste Bajonnett-Kampf herrschte. Dieses Gemetzel endete erst mit dem Eintreffen des Generall. Schuwalow: er ließ das Signal „Abbruch des Gefechtes" blasen und griff auch persönlich ein, um die in Wuth gerathenen Soldaten zu berubigen.

Als das Schlachten nach und nach aufhörte, begannen die Officiere ihre Abtheilungen wieder zu sammeln. Generall. Schuwalow beauftragte Sappeur-Officiere, die Redoute sofort in vertheidigungsfähigen Zustand zu setzen.

Nachdem Generall. Gurko, bei den Batterien der rechten Colonne, die Meldung erhalten hatte, daß die Redoute genommen sei, stieg er zu Pferd und jagte in Marsch-Marsch zu dieser Redoute. Vom Jubel der Soldaten empfangen, besichtigte er den Kampfplatz; als man ihm den gefangenen Ahmed Hifzi Pascha vorführte, reichte er ihm die Hand und sagte: „Ich achte Sie als tapferen Gegner."

Generall. Gurko traf sogleich alle Anordnungen, um Gornji Dubnjak in Vertheidigung-Zustand zu setzen; besonders nach der Seite von Teliš hin war Vorsicht umsomehr geboten, weil dort nur ein schwaches russisches Detachement stand, dagegen den Türken — eingelaufenen Nachrichten zufolge — bedeutende Verstärkungen zugegangen waren.

Das Garde-Regiment Ismailowskij marschierte mit einer Batterie der 1. Garde-Artillerie-Brigade direct vom Kampfplatz wieder in seine anfängliche Stellung vor Dolnji Dubnjak.

Generall. Gurko entsendete aus seiner Begleitung Personen mit weitgehendster Vollmacht ab, um die in Gornji Dubnjak ausgebrochene Feuersbrunst zu löschen. —

Wie erbittert das Handgemenge innerhalb der großen Redoute gewüthet hatte, bezeugten nicht nur die Haufen erschlagener Kämpfer, sondern auch die vielen abgebrochenen Bajonnette, zerschlagenen Kolben und verbogenen Gewehr-Läufe, welche man am anderen Tag vorfand. Unter dem Schutt der Hütten lagen die gänzlich verkohlten Leiber vieler Verwundeten, welche die Türken bei dem Brand zu retten vergessen hatten. In nächtlicher Finsternis waren auch zwei Russen auf einander gerannt und hatten sich gegenseitig mit den Bajonnetten durchbohrt. Auf dem Cavalier im Inneren der Redoute fand man einen von den Türken verstümmelten Soldaten des Regimentes Moskau, welcher ganz allein den Cavalier erklettert hatte. — Aus allen Anzeichen gieng deutlich hervor, daß am erbittertsten und hartnäckigsten beim Nord-Ende der nordöstlichen Face, in der Kehle selbst und unweit des östlichen Endes der südlichen Face mit Bajonnett und Kolben gefochten worden sein musste.

Der Rest der türkischen Besatzung gerieth in Gofangenschaft, und zwar Ahmed Hifzi Pascha sammt seinem Generalstab-Chef Izzet Bey*), 53 andere Officiere und 2.235 unverwundete Soldaten. An Trophäen erbeuteten die Russen: eine große Regiments-Fahne, 4 gezogene Krupp-Geschütze, eine ganz bedeutende Zahl von Gewehren und Kriegs-Material aller Art, besonders Patronen.

Die Verluste der Russen bei der Erstürmung von Gornji Dubnjak betrugen: 3 (verwundete) Generale, 114 Stabs- und Ober-Officiere, 3.200 Soldaten (circa 14% des Gefecht-Standes).

Die Türken verloren (von den beiläufig 3.700 Mann, welche ursprünglich als Besatzung vorhanden waren) höchstens 1.500 Mann (also circa 40% des Gefecht-Standes).

E. Sonstige Ereignisse am 24. October.

I. Gefecht bei Teliš.

Die türkischen Befestigungen bei Teliš. — Rings um diesen Ort befinden sich sehr flach geböschte Hügeln, welche bis dicht an die Befestigungen heran mit hohem, dichten, vertrockneten Mais und — wo dieser aufhörte — mit dichtem Gesträuch bewachsen waren. Südlich von Teliš liegt auf Kanonenschuss-Weite ein großer Wald, welcher sich gegen Gornji Dubnjak hin zieht.

Die Befestigungen bestanden aus zwei Gruppen:

Die eine Gruppe, von der anderen durch eine tiefe Niederung getrennt, bildete ein $^3/_4$ km nordwestlich von Teliš liegendes verschanztes Lager mit einer kleinen Redoute.

Zur anderen Gruppe, beim Dorf Teliš selbst gelegen, gehörten jene Anlagen, welche an dem steilen östlichen Rand der Niederung angelegt waren. Ihr, alle Befestigungen dominierender nördlicher Theil — eine große Redoute, welche von der durchführenden Straße in zwei fast gleiche Hälften getrennt wurde — diente allen übrigen Anlagen gleichsam als Reduit. Südlich dieses Haupt-Werkes, u. zw. jenseits einer Terrain-Senkung, lag noch eine Schanze. Der südwestlichen Seite der großen Redoute vorgelegen, zog sich eine Reihe von Logements hin, welche von der ausspringenden Ecke der Redoute her durch Geschütz vortrefflich flankiert wurde. Außerdem waren noch zwei halbkreis-förmige Logements angelegt, von wo auch dem Haupt-Werk eine Flankierung verschafft werden konnte.

Charakteristisches der Befestigungen von Teliš: da nirgends steile Hänge vorhanden waren, entstanden im Vor-Terrain auch keine todten Winkeln, welche dem Angreifer hätten Deckung geben können; alle Theile der Befestigungen flankierten sich (was in Gornji Dubnjak nur in unzureichender Weise der Fall war); das Defi-

---

*) Izzet Bey war seinerzeit 4 Jahre hindurch Militär-Attaché in Wien gewesen.

lement war besser als bei Gornji Dubnjak, und in Folge dessen wurden die vorgeschobenen Verschanzungen von der Haupt-Befestigung aus derart unter Feuer gehalten, dass man nach Eroberung jener Verschanzungen in ihnen keine Deckung fand.

Die Colonne des Oberst Čeličeff brach um 6 Uhr 15 Min. früh aus ihrer Rendezvous-Stellung (3 km südwestlich von Svinar) auf.

Das Garde-Dragoner-Regiment rückte mit 2 Geschützen der 5. reit. Garde-Batterie auf einen westlich des Dorfes Rakita liegenden Hügel, um die linke Flanke und den Rücken der Colonne gegen einen etwa von Süd her (aus Radomirci und Lukovit) auftretenden Gegner zu sichern.

Das Garde-Husaren-Regiment mit 4 Geschützen der 5. reit. Garde-Batterie wurde geradeaus gegen die Straße vor dirigiert, um das Debouchieren der Garde-Jäger zu decken, zugleich dem Oberst Čeličeff und seinem Generalstab-Chef die Möglichkeit zu verschaffen, das Terrain zu recognoscieren und den Angriffs-Punkt auszuwählen. Nach dem Zusammenstoß mit dem Feind sollte sich das Husaren-Regiment links heraus ziehen und gegen den Rücken der Position von Teliš vorrücken.

Als die Husaren beim Debouchieren ein Mais-Feld betraten, kamen die ersten feindlichen Infanterie-Geschosse. Sofort schwärmte die Tête-Escadron aus und ritt mit breiter Front in Carrière vorwärts; sie stieß aber auf ein türkisches Logement, welches wegen des Mais-Feldes nicht gesehen worden war. Die Türken ließen die Husaren bis auf nächste Distanz heran kommen, gaben dann Salven-Feuer und verfolgten die so zum Rückzug gezwungenen russischen Reiter durch Schützen, welche aus ihren Verschanzungen hervorbrachen.

Nach dieser Husaren-Affaire eröffneten die 4 Geschütze der 5. reitenden Batterie auf etwas über 1.000 m das Feuer. —

Als Directions-Punkt für den Angriff wurde der vorspringende Winkel gewählt, welchen die östliche und südliche Face der Haupt-Befestigung bildeten. Der Generalstab-Chef Oberstlieut. Baron Krüdener wies auf die Nothwendigkeit hin, den Angriff sofort zu beginnen, um sich die Vortheile der Überraschung zu sichern; aber Oberst Čeličeff war der Ansicht, dass, nach der von den Husaren ausgeführten Recognoscierung, von einer Überraschung doch nicht mehr die Rede sein könne, und zog es vor, den Angriff durch Artillerie-Feuer vorzubereiten.

In Folge dessen brachte Oberstlieut. Krüdener die 3. Batterie der 1. Garde-Artillerie-Brigade in eine kaum 650 m vom Feind entfernte Position. Doch schon nach der ersten Salve verlor die Batterie 17 Mann und 15 Pferde, musste daher zurück fahren. Die bedeutenden Verluste verzögerten hiebei die Bewegung der Batterie derart, dass, bis sie ihre neue Position (1.700 m von den feindlichen Verschanzungen) erreichte, der Angriff der Jäger nicht durch ihr Feuer unterstützt werden konnte. Während dieser Zeit wirkten nur die 4 Geschütze der 5. reitenden Garde-Batterie u. zw. durch flankierendes Feuer gegen die türkischen Logements.

Mittlerweile debouchierten die Garde-Jäger aus der Thal-Niederung und entwickelten sich: im ersten Treffen das 3. und 4. Bataillon, anfangs in Compagnie-Colonnen formiert, später eine dichte Plänkler-Linie mit „aus einander gezogenen Sonticus" bildend; im zweiten Treffen das 1. und 2. Bataillon.

Erster Anlauf. — Um 9½ Uhr gieng das erste Treffen über das völlig ebene Gelände zum Angriff gegen die vorderen türkischen Schützen-Gräben vor. Von 2.000 Schritte an wurden die beiden Bataillone mit einem Geschoss-Hagel empfangen; sprungweise setzten sie nun das Vorgehen fort. Die Compagnien verschwanden in den hohen Mais-Feldern; sie ferner noch gemeinsam zu führen, wurde immer schwerer. Das Feuer konnte noch nicht eröffnet werden, denn man sah weder die Türken noch ihre Befestigungen (fast 300 Schritte vom Feind kam das 4. Bataillon erst zum Schuss).

Etwa um 10 Uhr wurden jene türkischen Schützen-Gräben von den Russen genommen. Es war jedoch unmöglich, die Angriffs-Bewegung sogleich fortzusetzen; die Leute, welche einen 11-tägigen Proviant und einen bedeutenden Vorrath an Patronen zu schleppen hatten, waren auf's äusserste erschöpft. Man musste sich darauf beschränken, die fliehenden Gegner mit einem starken Feuer zu verfolgen.

Von diesem Augenblick an mussten die 4 Geschütze der reitenden Artillerie, um nicht die eigenen Truppen zu gefährden, ihr Feuer einstellen.

Mittlerweile rückte auch das zweite Treffen vor. Die Compagnien desselben konnten, sich in Mais-Feldern bewegend, weder das erste Treffen noch die feindlichen Befestigungen sehen, verloren deshalb die Direction und geriethen unter ein flankierendes Feuer.

Zweiter Anlauf. — Die von den Garde-Jägern eingenommenen Schützen-Gräben und sonstigen Deckungen boten gegen das Feuer aus der rückwärtigen feindlichen Haupt-Stellung keinen Schutz, so dass die Jäger nun große Verluste erlitten. Sobald also die Leute wieder zu Athem gekommen waren, versuchten die beiden Bataillone des ersten Treffen, gegen die Haupt-Redoute vor zu stürmen; ohne Befehl folgten ihnen hiebei die Bataillone des zweiten Treffens. Aber der Angriff gelangte nur bis auf etwa 100 (stellenweise 50) Schritte an die große Redoute heran, wo die Stürmenden sich so gut es gieng hinter verschiedenen Deckungen festsetzten und das Feuer-Gefecht wieder aufnahmen. Gleichzeitig eröffnete auch die russische Artillerie ein Shrapnel-Feuer.

Dritter Anlauf. — In der vordersten Gefechts-Linie war der größte Theil der Officiere hinweg gerafft, viele Compagnien wurden durch Unterofficiere befehligt. Je länger man noch in dieser Position blieb, desto mehr musste die Hoffnung auf den Sieg sinken. Dies erwägend stürzte Hauptmann Podwalnjuk unter „Hurrah"-Ruf mit den Trümmern seiner (15.) Compagnie zum Sturm auf die Haupt-Befestigung vor. Als aber die kleine, tapfere Schaar sah, dass sie nicht unterstützt wurde, warf sie sich ungefähr 20 Schritte vor der Schanze nieder.

Die Türken versuchten jetzt einen Ausfall. Obwohl dieser auf die 2. Compagnie stieß, welche keine Officiere mehr hatte, wurde er dennoch u. zw. nur durch heftiges Feuer abgewiesen.

Vorrückung türkischer Truppen aus Südwest. — Während dieser Vorgänge bemerkte das Garde-Dragoner-Regiment, dass auf der Straße eine türkische Colonne (Vor-Truppen des Chefket Pascha) gegen Teliš vor gieng. Die beiden Geschütze der 5. reitenden Garde-Batterie eröffneten auf selbe das Feuer; der Feind antwortete mit einer ganzen Batterie. Dennoch gelang es dem russischen Artillerie-Zug, jene Batterie zum Rückzug zu zwingen; sie verschwand im Wald gegen Radomirci.

Aber während dieses Artillerie-Gefechtes hatten sich 4 türkische Bataillone, ohne von den vollauf beschäftigten zwei Geschützen des Dragoner-Regimentes beschossen werden zu können, möglichst schnell dem Dorf Teliš genähert. Da bewirkten die (nach dem ersten Anlauf der Garde-Jäger) gerade zur Unthätigkeit gezwungenen 4 Geschütze der 5. reit. Garde-Batterie eine Front-Veränderung und zwangen die Türken durch drei Salven zu regelloser Flucht nach dem Terrain westlich der Straße. Nachdem sie in dieser Richtung ungefähr einen Kilometer weit zurück gegangen waren, formierten sie sich wieder und setzten, nun schon außer dem Bereich der russischen Artillerie, die Vor-Bewegung auf Teliš fort.

Rückzug der Russen. — Die Gefahr, in Flanke und Rücken angegriffen zu werden, war durch das Feuer der 5. reit. Garde-Batterie von dem Jäger-Regiment abgewendet worden. Trotzdem jedoch blieb die Thatsache bestehen, dass der (7 Bataillone starken) Besatzung von Teliš bedeutende Verstärkungen zueilten. Außerdem wies der Umstand, dass die türkische Batterie in der Richtung auf Radomirci zurück gegangen war, darauf hin, dass man auch von dieser Seite her das Auftreten feindlicher Truppen erwarten konnte. Endlich kam noch, dass man schon jetzt (beiläufig mittags) nicht mehr die geringste Hoffnung hegen konnte, die Befestigungen von Teliš zu nehmen.

In Anbetracht dieser Sachlage befahl daher Oberst Čeličeff seinem Regiment, gegen Svinar zurück zu gehen; seiner Cavallerie und Artillerie, diese Bewegung nach Möglichkeit zu decken.

Da das Terrain einem Kampf zu Pferd ganz außerordentliche Schwierigkeiten bot, ließ Oberst Meiendorff einen Theil seiner (2. Garde-) Cavallerie-Brigade zum Fuß-Gefecht absitzen. Die gesammte Artillerie bereitete sich darauf vor, mit ihrem Feuer den Feind zu empfangen, falls er zur Verfolgung vorgehen sollte.

Das Garde-Jäger-Regiment trat nun nach vier-stündigem Kampf (um ½2 Uhr Nachmittag) den Rückzug an. Er begann vom rechten Flügel, weil dieser am meisten gelitten hatte. Die Leute giengen langsamen Schrittes zurück. Die hiedurch ermuthigten Türken sprangen auf die Brustwehr und verfolgten die Russen mit wüthendem Feuer; aber eine einzige Salve der Jäger genügte, um sie kopfüber wieder hinter die Brustwehr verschwinden zu lassen. Das erste Treffen zog sich durch das zweite durch, dann begann auch letzteres die Bewegung. Den zurückgehenden Jägern drohten häufig von der linken Flanke her Cavallerie-Angriffe von Čerkessen und Bašibozuk's; der erste solche Haufen wurde durch die Husaren zurück geworfen, die anderen hielten sich die Jäger durch einzelne Salven ab.

Der Rückzug war schon beinahe ausgeführt, als Oberstlieut. Baron Krüdener dem Detachement-Commandanten meldete, es habe sich durch eine abermalige Recognoscierung als möglich erwiesen, mittels einer Umgehung nach Ost eine Stelle der türkischen Befestigungen zu finden, welche dem Angriff leichter zugänglich sei. Oberst Čeličeff befahl, sofort den Rückzug einzustellen. Einige Compagnien, welche schon den Feuer-Bereich des Feindes verlassen hatten, kehrten um und begannen die Umgehung. Da traf eine schriftliche Meldung des Oberst Meiendorff ein, dass sich noch 12 türkische Bataillone mit Artillerie von Radomirci her nähern (?). Dies bestimmte den Oberst Čeličeff, einen abermaligen Angriff definitiv aufzugeben.

Das Detachement Čeličeff setzte nun den Rückzug gegen Svinar fort; auch das Garde-Dragoner-Regiment schloss sich demselben an. Ein Theil des letzteren im Verein mit 1 Escadron Husaren war beim Zurück-Schaffen der Verwundeten behilflich.

Die Verluste der Russen in diesem Gefecht bei Teliš betrugen: 28 Officiere und 923 Mann (beiläufig 27% des Gefecht-Standes); die 2. Garde-Cavallerie-Brigade hatte 20 Pferde verloren. — Die Verluste der Türken können nicht constatiert werden, dürften aber nicht erheblich gewesen sein.

Die 1. Brigade der 2. Garde-Cavallerie-Division hatte um 7 Uhr früh — von Svinar aus — den Vormarsch angetreten; ihre Patrouillen ritten gegen den Strassen-Abschnitt Teliš-Gornji Dubnjak vor und zerstörten dort den Telegraphen.

Das Gros der Brigade erreichte die eben erwähnte Strasse um 10 Uhr Vormittag. Mit der gegen Teliš vorrückenden Colonne Čeličeff sowie mit der westlich von Gornji Dubnjak eintreffenden Kaukasus-Kosaken-Brigade (Oberst Čerevin) wurde die Verbindung hergestellt.

Die zur Brigade gehörige 2. reit. Garde-Batterie musste zur Unterstützung der gegen Gornji Dubnjak angreifenden linken Colonne entsendet werden (siehe Seite 91).

Als um 12 Uhr mittags die Nachricht eintraf, der Angriff auf Teliš sei abgewiesen, wurde das Regiment „Grenadiere zu Pferd" den weichenden Truppen zur Aufnahme entgegen gesendet; doch zeigte sich hier keine Hilfe nöthig, da der Feind nicht verfolgte.

Oberst Formak (8 Escadronen) erfüllte die ihm durch die Disposition für den 24. October (siehe Seite 78) zugewiesene Aufgabe, ohne mit dem Feind zusammen zu stoßen.

Die Nacht wurde in den nach dem Gefecht inne gehabten Stellungen zugebracht.

Da das zurück geschlagene Garde-Jäger-Regiment gegen Svinar gewichen war, fiel den beiden Garde-Cavallerie-Brigaden, welche ja nächst Teliš standen, die Aufgabe zu, nicht nur sich selbst zu schützen, sondern die in Teliš befindlichen Türken derart abzuschließen, dass sie über Nacht nicht etwa offensiv werden konnten. Ob die Brigaden in dieser Beziehung Befehle erhielten oder ihren eigenen Entschlüssen überlassen wurden, ist uns nicht bekannt.

Von der 1. Garde-Cavallerie-Brigade wurde das Garde-Uhlanen-Regiment mit der 2. reit. Batterie für die Nacht zwischen Gornji Dubnjak und Teliš, Front gegen letzteren Ort aufgestellt, mit Feldwachen vor der Nord- und Nordost-Seite des Ortes; das Regiment „Grenadiere zu Pferd" übernahm die Vorposten gegen die Ost-Seite von Teliš.

Die 2. Garde-Cavallerie-Brigade übernachtete mit dem Gros und der Batterie bei Rakita, und hielt Husaren-Posten vor der Süd-Front von Teliš.

Chefket Pascha war am 24. October mit einem Theil seiner Truppen (20 Bataillonen, 10 Geschützen und einigen tausend Reitern: zusammen 10,000 Mann) zur Unterstützung der Etapen-Posten bezw. zur Befreiung von Gornji Dubnjak in Eilmärschen heran gerückt. In Radomirci erhielt er die erschütternde Kunde von dem Fall Gornji Dubnjak's. Der Eindruck, welchen sie auf ihn machte, war ein so großer, dass er nicht einmal mehr an die Befreiung von Teliš dachte, sondern augenblicklich sein Vorgehen einstellte und in Radomirci blieb; hier fand er in einer von Natur starken Position schon einige Schanzen fertig vor, und hatte von hier aus freie Verbindung mit Orhanje und Sofia, wo die Bildung einer neuen Armee rasche Fortschritte machte.

2. Ereignisse bei Dolnji Dubnjak und gegen Plevna.

Gefecht bei Dolnji Dubnjak (24. October). — General Arnoldi (2 Bnone, 19 Esc., 16 Gesch.) rückte zeitlich früh von Gornji Metropolja ab, traf gegen 7 Uhr morgens 3 km nordwestlich von Dolnji Dubnjak ein und setzte von hier den Marsch, in südwestlicher Richtung abbiegend, mit Umgehung von Dolnji Dubnjak fort.

Hiebei wurde er aus zwei vor diesem Ort angelegten türkischen Redouten (jede 2 Geschütze) mit Artillerie-Feuer, bald danach aus den nahe links liegenden Mais-Feldern auch durch Gewehr-

Feuer beschossen, ohne jedoch — wie es scheint — Verluste zu erleiden.

Die reitende Batterie der Rossiori-Brigade fuhr nun gegen Dolnji Dubnjak auf. Das ganze 4. Dragoner-Regiment saß zum Fuß-Gefecht ab und eröffnete — allem Anschein nach aber aus sehr großer Entfernung — das Feuer gegen die feindlichen, in den Mais-Feldern eingenisteten Schützen.

Unter dem Schutz dieser linken Flanken-Deckung bewegten sich die anderen 15 Escadronen westlich des Dorfes weiter fort, und schoben sich dabei immer mehr nach Süd gegen den Straßen-Abschnitt Dolnji Dubnjak-Gornji Dubnjak. Als die Straße beinahe erreicht war, traf man auf eine dritte türkische Redoute. Nun fuhr die russische Artillerie in Position und begann das Feuer, worauf die Batterie der Rossiori ihr Feuer einstellte und sich mit der russischen Artillerie vereinigte.

Gegen 8½ Uhr vertrieb das 4. Dragoner-Regiment die feindlichen Plänkler aus den Mais-Feldern, und näherte sich dabei dem Dorf aus südwestlicher Richtung. Die Batterien hatten Front nach Nord und unterhielten ihr Feuer gegen die dritte Redoute; sie wurden hiebei vom 4. Husaren-Regiment und der Rossiori-Brigade gedeckt.

Gegen 9 Uhr, als links von den Geschützen die Dragoner sich noch weiter an Dolnji Dubnjak genähert, die Türken von einer mit Mais bepflanzten Höhe vertrieben und dadurch die linke Flanke der Artillerie gesichert hatten, wechselten beide Batterien staffelweise die Stellung nach vorwärts bis auf diese Höhe, von welcher aus sowohl die Redouten als auch die Straße nach Gornji Dubnjak beherrscht werden konnten.

Soziemlich gleichzeitig war das 4. Uhlanen-Regiment (Oberst Ertel) mit 4 Geschützen im vollen Trab bis an die Straße vorgeritten, um sich von hier aus gegen die Süd-Seite des Dorfes zu entwickeln. Von dort her mit Infanterie-Feuer empfangen, mussten sich die so dreist an den Feind gegangenen Uhlanen wieder bis außerhalb der Schuss-Sphäre zurück ziehen.

Es standen somit nun: die beiden Batterien, das Husaren-Regiment und die Rossiori-Brigade westlich; das Uhlanen-Regiment mit 4 Geschützen als vorgeschobener rechter Flügel südlich; das Dragoner-Regiment, abgesessen, als vorgeschobener linker Flügel nordwestlich von Dolnji Dubnjak.

Noch vor Mittag trafen auch die der Colonne Arnoldi zugetheilten 2 rumänischen Infanterie-Bataillone ein, lösten die Dragoner am linken Flügel ab und begannen sofort, hier eine Verschanzung aufzuwerfen.

So blieb die Situation bis zum Abend, wobei das gegenseitige Geschütz-Feuer — ohne merklichen Erfolg — fortdauerte.

Während des Gefechtes der Colonne Arnoldi ließ General

Loškarow von Medoven aus den Flügel-Adjutant Oberst Baron Korff mit 6 Escadronen (9. Husaren-Regiment und 2 Escadronen des 9. Dragoner-Regimentes) und der 16. reitenden Batterie auf das linke Vid-Ufer gegen Dolnji Dubnjak vorrücken.

Nachdem dieses Detachement sich dem Ort bis auf Kanonen-Schussweite genähert hatte, wurde es aus den Redouten mit Artillerie-, aus den Logements mit Infanterie-Feuer empfangen. Da hier die Terrain-Verhältnisse zur Durchführung eines Feuer-Gefechtes sehr ungünstig waren, gieng das Detachement etwas zurück und beschränkte sich fernerhin darauf, das Terrain zwischen dem Vid und der Straße nach Sofia zu beobachten, mit der Cavallerie des General Arnoldi sowie mit der 1. Garde-Infanterie-Division (allgemeine Reserve) und dem bei Medoven stehenden Detachement des General Bremsen Verbindung herzustellen.

Über die **Verluste** der Russen und Rumänen im Gefecht bei Dolnji Dubnjak liegen keine Angaben vor; diese Verluste können jedoch nur unbedeutend gewesen sein.

General Černozubow (5 rumänische Bataillone, 7 Escadronen, 12 Geschütze) hatte in der Nacht vom 23. auf den 24. October die Stellung von Gornji Metropolja und Dolnji Metropolja besetzt und hier einige Schanzen gebaut, von denen aus er am 24. October ein ziemlich wirkungsloses Geschütz-Feuer gegen die an der Vid-Brücke gelegenen türkischen Werke unterhielt.

Die allgemeine Reserve wurde beiläufig nach 9 Uhr (siehe Gefecht bei Gornji Dubnjak, Seite 94) vom General L. Gurko aus ihrer Stellung bei Čerikovo näher an Dolnji Dubnjak disponiert, kam jedoch mit ihrem Gros nicht ins Gefecht. Das Garde-Infanterie-Regiment Ismailowskij jedoch erhielt gegen Mittag den Befehl, die stark gelockerte Gefechts-Linie vor der großen Redoute von Gornji Dubnjak zu verstärken, und begann dort von circa 3 Uhr an (siehe Gefecht bei Gornji Dubnjak) seine Einwirkung auf den Gang der Ereignisse auszunüben; nach Erstürmung der Redoute rückte das Regiment wieder zu seiner noch immer vor Dolnji Dubnjak stehenden Truppen-Division ein.

Die 3. Garde-Cavallerie-Brigade war nicht zur Action gekommen; in der Nacht zum 25. October bivakierte sie bei Gornji Dubnjak u. zw. im Bereich der rechten Angriffs-Colonne.

3. Ereignisse auf dem rechten Vid-Ufer.

Das Detachement des General Bremsen — Garde-Regiment Wolhynien (4 Bataillone) mit der 6./3 Garde-Batterie, 1. Bataillon des Regimentes Moskau mit der 3./2 Garde-Batterie; zusammen also 5 Bataillone und 16 Geschütze — sollte von Medoven aus das

Vorgehen des Generall. Gurko durch einen Angriff auf Trnina zu unterstützen.

Da dieser Angriff das Detachement tief hinein in die Aufstellung der türkischen Truppen führen musste, und das Terrain für die Defensive dort außerordentlich günstig ist, fürchtete man allgemein, auf starken Widerstand zu stoßen.

Die Türken jedoch erwarteten so wenig einen Angriff von dieser Seite her, dass selbst die auf der Höhe angelegten, das Dorf Trnina beherrschenden Logements unbesetzt waren.

Von diesem günstigen Umstand erhielt General Bremson durch einen Officier, welcher in der Nacht vom 23. zum 24. October mit einigen Freiwilligen das ganze Terrain recognosciert hatte, Kenntnis.

In Folge dessen unternahm General Bremsen schon um 6 Uhr morgens den Angriff.

Dieser kam den Türken so überraschend, dass bei der Schnelligkeit und Energie, mit welcher der Vorstoß geschah, sowohl das Dorf Trnina als auch die dasselbe beherrschenden Logements genommen wurden, ehe die Türken zur Vertheidigung dieser Positionen herbei eilen konnten.

Als die Russen erschienen, waren türkische Soldaten gerade damit beschäftigt, Pack-Pferde mit Reißig für Schanzkörbe zu beladen; sie zogen sich natürlich gleich gegen die Verschanzungen zurück, und brachten die erste verlässliche Kunde über die Stärke der Angreifer.

Oberst Yunus Bey entsendete 2 Compagnien mit dem Auftrag, sich gedeckt auf jenen Sattel, bei welchem der nördlich abfließende Djigil dol. entspringt, zu begeben und durch eine Aufstellung daselbst dem Gegner den Eindruck beizubringen, dass jenes Terrain durch stärkere Kräfte besetzt sei. Zugleich ließ er ein sehr heftiges Artillerie-Feuer auf die feindlichen Truppen eröffnen, um sie in Unordnung zu bringen und aufzuhalten; dies wurde jedoch nicht erreicht.

Osman Pascha, telegraphisch über die oben geschilderten Vorgänge in Kenntnis gesetzt, beschloss, den eingedrungenen Gegner zu vertreiben. Hiezu entsendete er aus dem Hauptquartier den Brigade-General Tevfik Pascha und den Oberstlieut. Pertew Bey mit 2 Bataillonen und 2 Gebirgs-Geschützen, und ertheilte zugleich an Tahir Pascha (welcher sich als Commandant der Süd-Front in der Tahir bey tabija befand) den Befehl, jenen Truppen noch 3 Bataillone beizugeben. Letzteres war aber nicht möglich, da Tahir Pascha nach Besetzung aller seiner Positionen, nur mehr 1 Bataillon erübrigte.

Osman Pascha seinerseits hatte keine Reserven mehr, sondern nur noch einige Freiwillige der „Union ottomane" zur Verfügung. Er musste sich daher begnügen, die Russen vorläufig bloß durch 3 Bataillone und 2 Gebirgs-Geschütze, welch letztere er übrigens auf Ansuchen des Tevfik Pascha durch Feld-Geschütze ersetzte, angreifen zu lassen.

Dort, wo sich die ursprünglich (von Yunus Bey) entsendeten Compagnien befanden, vereinigte Tevfik Pascha (von Pertew Bey begleitet) seine Angriffs-Truppen und gieng in Gefechts-Formation über: 1 Bataillon Feuer-Linie, 2 Compagnien als deren Unterstützung; 2 Bataillone und 2 Geschütze folgten als Reserve.

Es gelang, die russischen Vor-Truppen aus der Gegend von Pertew bey tabija zu vertreiben, — mehr jedoch wurde nicht versucht. Tevfik Pascha zog dann (angeblich weil die Dunkelheit hereinbrach und es daher gewagt gewesen wäre, in dem sehr coupierten Terrain mit Geschützen stehen zu bleiben) das Gros seiner Truppen zurück, während Pertew Bey mit dem Rest derselben im Lauf der Nacht, trotz dem Feuer des Feindes, die Werke der Pertew bey tabija zu einer Redoute vervollständigte.

So war denn die vorher so gefahrvoll scheinende Aufgabe des General Bremsen leicht und nur mit unwesentlichen Verlusten gelöst worden.

Generall. Skobelew erhielt am 24. October den Befehl, sich nur auf einen Schein-Angriff zu beschränken. Generall. Totleben hatte nämlich Kenntnis von der Befestigung des ersten Kammes seitens der Türken erhalten und fürchtete, dass in Folge dessen ein heftiger Kampf auf der Straße Plevna-Lovča sich entspinnen könne. Die Einnahme des ersten Kammes wurde somit aufgeschoben.

Die Stellung südlich von Brestovec und östlich der Straße Lovča-Plevna sollte besetzt, die Artillerie zur Beschießung der türkischen Positionen aufgefahren und den Türken Truppen-Bewegungen gezeigt werden. Durch den Generalstab-Chef des 4. Corps (General Nowizki) erhielt Generall. Skobelew noch die mündliche Weisung: er dürfe nicht eine Patrone verschießen, nicht einen Verwundeten haben.

Ein analoger Befehl wurde dem Generall. Katalei (Commandant der 3. Garde-Division) überbracht. Die 1. Brigade dieser Division sollte sich mit 2 Batterien nördlich von Učindol entwickeln, eine möglichst breite Front einnehmen, mit der Artillerie auffahren, aber ebenfalls in kein Gefecht eintreten und nicht eine Patrone verbrauchen.

Die Abänderung des Befehles, den „ersten Kamm" zu nehmen, nachdem alle Vorbereitungen hiefür getroffen waren, wurde von den zu dieser Action bestimmt gewesenen Truppen nicht beifällig aufgenommen, da sie ja wussten, dass Generall. Gurko an diesem Tag (24.) an der Straße nach Sofia kämpfe. Besonders aber fühlte sich Generall. Skobelew durch diese Abänderung unangenehm berührt: dass er über 20 ausgezeichnete Bataillone und 120 Geschütze verfüge, jedoch keine Patrone verschießen und nicht kämpfen dürfe, erschien ihm wie ein bitterer Spott.

Nichtsdestoweniger wollte er dem Befehl auf das genaueste nachkommen.

Um 3 Uhr Nachmittag begannen die Truppen der 16. Infant.-Division und 2. Artillerie-Brigade aus der Niederung von Bogot in der Richtung gegen die Ryshaja gora zu marschieren. Die Batterien fuhren auf und — eröffneten das Feuer nach dem „zweiten Kamm".

Auf dem „ersten Kamm" machte sich die Anwesenheit von Türken nicht bemerkbar. Das russische Feuer wurde nur mit wenigen Schüssen beantwortet. Bewegungen oder Unruhe auf Seite der Türken wurden nicht wahrgenommen. Man sah genau die Posten in der neu erbauten Redoute Tahir bey tabija auf dem „zweiten Kamm", so wie auch in der Krishine-Redoute.

Einige Male zeigten sich die Spitzen der russischen Colonnen auf der Ryshaja gora. Hinter letzterer, mehr nach der Tučenica-Schlucht hin — ausserhalb der Schuss-Weite, aber noch für die Türken sichtbar — stand die 1. Brigade der 30. Inft.-Division und führte Gefechts-Bewegungen aus. Westlich des Generall. Skobelew hatten sich die 1. Brigade der 3. Garde-Inft.-Division und 16 Geschütze entwickelt. Noch weiter westlich bewegten sich Escadronen und Sotnien der 9. Cavallerie-Division.

Von der Sofia-Strasse her hörte man Geschütz-Donner.

Die russischen Truppen blieben bis zur Dämmerung in ihren Stellungen und giengen dann zurück: die 3. Garde-Inft.-Division nach Raljevo; die 3 Schützen-Bataillone in ihr Lager bei Učindol; die 1./30 Inft.-Brigade nach Radiševo; die 16. Inft.-Division, die Batterien der 2. Artillerie-Brigade und das 3. Sappeur-Bataillon in das „Reserve-Lager" hinter der Niederung von Bogot.

Es wurde schon dunkel, als die Truppen, nachdem Generall. Skobelew sie an sich vorbei hatte defilieren lassen, in das Lager einrückten.

Für das „Reserve-Lager" (tags vorher abgesteckt) hatte vom Morgen des 24. October angefangen ein Arbeiter-Detachement den Kukuruz beseitigt. Die Flügeln aller Abtheilungen waren durch Stangen bezeichnet.

Das Lager nahm einen verhältnismässig langen und schmalen Streifen zwischen einer tiefen Niederung und einer felsigen Schlucht ein. Die Division biwakierte in Bataillons-Colonnen neben einander. Zwischen den Inft.-Brigaden war die 16. Artillerie-Brigade untergebracht. Die 3 Batterien der 2. Artillerie-Brigade standen im zweiten Treffen; das Sappeur-Bataillon auf dem rechten Flügel; die Kosaken hinter dem Stab des Generall. Skobelew. Noch bei Tag waren die Truppen-Trains heran geführt und die Küchen eingerichtet worden.

Am Abend sah man den Himmel in der Richtung gegen Sofia von Feuer geröthet.

Auf der Ryshaja gora war nur das 61. Infanterie-Regiment (Wladimir) geblieben. (Während der Nacht erhielt es warme Speise.) Unter Leitung des Oberst Melnizki baute dasselbe bis zum Morgen des 25. October hier eine Batterie für 16 Geschütze, und Laufgräben für 4 Compagnien. Diese Stellung lehnte sich mit dem linken Flügel an die Lovča-Strasse.

Demonstrationen östlich der Fluss-Linie Tučenica-Vid. — Um 7 Uhr morgens des 24. October eröffneten alle Batterien der West-Armee-Abtheilung das Feuer, und unterhielten den ganzen Tag über eine heftige Kanonade gegen Plevna. Es sollen im ganzen 3.156 Schüsse abgegeben worden sein (per Geschütz 20 bis 30 Schüsse).

Fürst Carol und Generall Totleben hielten sich beim Detachement des Generall. Skobelew an der Straße Plevna-Lovča, eine Zeit lang in Brestovec auf.

Auf Seite der Russen erwies sich der Bau-Platz der tags zuvor hergerichteten Emplacements für 8 Belagerungs- und 24 Feld-Geschütze als unzweckmäßig; man musste die Batterien weiter vorwärts verlegen, bezw. dort neue Emplacements bauen.

Von den Truppen des 9. Corps wurde eine bewegliche Reserve in der Stärke von 4 Bataillonen und 1 Batterie ausgeschieden, welche, für den Fall eines heftigen Kampfes an der Straße Lovča-Plevna, um 1 Uhr Nachmittag an den Weg Pelišat-Plevna rückte. Um 5 Uhr Nachmittag wurde sie zurück genommen.

Auf Seite der Rumänen standen die 2. und 3. Division den ganzen Tag über in Gefechts-Bereitschaft.

Oberst Rosnovanu demonstrierte mit seiner Kalarasi-Brigade, einigen Dorobanzen-Compagnien und 1 Artillerie-Section von Bivolar aus gegen Opanec, unterstützt von der Infanterie-Brigade „Sachelarie" (muss ein Irrthum sein und „Cantili" heißen) auf dem linken Vid-Ufer.

Osman Pascha hatte über einen heftigen Kampf in der Richtung gegen Gornji Dubnjak Nachricht erhalten; er dachte, dass entweder ein Convoi nebst Ersatz-Truppen im Anmarsch seien, oder dass die Besatzung von Gornji Dubnjak angegriffen werde. „In beiden Fällen „hätte man von Plevna aus Hilfe senden müssen; aber seit zwei „Tagen bombardierte der Feind ununterbrochen die türkischen „Positionen mit äußerster Heftigkeit, und nun hatte er sogar die „Höhen von Traina besetzt. Man konnte also, da man selbst einen „Angriff fürchtete, keine Truppen entsenden. Und hätte man es „gethan, so wären dieselben bei ihrem Marsch in Flanke und Rücken „bedroht gewesen."

Man ersieht daraus, dass die russisch-rumänischen Demonstrationen ihren Zweck nicht verfehlt haben.

F. Vollendung der Einschliessung von Plevna.

(Hiezu Beilage 4.)

I. Ereignisse vom 25. bis 27. October.

Durch die Einnahme von Gornji Dubnjak war die Blockierung von Plevna durchgeführt, — den Türken die Rückzugs-Linie nach Sofia abgeschnitten.

Von den Stellungen vor Plevna wurde während der drei Tage (25. bis 27.) das Artillerie-Feuer Tag und Nacht fortgesetzt; man gab im ganzen circa 2.800 Schüsse, ohne Erfolg zu bemerken. Die Türken antworteten fast nicht.

Den Truppen der West-Armee-Abtheilung wurde am 25. October befohlen, die Schein-Angriffe gegen die Plevna-Stellungen fortzusetzen, um die feindlichen Reserven in Plevna festzuhalten.

Die 4. rumänische Division besetzte die Stellungen vom Vid bis zur Redoute Kraiova, der Nord-Front der Türken gegenüber.

Generall. Gurko. — Die 1. Garde-Infanterie-Division nahm nach Eroberung von Gornji Dubnjak Front gegen Dolnji Dubnjak, während unter ihrem Schutz die 2. Garde-Infanterie-Division, welcher das Garde-Sappeur-Bataillon zugetheilt war, die eroberte Stellung von Gornji Dubnjak gegen Plevna und gegen Teliš zu befestigte. Auf Bitten des Generall. Gurko wurde auch die ganze 3. Garde-Infanterie-Division zur Verfügung desselben gestellt, u. zw. die 1. Brigade mit 3 Batterien von Raljevo nach Čerikovo vor beordert, das Grenadier-Regiment Petersburg mit 2 Batterien nach Medeven zur Verstärkung des auf der Trnina-Höhe („Wolhynischer Berg") stehenden Detachement.

Die Cavallerie des Generall. Arnoldi beobachtete Dolnji Dubnjak und die West-Front von Plevna;

die 3. Garde-Cavallerie-Brigade stand bei Gornji Dubnjak mit Vorposten gegen Dolnji Dubnjak und gegen die Nord-Seite von Teliš (ein Theil der Brigade wurde zur Escortierung der bei Gornji Dubnjak gefangenen Türken verwendet);

die 1. Garde-Cavallerie-Brigade stand in der Niederung von Svinar mit Vorposten gegen die Ost-Seite von Teliš;

die 2. Garde-Cavallerie-Brigade bei Rakita mit Vorposten gegen Radomirci, das Wach-Haus und die Süd-Seite von Teliš. Dieser Vorposten-Dienst war sehr anstrengend; fast fortwährend fanden Scharmützeln mit dem sehr nahe gegenüber stehenden Feind statt, so dass die Pferde der Brigade fast drei Tage (25. bis 27.) gesattelt blieben.

Die Kaukasus-Kosaken-Brigade (Čerewin) stand weiter westlich am Isker, beobachtete Teliš von der West-Seite und gleichzeitig auch Radomirci.

Das Detachement des General Bremsen. — Der (am 24. October erfolgten) Einnahme des Dorfes Trnina und der Besetzung des diesen Ort dominierenden Berges wurde ein so hoher Wert beigelegt, dass am anderen Tag (25.) Großfürst Nicolaus in eigener Person nach Trnina kam, um dem General Bremsen und seinen Truppen zu danken. Die eroberte Höhe erhielt den Namen „Wolhynischer Berg."

Das Detachement unterhielt während der nächsten Tage ein ziemlich lebhaftes Shrapnel-Feuer gegen die Pertew bey tabija. Die beiden Gegner rückten einander mehrere Male so nahe, dass sie ins Handgemenge kamen.

Die Türken bei Pertew boy tabija fanden sich zur Abwechselung (vergl. Seite 116) wieder veranlasst, ihre 2 Feld-Geschütze gegen Gebirgs-Geschütze auszutauschen.

Generall. Skobelew unternahm am 25. October mit I Brigade der 16. Inft.-Division und der 1./30 Inft.-Brigade „nebst starker Artillerie" eine Demonstration, indem er abermals die Ryshaja gora besetzte. Zugleich sollten die dort begonnenen Befestigung-Arbeiten fortgesetzt und im Lauf des Tages beendet werden.

Die russischen Batterien unterhielten ein langsames Feuer. Die Türken verschossen etwa 30 Granaten, verursachten aber keine Verluste.

Am Abend rückten die Abtheilungen der 16. Inft.-Division wieder in das Reserve-Lager; die 1./30 Inft.-Brigade jedoch verblieb hinter den auf der Ryshaja gora erbauten Befestigungen, welche sie mit einer schwachen Vor-Truppe besetzte.

Da Generall. Totleben ein weiteres Vorrücken von der Stellung auf der Ryshaja gora aus nicht wünschte, ließ sich voraussehen, dass die Truppen längere Zeit an Ort und Stelle stehen bleiben würden. Kaltes Wetter war eingetreten, daher musste für Unterkunft und bessere Verpflegung der Truppen gesorgt werden.

Schon am 25. October wurde für die 16. Inft.-Division angeordnet, Erd-Hütten zu bauen, ohne jedoch die Lager-Plätze für die einzelnen Abtheilungen zu ändern.

<small>Die Erd-Hütten wurden für etwa 20 Mann eingerichtet und mit Öfen versehen; die Dächer mit Kukuruz-Stengeln bedeckt. In der Niederung baute man Küchen und Bäder, Schlacht-Plätze und Latrinen wurden eingerichtet.</small>

Endlich erkannte man auch die Nothwendigkeit, von den umliegenden Feldern Kukuruz zu ernten. Er wurde mit zur Speise verwendet, wodurch man es ermöglichte, einen 8-tägigen Vorrath von Zwieback zu gewinnen. —

Am 26. October machten Theile der 16. Infanterie-Division wieder eine Schein-Bewegung auf der Plevna-Lovča-Straße.

Um 2½ Uhr Nachmittag erhielt jedoch Generall. Skobelew in Folge eines Gerüchtes, dass die Türken nach der Sofia-Straße hin durchbrechen wollen, folgenden Befehl vom Generall. Totleben:

„Sie haben sofort mit der 16. Infanterie-Division und deren

„Artillerie-Brigade über Karakiöj nach Medeven aufzubrechen, von
„wo aus nach Umständen zu handeln ist, d. h. entweder sind die
„Truppen in Medeven (2. Brigade der 3. Garde-Infanterie-Division
„mit 3 Batterien) zu unterstützen oder der Feind ist in die Flanke
„zu fassen, wenn er die Flanke des General-Adjutanten Gurko angreift.
„Nöthigenfalls wird Ihnen gestattet, das Detachement des General-
„major Bremsen (mit den früher angeführten Truppen in Medeven
„identisch) unter Ihre Befehle zu stellen".

Zur Vertheidigung der Stellung auf der Ryshaja gora verblieben:
1./30 Inft.-Brigade, 3 Bataillone der 3. Schützen-Brigade, 3 schwere
Batterien der 2. Artillerie-Brigade, 3. Sappeur-Bataillon.

Auf jenen Befehl hin wurden die Truppen der 16. Inft.-Division
alarmiert. Es sollte mitgenommen werden: Zwieback auf 3 Tage; –
vom Train (die Patronen-Wägen zur Truppe gerechnet) nur je ein
Fahrzeug für die Officiere eines jeden Bataillons bezw. jeder Batterie,
und die Lazareth-Wägen; — bei der Artillerie bloß 2 Munitions-
Wägen per Batterie; an Schanzzeug 250 Spaten, 25 Schaufeln und
25 Äxte per Bataillon.

Gekocht sollte in den auf den Munitions-Wägen befindlichen
Kesseln werden; — Arbeit-Abtheilungen im Lager zurück bleiben
und den Bau von Erd-Hütten weiter fortsetzen.

Um 3 Uhr Nachmittag rückte die Spitze der Colonne aus dem
Lager.

Die Marsch-Ordnung war folgende: 3. Sotnie des 34. Kosaken-
Regimentes; — 1./64 Bataillon (Kazan); — 4./16 Batterie; — 2./64
und 3./64 Bataillon; — 5./16 und 6./16 Batterie; — 1./63 und 2./63
Bataillon (Uglic); — 3 Batterien (1., 2., 3.) der 16. Artillerie-Brigade;
— 62. Infanterie-Regiment (Susdalski); — 61. Infanterie-Regiment
(Wladimir); — Lazareth-Wägen und Officiers-Train (die Patronen-
Wägen bei ihren Abtheilungen); — 3./63 Bataillon.

Die Division war aber noch nicht in die Marsch-Ordnung über-
gegangen, als ein abändernder Befehl eintraf. Die Division sollte an
Ort und Stelle bleiben und die Stellung auf der Plevna-Lovča-Straße
weiter befestigen.

Am 26. October wurde auf der Ryshaja gora eine Beobachtungs-
Leiter aufgestellt (sie war der Belagerungs-Batterie entlehnt). Für die
Beobachtung wurden Officiere bestimmt, welche ein besonderes „Be-
obachtung-Journal" zu führen hatten.

Am 27. October, nach dem Eintreffen der Disposition für
den 28. October (siehe Seite 126) traf General. Skobelew seinerseits
folgende Anordnungen:

Der Commandant der 1./30 Inft.-Brigade (General Poltorazki)
hat seine Truppen hinter der Ryshaja gora an einer „in wirtschaft-
licher Beziehung geeigneten" Stellung lagern zu lassen, — die Vertheidigung der Ryshaja gora zu übernehmen, und diese täglich mit

1 Bataillon und 1 vierpf. Batterie der 16. Artillerie-Brigade besetzen zu lassen.

Das 9., 10. und 11. Schützen-Bataillon haben Učindol zu besetzen. Dieses Dorf ist in Bataillons- und Compagnie-Abschnitte zu theilen; Alarm-Plätze sind zu bestimmen. Diese 3 Bataillone bilden so die besondere Reserve für die Besatzung der Befestigungen auf der Ryabaja gora.

Die übrigen Truppen — 16. Inft.-Division (exclus. einer leichten Batterie), 1 Sotnie, 3 schwere Batterien der 2. Artillerie-Brigade, 3. Sappeur-Bataillon; zusammen 13 Bataillone, 1 Sotnie und 64 Geschütze — bilden die Haupt-Reserve für die in der vorderen Stellung befindlichen Truppen, oder werden eventuell zur Unterstützung des linken Flügel (Truppen jenseits des Vid) bezw. des rechten Flügel (4. und 9. Corps) verwendet.

Die Armee-Leitung. — Kaiser Alexander besuchte am 25. October die in Bogot etablierten Feld-Spitäler.

Von Medevan bis Bogot (zum Armee-Hauptquartier) wurde am 25. October die Telegraphen-Verbindung fertig.

Nachrichten über die Türken. — Durch einen bei Gornji Dubnjak gefangenen türkischen Officier erhielten die Russen sehr wertvolle Aufschlüsse über die Zustände in Plevna.

„Diese Nachrichten lauteten folgendermaßen: Ahmed Hifsi Pascha commandierte die Division (15 Tabors), von welcher 6 Tabors in Dolnji Dubnjak, 6 in Gornji Dubnjak und 3 in Telić standen. Ahmed war in Plevna zwei Monate, die letzten 15 Tage in Gornji Dubnjak.

„Als Ahmed in Plevna ankam, standen dort 59 Tabors. Dann kamen aus Lovča „5 Tabors, welche später in 5 Tabors uniformiert wurden. Aus Sofia kamen 20 Tabors „unter dem Commando des gestern in Gefangenschaft geratenen Hifsi Pascha. Im „ganzen also 84 Tabors. Davon sind in Gornji Dubnjak 6, in Telić 3, in Dolnji „Dubnjak 6 (letzteres ein Irrtbum!) gefangen genommen, in Plevna blieben 69 Tabors. „Die Tabors haben verschiedene Stärke, im Durchschnitt ist ein Tabor 700 Mann „stark. Die Cavallerie zählt 3 Regimenter an je 500 Mann. Čerkessen waren vorhanden „und zogen ab; es blieben ungefähr 100 bis 200. Die Truppen zählen etwa „55.000 Mann, ½ Nizam, ½ Redif und ½ Mustafiz. Es sind vier arabische Bataillone „vorhanden".

In Plevna sind 67 vier- und sechs-pfündige Feld-, 14 Gebirgs-Geschütze und 4 Geschütze von kleinem Caliber vorhanden; davon befinden sich 2 oder 3 in Telić und 2 in Dolnji Dubnjak (so war es vor 15 Tagen); von größerem Caliber als 6-pfündigem gibt es keine Geschütze in Plevna.

Als Ahmed in Plevna ankam, gab man den Soldaten 1·227 kg Brot und 306·75 g Fleisch. Vor 15 Tagen begann man 0·818 kg Brot (die Hälfte Zwieback) und etwas mehr als 204·5 g Fleisch pro Mann zu verausgaben.

Brot und Zwieback ist noch für 15 bis 20 Tage vorhanden. Vieh befindet sich wenig dort; die Einwohner haben viel mitgenommen. Von den 4.000 Einwohnern sind nicht mehr als 1.000 zurück geblieben. Unlängst wurden 4.000 Verwundete nach Sofia gebracht; es blieben ungefähr 4.500 Verwundete und 500 bis 600 Kranke zurück.

Artillerie-Geschosse sind viel vorhanden, Patronen aber bei weitem mehr. Der Haupt-Munitions-Raum ist in der Moschee; sie kann von den Geschossen der an der Lovča-Straße aufgestellten Batterien erreicht werden.

Unter den Officieren sagt man, dass Osman Pascha sich geäußert hat, dass er in Plevna, sowait irgend möglich, bis zum letzten Augenblick bleiben und lebend es nicht verlassen würde. Adil Pascha (Chef des Stabes), Ferial Pascha, Atuß Pascha waren bis jetzt nicht in der Schlacht und werden sich schwerlich gut halten. Zwei Pascha's, welche sich bis jetzt in den Schlachten ausgezeichnet haben, sind verwundet und nach Sofia gebracht worden.

Die Officiere wünschen das Ende des Krieges; die Soldaten sagen nichts.

Am besten bemächtigt man sich Plevna's wenn man die Redouten, welche die Türken dem General. Skobelew am 12. September entrissen haben, nimmt. Dann ist es schwer und fast unmöglich, sich zu halten.

Nur ein Engländer ist dort; man ließ Osman Pascha gestern nicht wissen, dass wir angegriffen wurden.

Vor 15 Tagen kamen aus Orhanje nach Teliš 20 Tabors: sie giengen aber wieder zurück, weil sie fürchteten, auf dem weiteren Marsch angegriffen zu werden. In Sofia sind 4 Tabors; in Vidin keine (?) Truppen. In Plevna erwartet man keine Verstärkungen.

Seit der Einnahme von Gornji Dubnjak bezw. seitdem auch im Rücken der Armee Osman Pascha's eine zusammen-hängende Vorposten-Linie etabliert war, wurden fast täglich einzelne Türken gefangen, welche sich von Plevna aus durch die russischen Vorposten zu schleichen versucht hatten, um an Chefket Pascha schriftliche oder mündliche Weisungen Osman Pascha's zu bringen. Aus den auf diese Art erlangten Nachrichten ergab sich, dass Osman Pascha völlig richtig erkannt hatte, welche gewaltige Bedeutung für ihn der Fall von Gornji Dubnjak habe.

Operations-Plan des Generall. Totleben. — Die schweren Verluste, welche die russischen Truppen beim Sturm auf Gornji Dubnjak erlitten hatten, überzeugten den Generall. Totleben nur noch mehr von der Richtigkeit des von ihm gefassten Entschlusses, Plevna durch eine Blockierung zu nehmen. Unter dem 27. October setzte er dem Generall. Gurko seinen Operations-Plan aus einander und begründete denselben wie folgt:

„Um sich in den Besitz von Plevna zu setzen, und hauptsächlich „um den Widerstand der Armee Osman Pascha's zu brechen, muss „man von zwei Mitteln das eine wählen: entweder den Sturm der „feindlichen Werke oder die Blockade. Bis jetzt ist es auf die erstere „Art mehrere Male versucht worden, und trotz großer Verluste haben „wir den Feind nicht überwunden. Jetzt hat sich der Gegner gegen „früher noch mehr befestigt, und neue Sturm-Versuche unsererseits „würden nur außerordentliche Verluste nach sich ziehen, ohne irgend „eine Wahrscheinlichkeit des Erfolges für sich zu haben. Aus diesem „Grund und namentlich jetzt, wo wir genug Truppen haben, um den „Feind in Plevna von allen Seiten einzuschließen, so dass unbedingt „keine Verpfleg- und Munition-Zufuhr zu ihm gelangen kann und wir „ihn folglich zur Übergabe zwingen können, ohne zu stürmen und „ohne große Opfer unsererseits, — ist es unbedingt nothwendig, uns „fast ausschließlich auf seine Blockierung zu beschränken. Außerdem „wird der Feind, durch unsere enge Blockierung zum Äußersten „gebracht, versuchen, und zwar mit allen Kräften, unsere Blockade- „Linie zu durchbrechen; wir müssen also dann imstand sein, ihn „gebührend zu empfangen und zu dem Ende unsere Kräfte schonen.

„Auf Grund dieser Erwägungen habe ich es für unbedingt nothwendig
gehalten, das System der engen Einschließung Plewna's, d. h. seine
„Blockierung, jedem anderen Verfahren vorzuziehen, und auf meinen
„Bericht an den Kaiser haben Se. Majestät geruht, diesen Operations-
„Plan gutzuheißen."

Entschluss und Vorbereitungen zum Angriff auf Teliš. — Das
vom Generall. Totleben (am 27.) aufgestellte Princip, gegen Plewna
die Blockade anzuwenden, schloss durchaus nicht das Bestreben aus,
sich der noch von den Türken besetzten Positionen bei Teliš und
Dolnji Dubnjak zu bemächtigen.

Es erschien für diesen Zweck nöthig, rasch den ersten Eindruck
des Sieges auszunutzen. Hiezu forderte auch der Umstand auf, dass
in taktischer Beziehung die derzeitige Lage der Garde eine üble
war. „Hier ist zu wenig Luft!", so resumierte Generall. Gurko in
Kürze alle Nachtheile, welche seine momentane Stellung hatte. —

Man beschloss daher, am 28. October Teliš anzugreifen.

Teliš hatte — so wie Dolnji Dubnjak — eine Besatzung von
6 bis 7 türkischen Bataillonen, einigen hundert Cerkessen und 4 Geschützen. Das Wach-Haus an der Straße, 5 km südlich von Teliš, war
ebenfalls befestigt, mit einigen Schützen-Gräben umgeben und von
Infanterie besetzt. Bei Radomirci standen starke Abtheilungen
Infanterie und Cavallerie, die Avantgarde bezw. Arrièregarde Chefket
Pascha's.

Am 27. October unternahm Generall. Gurko mit Officieren
des Generalstabes und der Artillerie, unter dem Feuer der feindlichen
Vorposten, eine Recognoscierung der Umgebung von Teliš. Es wurde
beschlossen, zur Vermeidung unnützer Verluste an Mannschaft die
Eroberung der türkischen Position bei Teliš nur durch Artillerie zu
bewirken. „So unausführbar (?) dies bei Gornji Dubnjak gewesen wäre":
bei Teliš konnte es gelingen; denn, im Gegensatz zu der Umgebung
von Gornji Dubnjak, begünstigte der Charakter des Teliš umgebenden
Terrain ein derartiges Unternehmen; auch konnte man auf den
moralischen Eindruck rechnen, welchen die Eroberung von Gornji
Dubnjak auf die Türken gemacht haben musste.

Der Plan für die Einnahme von Teliš gipfelte in Folgendem:
4 Garde-Regimenter (Moskau und Grenadiere der 2., Kexholm und
Petersburg der 3. Garde-Infant.-Division) mit 6 Fuß-Batterien, die 3.
Garde-Cavallerie-Brigade mit 2 reitenden Garde-Batterien, nebstdem
die reitende Batterie der Kaukasus-Kosaken-Brigade (im ganzen also
16 Bataillone, 8 Escadronen und 66 Geschütze) haben die Einschließung
der Türken zu bewirken, — die 1. und 2. Garde-Cavallerie-Brigade
gegen Süd (Radomirci) zu beobachten.

**Anordnungen für die Mitwirkung der Einschließungs-
Armen.** — Um bei dem Angriff auf Teliš von den Stellungen bei

Plevna mitzuwirken, ordnete Generall. Totleben (am 27. October) Folgendes an:

Aus der 16. Inft.-Division, der 1./30 Inft.-Brigade, 3 Schützen-Bataillonen (9., 10., 11.), ferner 1 Sotnie Kosaken, den 3 schweren Batterien der 2. Artillerie-Brigade und dem 3. Sappeur-Bataillon (zusammen 22 Bataillone, 1 Sotnie, 72 Geschütze) wurde das „Plevna-Lovča-Detachement" unter Befehl des Generall. Skobelew (Generalstab-Chef Capitän Kuropatkin) gebildet.

Dasselbe sollte die Türken aufhalten, wenn sie auf der Lovča-Straße angriffen, am 28. October einen Schein-Angriff machen, wenn die Türken nicht vorgiengen, und überhaupt eine bewegliche Reserve bilden, um auf die Sofia-Straße oder Medeven vorzurücken, je nachdem Osman Pascha in dieser oder jener Richtung vorstieße.

Aus dem 9. Corps wurde eine Brigade der 5. Division als bewegliche Reserve ausgeschieden, welche täglich nach dem Großfürsten-Berg zu rücken hatte. Wenn das Detachement Skobelew abrücken sollte, so war diese Brigade bestimmt, die Plevna-Lovča-Straße zu besetzen.

Allen Truppen der West-Armee-Abtheilung wurde befohlen, am 28. October von Tages-Anbruch bis zur Dämmerung vollständig gefechts-bereit zu sein. Die Batterien sollten um 6 Uhr morgens das Feuer eröffnen und es bis 3 Uhr Nachmittag fortsetzen.

2. Einnahme von Teliš, am 28. October.

Während die 1. und 2. Garde-Cavallerie-Brigade gegen Süd zu beobachteten, wurde Teliš selbst am Morgen des 28. October von den 4 Regimentern (16 Bataillonen) der 2. u. 3. Garde-Infanterie-Division (vergl. Angriffs-Plan, Seite 125) und von der 3. Garde-Cavallerie-Brigade auf allen Seiten eingeschlossen.

6 Fuß-Batterien (der 2. und 3. Garde-Artillerie-Brigade), 2 reitende Garde-Batterien (2. und 5.) und 1 reitende Batterie der kaukasischen Kosaken-Brigade — im ganzen 66 Geschütze — placierten sich zur Beschießung von Teliš.

Es wurden entwickelt: gegen die Nord- sowie gegen die Ost-Seite von Teliš je 1 Garde-Infanterie-Brigade und je 3 Fuß-Batterien; gegen die Süd-Seite die 2. und 5. reit. Garde-Batterie; gegen die West-Seite die Kosaken-Batterie (unter dem Schutz der Kosaken-Brigade).

Für die Batterien, welche im Terrain keine Deckung fanden, wurden in Eile Geschütz-Emplacements hergestellt. Zur Ermöglichung eines sehr schnellen Feuers theilte man den Batterien diejenige Cavallerie-Mannschaft zu, welche im Frieden in der Geschütz-Bedienung ausgebildet worden war.

Um 11 Uhr Vormittag begannen die 66 Geschütze die Beschießung mit Granaten und Shrapnels.

Um 2 Uhr sendete Generall. Gurko einige der bei Gornji Dubnjak gefangenen Türken mit der Aufforderung zur Übergabe nach Teliš, unter Androhung, falls die Übergabe nicht binnen einer halben Stunde erfolgt sei, alles zusammen schießen lassen zu wollen.

Ismail Haki Pascha gab sich hierauf (2¹/₂ Uhr) mit der ganzen Besatzung (10 Officiere, 3.000 Mann) kriegsgefangen; 4 Geschütze und ganz außerordentlich große Vorräthe an Patronen fielen den Russen in die Hände. Die Gefangenen wurden in die große Redoute von Gornji Dubnjak überführt (unter ihnen befanden sich auch 4 Engländer, welche angeblich zum Sanitäts-Personal des „rothen Halbmond" gehörten).

Einige hundert Baśibozuk's machten einen Flucht-Versuch; fast die Hälfte derselben wurde vom Garde-Uhlanen-Regiment nieder gemacht.

Charakteristisch sind die Worte, mit denen Haki Pascha sein Verhalten rechtfertigen wollte, indem er auf das Beispiel hinwies, welches ihm der in Gornji Dubnjak commandierende Pascha gegeben habe: „Wenn mein Commandant sich ergeben hat, warum soll ich da nicht auch capituliren?"

Die Verluste der Russen betrugen höchstens 30 Mann an Todten und Verwundeten; dagegen lagen zahlreiche türkische Leichen in den arg zerschossenen Befestigungs-Werken umher.

Das Innere der Verschanzungen von Teliš zeigte, wie verheerend das Bombardement gewirkt hatte; überall war der Boden von den russischen Granaten durchfurcht worden.

Gefecht südwestlich von Teliš. — General Leonow stand mit der 1. und 2. Garde-Cavallerie-Brigade auf den Höhen nördlich von Rakita, und hatte die Aufgabe: durch seine 2 reitenden Batterien (2. und 5.) an der Beschießung von Teliš wenigstens theilweise mitzuwirken, mit seinem Gros den eventuellen Anmarsch türkischer Verstärkungen von Süd her aufzuhalten und das Entkommen der Besatzung von Teliš nach Süd hin zu verhindern.

Die Türken hielten die 5 *km* südwestlich von Teliš gelegene Karaula (ein befestigtes Wach-Haus) besetzt.

General Leonow disponirte Folgendes: das Dragoner-Regiment bleibt bei Rakita, Front nach Süd (gegen Radomirci); — rechts von ihm führt die 5. reitende Garde-Batterie unter dem Schutz 1 Escadron „reitender Grenadiere" gegen die Karaula auf; — weiter rechts setzt sich die 2. reitende Garde-Batterie unter Bedeckung von 2 Escadronen Uhlanen gegen die Süd-Front von Teliš ins Feuer. — Der Rest der beiden Brigaden (3 Esc. des Grenadier-, 2 Esc. des Uhlanen- und das ganze Husaren-Regiment; zusammen 9 Escadronen) bleibt hinter dem Dragoner-Regiment in Reserve.

Das um 10 Uhr Vormittag eröffnete Feuer der 5. reit. Garde-Batterie veranlasste die Türken in kurzer Zeit die östlich von „Karaula" befindlichen Schützen-Gräben zu räumen.

Bald darauf bemerkte General Leonow, welcher sich bei der Reserve aufhielt, dass jenseits der Sofia-Straße russische, durch Artillerie unterstützte Reiter-Abtheilungen mit türkischen Truppen (Infanterie und Artillerie), welche aus der Richtung von Radomirci die Gegend südlich der Karaula erreicht hatten, in lebhaftem Gefecht standen. (Es kann dies nur die Kaukasus-Kosaken-Brigade gewesen sein; ausdrückliche Angaben und Details darüber fehlen.)

Um jene Reiter-Abtheilungen zu unterstützen, entsendete General Leonow von der Reserve 2 Escadronen dorthin. Diese erreichten, wiewohl sie scharf ritten, das Kampf-Feld erst nachdem die Kosaken-Brigade, dem heftigen Drängen der türkischen Infanterie weichend, den Rückzug gegen Kojnare angetreten hatte; sie schlossen sich dann der Brigade an, und waren somit vom Gros der Garde-Cavallerie getrennt.

Nachdem die Türken den gegen ihren linken Flügel gerichteten Angriff abgewiesen hatten, giengen sie ihrerseits zum Angriff auf die bei Rakita stehenden Russen über, u. zw.: ihre Infanterie durch das mit Buschwerk bedeckte Gelände gegen die Stellung der 5. reit. Garde-Batterie, während dichte Schwärme čerkessischer Reiter die gegen Teliš feuernde 2. reit. Garde-Batterie bedrohten.

Die zur Deckung dieser letzteren Batterie bestimmten, mit der Front gegen Teliš aufgestellten 2 Escadronen machten Kehrt gegen die Čerkessen; zugleich rückten die bei Rakita noch in Reserve befindlichen 7 Escadronen in den Raum zwischen beiden Batterien, also ebenfalls gegen die Čerkessen vor.

Noch bevor diese Verstärkung heran kam, giengen die Uhlanen zur Attaque über: die 4. Escadron in Carrière voran, die 3. Escadron folgte in Trab. Die (circa 150) Čerkessen empfiengen den Angriff mit lebhaftem Feuer aus ihren Magazin-Gewehren, machten dann aber, plötzlich rechts und links ausweichend, die Front einer Infanterie-Linie frei, welche, hinter einer Terrain-Deckung und Mais-Haufen aufgestellt, ein heftiges Feuer auf die Uhlanen eröffnete. Letztere — förmlich in einen Hinterhalt gerathen — jagten aber jetzt um die Flügeln der Infanterie herum, fielen von der Seite über sie her und machten sie zum größten Theil nieder.

Beim weiteren Vorrücken in der Richtung auf die Karaula geriethen die Uhlanen auf ein von feindlicher Infanterie besetztes dichtes Buschwerk, worauf sie in kurzem Trab bis zu ihrer anfänglichen Aufstellung zurück wichen.

Als unterdessen das Gros der Cavallerie (7 Esc.) zwischen Teliš und der Karaula die Straße erreichte, traf die Nachricht ein, dass Teliš genommen sei. Kleine Abtheilungen der Besatzung, welche nach

Süd zu entkommen versuchten, wurden von der russischen Cavallerie ereilt und nieder gehauen.

Die 2. reit. Garde-Batterie richtete ihr Feuer nun ebenfalls gegen die Karaula, welche bald darauf von den Türken geräumt wurde. Alle sichtbar gewesenen türkischen Truppen überhaupt zogen gegen Süd ab.

Im ganzen dürften der 1. und 2. Garde-Cavallerie-Brigade an türkischen Truppen wohl nicht mehr als 550 Mann Infanterie und 200 irreguläre Reiter gegenüber gestanden sein.

Die Verluste der beiden Cavallerie-Brigaden betrugen (an Todten und Verwundeten) 3 Officiere, 16 Mann und 51 Pferde.

Die Gesammt-Verluste der Russen im Gefecht bei Teliš beziffern sich also auf: 4 Officiere, 46 Mann und 51 Pferde; — jene der Türken sind nicht bekannt.

Verfügungen unmittelbar nach dem Gefecht. — Um Teliš gegen Radomirci hin zu sichern, wurde die 3. Garde-Cavallerie-Brigade beauftragt, Vorposten à cheval der Sofia-Straße aufzustellen, was sie noch vor Einbruch der Nacht ausführte. Die Kaukasus-Kosaken-Brigade hatte den Terrain-Abschnitt zwischen Sofia-Straße und Isker-Fluss in der Höhe von Teliš zu sichern.

Die 1. und 2. Garde-Cavallerie-Brigade dagegen giengen in der Nacht in das Biwak zwischen Rakita und Svinar.

Am nächsten Tag sollte die 3. Garde-Cavallerie-Brigade die bei Radomirci beobachteten und nun — allen Nachrichten zufolge — von dort sich auf der Sofia-Straße weiter zurück ziehenden türkischen Truppen verfolgen.

3. Ereignisse auf dem rechten Vid-Ufer am 28. October.

Das Bombardement auf Plevna geschah an diesem Tag aus allen russischen und rumänischen Geschützen der Einschließung-Armee, um die Aufmerksamkeit Osman Pascha's von den Vorgängen am linken Ufer abzulenken. Es wurden im ganzen circa 4.700 Schüsse abgegeben (20 bis 30 per Geschütz). Die Türken beantworteten das Feuer mit etwa 100 Schüssen.

An diesem Tag wurde auch die Artillerie-Stellung gegenüber den Opanec-Redouten zum ersten Mal besetzt (was sich von nun an täglich wiederholte; abends gieng man aber immer wieder in die Stellung der 4. rumänischen Division zurück).

General Skobelew unternahm am 28. October, auf Befehl des Generall. Totleben, wieder Schein-Bewegungen. Die Art ihrer Ausführung war dieselbe, wie an den vorhergehenden Tagen, nur wurde eine größere Anzahl Geschütze verwendet und daher mehr geschossen; unter anderem fuhren 6 Batterien auf und gaben auf ein Signal des Brigadier eine Salve.

Außerdem unternahm Generall. Skobelew mit seinem Stab und 1 Sotnie Kosaken von der Ryshaja gora aus eine Recognoscierung nach dem ersten Kamm der „grünen Berge". Er warf die Reiter-Posten der Türken zurück und constatierte, dass der erste Kamm nur sehr schwach besetzt sei. Als Skobelew wieder zurück ritt, nahmen die türkischen Posten wieder ihre alten Plätze ein.

Die Stellung der Vor-Truppen Skobelew's auf der Ryshaja gora (siehe Seite 122/123) war bis 28. October für 12 Compagnien und 16 Geschütze ausgebaut worden. —

Beiläufig 2 km westlich des „Reserve-Lager" biwakierte die 9. Cavallerie-Division; es bestand aber in keiner Weise irgend welche Verbindung zwischen ihr und dem „Plevna-Lovča-Detachement". Der Ober-Commandierende — Großfürst Nicolaus — machte bei Besichtigung der von den Truppen Skobelew's inne habenden Stellung darauf aufmerksam und befahl letzterem, den General Loškarew daran zu erinnern, dass die 9. Cavallerie-Division zwischen den Truppen des Plevna-Lovča-Detachement und dem bei Medeven stehenden General Bremsen die Verbindung aufrecht zu erhalten habe.

In Ausführung dieses Befehles richtete Generall. Skobelew am 26. October folgendes Schreiben an den General Loškarew:

„Ich habe die Ehre, Euere Excellenz zu benachrichtigen, dass, „auf persönlichen Befehl Sr. Hoheit des Ober-Commandierenden, die „Ihnen unterstellten Truppen die Verbindung zwischen dem von mir „commandierten Detachement und der 2. Brigade der 3. Garde- „Division des Generalmajor Bremsen, welche in Medeven steht, auf- „recht erhalten sollen. In Rücksicht darauf, dass die 3. Schützen-Brigade „das Dorf Učindol und die Avantgarde des General Bremsen die „Höhen vorwärts Trnina besetzt haben, ist es sehr wünschenswert, dass „eine Cavallerie-Abtheilung das Dorf Kartužaven besetzt.

„Ich bitte Euere Excellenz um Benachrichtigung, in welcher „Richtung die Cavallerie-Vorposten der Ihnen unterstellten Truppen „stehen, wo die Hauptwachen und Reserven sich befinden. Gleichfalls „bitte ich, mich von allem, was auf Seite des Feindes bemerkt „wird, nicht unbenachrichtigt zu lassen."

Aus diesem Schreiben ist ersichtlich, dass Generall. Skobelew, welcher schon vier Tage auf der Lovča-Plevna-Straße stand, über die Aufstellung der ihm zunächst stehenden Truppen keine Nachrichten hatte, obwohl General Loškarew ihm solche schon am ersten Tage hätte zukommen lassen müssen.

Meritorisch war das dem General Loškarew übersendete Schreiben wohl zutreffend, aber dasselbe umgieng den vorgeschriebenen Dienst-Weg. Jedenfalls hätte Skobelew gleichzeitig auch dem Generall. Totleben Meldung von dem ihm seitens des Ober-Commandierenden ertheilten Befehl machen sollen. Dies war jedoch nicht geschehen und gab — wie wir bald sehen werden — Anlass zu recht unliebsamen Controversen.

4. Ereignisse vom 29. October bis 1. November.

Armee-Leitung. — Generall. Totleben ließ es sich nun, da nach Annahme seines Operations-Planes vom 27. October die Truppen zur Unthätigkeit verurtheilt waren, besonders angelegen sein, eine feste innere Ordnung herzustellen, die Truppen-Stände zu ergänzen, die Verpflegung und Ausrüstung zu verbessern, in sanitärer Beziehung günstige Verhältnisse zu schaffen, und so viel wie möglich den Dienst zu erleichtern.

Der weitere Verlauf der Ereignisse vor Plevna hieng, nachdem die Blockade zum Princip erhoben worden war, lediglich von der Menge Verpflegs-Mitteln ab, welche Osman Pascha noch zur Verfügung hatte. Man vermuthete, dass die Vorräthe in Plevna nur noch für zwei, höchstens aber für drei Wochen ausreichen dürften; genauere Kenntnis hierüber besaßen die Russen jedoch nicht.

Viele der Unter-Commandanten veranschlagten die in Plevna noch vorhandenen Vorräthe als für sechs Monate (!) hinreichend und wollten, abgesehen von der Blockierung, gegen die wichtigsten Werke mit dem abgekürzten Angriff vorgehen. Sie meinten, dass die Haupt-Masse der Donau-Armee sonst möglicher Weise bis zum Frühjahr an Plevna gekettet bleiben würde.

Nur Generall. Totleben beharrte bei der Ansicht, dass ein längerer Widerstand der Türken nächst Plevna nicht möglich sei, und hielt an seinem einmal gefassten Entschluss entschieden fest.

Die türkischen Gefangenen bildeten für die Russen eine nicht geringe Verlegenheit. Großfürst Nicolaus befahl, sie — mit Ausnahme der Officiere — zu entlassen, worauf jedoch alle Gefangenen baten, ihnen dies nicht anzuthun; sie trauten sich nicht zurück, weil sie in ihrer Armee als Capitulanten nichts Gutes zu erwarten hatten. (Osman Pascha soll eine drakonische Disciplin gehandhabt haben.) Es war aber den Russen schwer, die Gefangenen zu ernähren; sie wurden schließlich behalten und nach Rußland gesendet.

Aus Plevna verjagte bulgarische Familien kamen in letzter Zeit bereits in ganzen Gruppen bei den russischen Vorposten an; Osman Pascha wollte sich ihrer als „unnützer Consumenten" entledigen. Am 29. October ergieng daher vom Armee-Ober-Commando an alle Commandanten der vordersten Linien der Befehl: Einwohner aus Plevna nicht mehr passieren zu lassen. Die armen Kerle mussten daher von nun an wieder umkehren, und man kann sich vorstellen, welche Behandlung sie nach der Rückkehr in Plevna erfuhren.

Änderungen in den Commando-Verhältnissen. — Am 29. October sendete General Loškarow eine Abschrift des ihm tags zuvor (siehe Seite 130) vom Generall. Skobelew zugekommenen Schreiben an den Stab der West-Armee-Abtheilung.

Hiefür erhielt Skobelew noch am selben Tag vom Generall. Totleben einen ganz regelrechten Verweis folgenden Inhaltes:

„Der General Loškarew reichte mir eine Abschrift der Äußerung „Eurer Excellenz vom 28. October ein, worin Sie ihm den persön„lich von Sr. Kaiserlichen Hoheit dem Ober-Commandierenden erhal„tenen Befehl in Betreff der Aufrechterhaltung der Verbindung zwischen „der Brigade des Generalmajor Bremsen und des Ihnen unterstellten „Detachement durch die Truppen der 9. Cavallerie-Division mittheilen.

„Da ich darin einen Verstoß gegen die Dienst-Ordnung sehe, „so befehle ich für die Folge, dass, im Fall Sie persönlich einen „Befehl des Ober-Commandierenden oder des Chef des Stabes erhalten, „Sie mir davon unverzüglich Meldung machen."

Gleichzeitig damit übersendete Generall. Totleben dem Chef des Stabes der Armee, General Nepokoitšitzki, folgenden Brief:

„Der Generalmajor Loškarew legte mir eine Abschrift eines „vom Generall. Skobelew erhaltenen Schreiben vor. Es ist ihm darin „der eigene Befehl Sr. Kaiserlichen Hoheit des Ober-Commandierenden „übermittelt, welcher die dem General Loškarew unterstellte Cavallerie „betrifft; unabhängig davon, erfuhr ich heute, dass der General-„Adjutant Gurko den directen Befehl erhielt, aus Plevna keinen Ein„wohner heraus zu lassen. In Anbetracht, dass die von dem Ober-„Commandierenden direct an die Truppen der West-Armee-Abtheilung „erlassenen Befehle mich übergehen und dadurch mein Ansehen als „Commandant dieser Truppen untergraben, gegen die Dienst-Ordnung „verstoßen und unvermeidlich zu Missverständnissen führen werden, „welche einen verhängnisvollen Einfluss auf den Erfolg haben können, „sehe ich mich gezwungen, Euere Excellenz zu bitten, darüber dem „Ober-Commandierenden Meldung erstatten zu wollen und Seine „Hoheit zu bitten, dass alle seine an die Truppen der West-Armee-„Abtheilung oder deren Commandanten gerichteten Befehle nur durch „mich übermittelt werden, weil ich anderen Falles jede Verantwortung „für den Erfolg der mir übertragenen Aufgabe von mir abweise."

Der Ober-Commandierende der Donau-Armee konnte sich nicht damit einverstanden erklären, dem Generall. Totleben alle bei Plevna versammelten Truppen zu unterstellen, indem ein Theil derselben bereits seine Operationen nach West und Südwest auszudehnen hatte. In Folge dessen erhielt Generall. Totleben vom Ober-Commandierenden folgende Antwort:

„Eduard Iwanowitsch! Dadurch, dass die Garde auf die Sofia-„Straße vorgeschoben wurde, Gornji Dubnjak und Teliš genommen „sind, die Garde-Cavallerie über Teliš hinaus in der Richtung auf „Orhanje vorgerückt ist, so dass der Wirkungskreis des Lovča-Selvi-„Detachement sich nicht nur in Verbindung mit den die Balkan-Pässe „besetzt haltenden Truppen erweitert hat, endlich die 3. Grenadier-„Division eingetroffen ist, nimmt die Thätigkeit dieser Abtheilungen

„immer mehr und mehr einen operativen Charakter an, besonders in
„Bezug auf die eingehenden Nachrichten über die verschiedenen
„Bewegungen der türkischen Truppen-Detachements sowohl von Sofia
„wie auch von Vidin her.

„In Folge dessen erachte ich es, nachdem ich mich zu den Truppen
„der West-Armee-Abtheilung begeben habe, für unbedingt nothwendig,
„persönlich alle Operationen, welche auf dem westlichen Krieg-Schauplatz
„vorkommen können, zu leiten, unter Hinblick darauf, dass durch die
„verschiedenen oft in das Einzelne gehenden Anordnungen dieser
„Operationen die Aufmerksamkeit Euerer Excellenz von der haupt-
„sächlichen, schwer wiegenden und sehr mühevollen Aufgabe, die
„Blockierung des befestigten Plevna-Lager zu einer für den Gegner
„undurchdringbaren zu machen, nicht abgezogen werde; bei der
„Lösung dieser Aufgabe ist Ihre schätzenswerte Kunst und Erfahrung
„unersetzlich. Zu dem Ende habe ich es, während meiner Anwesen-
„heit hier, für unerlässlich gehalten, die auf dem westlichen
„Krieg-Schauplatz operierenden Truppen in drei Gruppen zu theilen:
„in ein Detachement, welches Plevna unmittelbar blockiert; in ein De-
„tachement, welches auf dem linken Vid-Ufer operiert; in ein Selvi-
„Lovča-Detachement.

„Das erste Detachement soll aus den Truppen bestehen, welche die
„eigentliche West-Armee-Abtheilung gebildet haben, nämlich aus den
„Truppen der rumänischen Armee, dem 4. und 9. Corps und den
„zucommandierten Truppen. Diese Armee-Abtheilung steht unter dem
„Ober-Befehl des Fürsten Carol von Rumänien und unter der unmittel-
„baren Leitung und zur Verfügung Euerer Excellenz, als seines
„Gehilfen.

„Das zweite Detachement steht unter dem Befehl des General-
„Adjutanten Gurko und besteht wie bisher aus den Truppen, welche auf
„dem linken Vid-Ufer operieren; außerdem ist dem Generall. Gurko
„das Detachement des General Bremsen (2. Brigade der 9. Garde-
„Inft.-Division in Medeven) und die Cavallerie des General Loškarew
„zugewiesen. Dieses Detachement wird für alle Operationen von mir
„persönlich und durch den Feldstab der Armee Befehle erhalten.
„Alle Maßnahmen jedoch, welche nach Ihrer Ansicht von diesen
„Truppen zur vollständigen Blockierung Plevna's unbedingt ergriffen
„werden müssen, werden zur Ausführung zu bringen sein; zu dem
„Ende werden Euere Excellenz über alle Ihre bezüglichen Erwägungen
„bei mir persönlich vorstellig werden oder dem Feldstab der Armee
„Mittheilung machen. Alle von Ihnen angeordneten Maßnahmen, um
„einerseits eine enge Verbindung zwischen den Truppen des Generall.
„Gurko und den unmittelbar zur Blockierung von Plevna bestimmten
„Truppen-Abtheilungen herzustellen, und anderseits — alle Ihre
„Anordnungen, welche die Truppen der 16. Infanterie-Division für
„den Fall, dass die Truppen des Generall. Gurko unterstützt werden
„müssen, erhalten haben, sowie auch die Anordnungen, wie jene

„Truppen auf der Lovča-Straße durch einen Theil der Truppen des „9. Armee-Corps zu ersetzen sind — behalten ihre Kraft.

„Das dritte Detachement soll aus der 3. Infanterie-Division und „den ihr zucommandirten Truppen unter Befehl des Generall. Karzow „bestehen und Befehle von mir persönlich durch den Feldstab der „Armee erhalten.

„Von allen diesen festgesetzten Maßnahmen wird gleichzeitig „den Generalen Gurko und Karzow Mittheilung gemacht werden. „Um alle Anordnungen für die rückwärtigen Verbindungen der De-„tachements der Generale Gurko und Karzow zweck-entsprechend „treffen zu können, bitte ich Euere Excellenz dem Feldstab der „Armee von dem Aufstellung-Ort aller Parks, aller Transporte und „der Trains, welche zu den Truppen auf dem westlichen Krieg-Schau-„platz gehören, sowie von allen Maßnahmen, welche Sie zur Sicher-„stellung der Verpflegung getroffen haben, Mittheilung machen lassen „zu wollen. Zum Schluss theile ich Ihnen mit, dass von allen Anord-„nungen, welche die Detachements der Generale Gurko und Karzow „betreffen, Sie ständig in Kenntnis gesetzt werden sollen. Ebenso „bitte ich, von allen als nöthig erachteten Maßnahmen für das „Blockierungs-Detachement, mir Meldung erstatten zu wollen."

Durch diese Verfügung traten nun bei Plevna — abgesehen vom Fürsten Carol als Commandanten der West-Armee-Abtheilung — zwei von einander unabhängige Commandanten der russischen Truppen auf: Generall. Totleben und Generall. Gurko.

Aufklärung der Verhältnisse westlich des Vid. — Um der Besatzung von Plevna vollkommen die Möglichkeit zu nehmen, aus Nordwest oder Südwest Hilfe zu erhalten, musste man zwischen Isker und Ogost, vor allem gegen die befestigte Stadt Rahova vorgehen, welche wegen ihrer freien Verbindung mit Vraca, Berkovica, Belogradčik und den Ortschaften donau-aufwärts bis Vidin als Truppen-Sammelpunkt für das westliche Bulgarien und die Gegenden südlich des West-Balkan dienen konnte.

Aufklärung gegen Rahova. — Die zwischen Vid und Isker stationierten Truppen des Oberst Slaniceanu wurden beauftragt, den Angriff auf Rahova vorzubereiten.

Am 29. October rückte in Folge dessen aus Gigen (am rechten Ufer des unteren Isker) eine Recognoscierung-Abtheilung (5 Compagnien Dorobanzen, 3 Escadronen Kalarasi und 2 Geschütze) gegen Kruševen und Vadin ab.

Diese letztere Ortschaft war durch eine mit Infanterie besetzte Redoute vertheidigt. — Die 2 rumänischen Geschütze gaben auf 1.800 m Entfernung Feuer, um den Feind zu zwingen, seine Kräfte zu entwickeln; die Dorobanzen rückten gegen die Redoute vor. Sogleich erwiderte die türkische Infanterie das Feuer; aber die gut gezielten rumänischen Granaten sprengten das Munitions-Depot der

Redoute in die Luft, und die Dorobanzen drangen bis auf 400 m
vor. Da hielten die Türken nicht länger Stand, sondern entflohen
nach Rahova. Eine Kalarasi-Escadron verfolgte sie.

Die Verluste der Türken betrugen 14 Todte, mehrere Verwundete
und 11 Gefangene; jene der Rumänen 3 Todte und 8 Verwundete.

Nachdem Oberst Slaniceanu in dieser Weise das Terrain zwischen
dem Isker und Rahova vom Feind gesäubert hatte, baute er für seine
Truppen eine Brücke über den Isker.

Aufklärung gegen Orhanje. — Am 30. October ließ
Generall. Gurko 1 Escadron des „Grenadier-Regimentes zu Pferd"
gegen Orhanje recognoscieren. Dieselbe stieß bei der Straßen-Brücke
nächst Radomirci auf 2 türkische Bataillone, welche — ohne sich zu
vertheidigen — die Flucht ergriffen, eine Strecke weit von der Garde-
Escadron verfolgt.

Nun rückte die 3. Garde-Cavallerie-Brigade bis in die Gegend
von Petreven und Blesničevo vor, und vertrieb die letzten Reste der
hier zurück gebliebenen Türken.

Jener Cavallerie-Brigade folgte als Rückhalt der General Brock
mit dem Regiment Moskau und der 4./2 Garde-Batterie nach
Teliš, von wo aus 1 Bataillon und 2 Geschütze nach Radomirci vorgeschoben wurden.

Inzwischen erhielt — da man die ganze 2. Garde-Cavallerie-
Division bei Mahalata vereinigen wollte — die Kaukasus-Kosaken-
Brigade den Befehl, nach Teliš zu rücken und unter das Commando
des General Brock zu treten, ferner bezüglich ihrer weiteren Thätigkeit den Auftrag: „Südlich von Radomirci Fühlung mit dem Feind
„zu halten, außerdem fortwährend über Toros mit den Patrouillen
„des Lovča-Detachement und über Čumakovci (wo eine Sotnie der
„Brigade aufzustellen war) mit der bei Mahalata stehenden und am
„linken Isker-Ufer streifenden Garde-Cavallerie Verbindung zu halten."

Am 31. October rückte die Brigade nach Teliš, am 1. November
nach Lukovit.

Die 3. Garde-Cavallerie-Brigade ihrerseits rückte nun nach
Mahalata (wo sie am 3. November eintraf).

Aufklärung gegen West. — Am 31. October wurden
2 Escadronen des Garde-Dragoner-Regimentes unter Commando des
Oberst Lichtanski über Kneža (15 km westlich von Mahalata) mit
dem Auftrag entsendet: die Gegend bis zum Skit-Fluss aufzuklären,
in derselben zu requirieren, endlich auch festzustellen, ob die dortige
Bevölkerung sich — wie es hieß — wirklich feindlich gegen die
Russen verhalte.

Das Ergebnis war, dass jenes Gerücht sich nicht bewahrheitete.
Die Bulgaren zeigten sich vielmehr überall behilflich und klagten nur,
dass ihnen türkische Requisition-Abtheilungen alle ihre Transport-
Mitteln genommen und diese gegen Vraca weggeschleppt haben.

Thatsächlich wurden keine Wägen vorgefunden, so dass es den Dragonern unmöglich war, Lebens-Mitteln und Fourage in das Divisions-Biwak zurück zu schicken.

Es stellte sich daher die Nothwendigkeit heraus, mit den Requisitionen noch weiter d. h. bis in die Gegend von Rahova, sowie bis zu den der Landstraße Rahova-Vraca zunächst gelegenen Ortschaften auszugreifen, aus denen die Türken noch nicht alle Transport-Mitteln weggeführt hatten, um solche für die eigenen Bedürfnisse aufzubringen.

Die 3. Grenadier-Division (General Danilow) traf am 31. October bei Seweret Tratenik ein und rückte am 1. November, um einen etwaigen Durchbruch Osman Pascha's zu verhindern, nach Gornji Metropolja.

Besetzung von Dolnji Dubnjak durch die Russen, am 1. November. — Nun war die Sofia-Straße von westlich Dolnji Dubnjak bis über Petreven hinaus in einer Ausdehnung von circa 35 km im sicheren Besitz der Russen. Es galt jetzt, die Einschließung von Plevna am linken Vid-Ufer noch durch die Einnahme von Dolnji Dubnjak zu vervollständigen.

Der türkische Oberst Vely Bey, Commandant in Dolnji Dubnjak, seinerseits hatte am 30. October an Osman Pascha (durch einen Boten, welchem es gelang, sich nach Plevna zu schleichen) die Meldung gesendet, dass er seit einigen Tagen ohne Nachrichten aus Gornji Dubnjak und Teliš sei, und deshalb um Instructionen für sein eigenes Verhalten gebeten.

Osman Pascha hielt es unter den obwaltenden Umständen für das Klügste, das Detachement von Dolnji Dubnjak nach Plevna einrücken zu lassen, und schickte den Befehl hiezu durch einen Čerkessischen Officier noch in derselben Nacht an Vely Bey.

Letzterer vereinigte im Lauf des 31. October seine Truppen und die mohamedanischen Einwohner des Ortes, und trat um 9½ Uhr abends seinen Marsch an, wobei er alle nur denkbaren Vorsichts-Maßregeln anwendete, um von den Russen nicht bemerkt zu werden. Es gelang ihm auch, ganz unbehelligt bis nahe an die Vid-Brücke und dann, nach einem kurzen Halt bis Plevna zu gelangen.

<small>Die Russen scheinen von diesem nächtlichen Marsch nichts bemerkt zu haben, wenigstens wird in dem uns vorliegenden Quellen-Material kein Wort darüber erwähnt. Türkische Angaben jedoch (Muzaffer) behaupten, dass Vely Bey, als er schon nahe der Vid-Brücke war, von den Russen angegriffen worden sei. Es heißt weiter hierüber: „Osman Pascha ließ sogleich einige Truppen aus Plevna heraus rücken, und der „Feind wurde nach ein-stündigem Kampf, während welchem sich die beiderseitigen „Cavallerie-Abtheilungen zu wiederholten Malen beschossen, zurück geworfen. Obwohl „die bei diesem Gefecht engagierten Truppen nicht zahlreich waren, gestaltete sich „dasselbe als eines der heftigsten vor Plevna." — Da wir nicht annehmen können, dass diese ganze Erzählung reine Erfindung sei, stehen wir hier vor einem ungelösten Dilemma; denn zweifellos hat General Gurko keine Meldung über die Räumung von Dolnji Dubnjak erhalten.</small>

Am 1. November ließ Generall, Gurko den Angriff auf Dolnji Dubnjak ausführen (welche Truppen hiezu verwendet wurden, ist leider nirgends ersichtlich). Die Batterien eröffneten das Feuer, — die Türken erwiderten es nicht. Man rückte vor und fand — die Position unbesetzt. Ein nicht sehr günstiges Zeugnis für die Thätigkeit jener Unmasse von Cavallerie, welche die Türken entwischen ließ!

<small>Die russischen Berichte streifen leicht über dieses Thema hinweg: „Bevor man „jedoch daran gieng (Dolnji Dubnjak anzugreifen), räumte der Feind in der Nacht „vom 31. October zum 1. November seine gefährdete Stellung freiwillig, und zog sich „ohne weiteres Gefecht in die Verschanzungen von Plevna zurück."</small>

Die Befestigungen von Dolnji Dubnjak waren gewaltiger und solider als jene von Gornji Dubnjak und Teliš gebaut. Sie bestanden, abgesehen von vorgeschobenen Logements, aus 4 sich gegenseitig vertheidigenden Redouten, welche sehr tiefe und breite Gräben mit fast senkrechten, rasen-bekleideten Escarpen hatten. Überdies war auch das Dorf selbst — eine čerkessische Colonie — in eine Festung verwandelt: ganz von einem hohen Wall umgeben, hatte auch noch jedes einzelne Haus des Dorfes eine besondere Umwallung.

In der Überzeugung jedoch, dass, trotz der fortifikatorischen Stärke von Dolnji Dubnjak, bei der nun eingerissenen Muthlosigkeit ihrer Vertheidiger auch diese Position dem Ansturm der russischen Garde nicht widerstehen werde, hatte Osman Pascha sehr richtig erkannt, dass ihm nur übrig bliebe, seine Truppen zu schonen, sei es zur Abwehr eines neuen Sturmes auf Plevna, sei es zu einem Durchbruchs-Versuch. Deshalb vereinigte er alle seine Kräfte in Plevna.

Dolnji Dubnjak wurde am 1. November von Gurko's Truppen besetzt. Diese giengen noch circa 2 km über den Ort gegen Plevna vor, und verschanzten sich auf 3.000 bis 4.000 Schritte von der Vid-Brücke; sie knüpften ihre Vertheidigungs-Linien an die Verschanzung-Arbeiten des rechten Vid-Ufer an.

Auf Seite der Türken hätte aus Radomirci, wo Chefket Pascha seit dem 24. October stand, leicht „ein zweites Plevna" werden können. (Unserer persönlicher Ansicht nach wäre für Chefket Pascha die Gegend von Lukovit, wo wir eine sehr gute Vertheidigung-Stellung mit der Front nach Nord fanden, am geeignetsten gewesen, um sich für einen neuerlichen, energischen Widerstand einzurichten.)

Aber nach dem Fall von Teliš nahm die allgemeine Muthlosigkeit derart zu, dass Chefket Pascha zunächst eiligst alle auf der Straße Radomirci-Teliš befindlichen Truppen an sich zog, und dann schleunigst nach Orhanje zurück wich. Seine Truppen hatten hiebei (siehe Seite 128) nur einige Scharmützeln mit russischer Cavallerie zu bestehen.

Mit dem Verlust von Gornji Dubnjak und Teliš war die Straße nach Sofia für die Türken verloren, zugleich auch die Hoffnung geschmälert, die in Plevna eingeschlossenen Truppen Osman Pascha's wieder frei zu machen.

Nachdem die türkische Regierung über die Einnahme von Goruji Dubnjak und Teliš Nachricht erhalten hatte, soll sie am 30. October (in welcher Weise ist uns nicht recht erklärlich) Osman Pascha die Erlaubnis gegeben haben: „unter Vernichtung aller Munitions- und Verpflegs-Vorräthe auf Orhanje abzurücken." Hiezu war es aber schon zu spät, — Osman Pascha konnte sich nur noch durchschlagen.

Am 31. October sendete Generall. Gurko 1 türkischen Officier und 4 türkische Soldaten, welche in Gefangenschaft gerathen waren, nach Plevna, um Osman Pascha zu verständigen, dass Goruji Dubnjak und Teliš im Besitz der Russen seien. Trotzdem diese Nachricht nicht überraschend kommen konnte, verursachte sie bei der Besatzung von Plevna doch eine bedeutende Niedergeschlagenheit; aber sie erschütterte nicht den Muth der Türken, welche fest entschlossen waren, bis zum Äussersten Widerstand zu leisten, und dabei nicht die Hoffnung aufgaben, durch die Armee von Sofia-Orhanje aus ihrer fatalen Lage befreit zu werden.

Mehemed Ali Pascha, nach seiner Abberufung vom Commando der Lom-Armee (2. October) in Constantinopel eingetroffen, war zu den Verhandlungen des Kriegs-Rathes bezüglich eines Entsatzes von Plevna aus West her beigezogen worden, und hatte hiebei erklärt, dass zur Durchführung dieses Planes mindestens 60 zuverlässige Bataillone, 10 Batterien und einige Cavallerie-Regimenter erforderlich seien. Woher diese Truppen genommen werden sollten, blieb zunächst unbestimmt, da die in der Bildung begriffenen „Armeen" von Adrianopel und Constantinopel für unvorhergesehene Fälle reserviert werden sollten.

Am 28. October erfolgte die Ernennung Mehemed Ali's „zum Ober-Befehlshaber aller Truppen in Bosnien", insgeheim aber hauptsächlich zum Commandanten der neu zu formierenden Entsatz-Armee von Sofia.

Bezüglich des Chefket Pascha hiess es, er sei krank; dann wieder, man wolle ihn, da seine Truppen in so nahe Berührung mit den Russen getreten waren, diese aber geschworen hätten, ihn als den Bulgaren-Mörder von 1876 an den Galgen zu hängen, nicht der Gefangenschaft aussetzen. Thatsächlich jedoch hat man Chefket Pascha in Constantinopel einen Vorwurf daraus gemacht, dass er Teliš nicht befreite (wiewohl dies mit den relativ geringen Kräften, über welche er verfügte, nicht möglich gewesen wäre); er wurde, auf der Reise nach Constantinopel begriffen, in Sofia verhaftet und gegen ihn die Anklage auf Verrath erhoben.

Bei Orhanje übernahm vorläufig (nach einigen Angaben erst am 12. November) Schakir Pascha, welcher bisher eine Brigade der Šipka-Armee befehligt hatte, das Commando.

Mehemend Ali Pascha reiste am 30. October nach Salonichi ab. Er war beauftragt, alles zusammen zu raffen, was er in Bosnien,

Rascien und West-Bulgarien an Truppen aufbringen könne, und so eine Entsatz-Armee für Plevna, zu welcher auch die Streit-Kräfte des Schakir Pascha gehören sollten, zu bilden. Letztere wurden insbesondere aus Sofia und Adrianopel verstärkt.

Bei der Einschließung-Armee wurde das **Bombardement** täglich wiederholt, und auch nachts theilweise fortgesetzt. Speciell am 29. October gaben die russischen Batterien bei Brestovec an der Lovča-Straße ganze Salven (um die Vollendung der Einschließung Plevna's zu feiern). Am 31. beschossen die Batterien bei Radišovo die Stadt Plevna sehr heftig, u. zw. besonders die steinerne katholische Kirche, da man vermuthete, dass dort Pulver und sonstige Munition aufgestappelt sei.

So lebhaft die Kanonade seitens der Russen und Rumänen war; die Türken verhielten sich vollkommen passiv und beantworteten das Feuer nicht im mindesten.

Nebstdem setzten die Russen Truppen-Demonstrationen in Scene, indem — besonders an der West- und Süd-Front — zu verschiedenen Zeiten und an verschiedenen Orten einige Bataillone nebst entsprechender Cavallerie Bewegungen ausführten. Diese Demonstrationen wurden — wie erwiesen von den Türken bemerkt, haben also ihren Zweck vollkommen erfüllt: die Besatzung von Plevna nicht zur Ruhe kommen zu lassen und sie in steter Besorgnis zu erhalten.

Von den Rumänen wurde am 29. October, da man einen Durchbruchs-Versuch Osman Pascha's erwartete, die 4. rumänische Division auf das linke Vid-Ufer — nach Dolnji Metropolja — verlegt. In den nächsten Tagen sendete man einen Theil derselben wieder zurück in die Gegend von Kacamunica-Bivolar; das Gros der Division (10 Bataillone) besetzte den Terrain-Abschnitt von Dolnji Metropolja bis Demirkiöj.

Bei den Truppen des Generall. Skobelew vergieng die Zeit vom 29. October an (bis einschließlich 1. November) unter Arbeiten zur Verstärkung der Stellung auf der Ryshaja gora und zur Fortsetzung derselben nach Učindol hin.

Letztere (am 30. October begonnen), vom Generall. Totleben persönlich ausgesucht, war ungefähr 2 *km* lang und bestand aus zwei Linien.

In der ersten Linie östlich und westlich von Učindol, lagen: Batterie Nr. 2 und Nr. 3 für je 4 Geschütze, — Laufgraben Nr. 4 für 6 Compagnien, — Batterie Nr. 5 für 4 Geschütze, — Batterie Nr. 6 für 8 Geschütze, — außerdem noch kleinere Laufgräben; — das Dorf Učindol war zur Vertheidigung eingerichtet.

In der zweiten Linie wurden nach persönlicher Detail-Angabe seitens des Generall. Totleben zwei Werke als Stützpunkte angelegt: Lunette Nr. 1 für 2 Compagnien hinter der Mitte der ganzen von der Tučenica-Schlucht bis Učindol reichenden Stellung, — ferner eine Redoute für 4 Compagnien und 4 Geschütze hinter dem linken Flügel der ganzen Stellung, also südwestlich von Učindol.

In Folge der ziemlichen Entfernung von den türkischen Stellungen konnten die Arbeiten auch bei Tag ausgeführt werden. Hiezu verwendete man ganze Bataillone zu 4 Compagnien (ausschließlich der Schützen-Compagnien), u. zw. per Compagnie 100 Arbeiter.

Die Türken beschossen am 30. October aus der Yunus bey tabija die russischen Befestigung-Arbeiten durch Artillerie-Feuer; zugleich rückte Tatnat Bey mit 2 Compagnien und 2 Gebirgs-Geschützen auf den Berg-Rücken westlich von Krishine, und wirkte von dort aus gegen Učindol. Aber die Russen brachten hierauf einige schwere Feld-Geschütze ins Feuer, und zwangen dadurch die Türken bald, jeden weiteren Versuch, die Befestigung-Arbeiten zu stören, aufzugeben.

Die Disposition für die Vertheidigung der Stellung (von General L. Skobelew am 1. November ausgegeben) lautete wie folgt:

„Um dem vorgehenden Feind zuerst in der befestigten Stellung „entgegen zu treten, werden unter dem Commando des Generalmajor „Poltoracki folgende Truppen bestimmt: die 1. Brigade der 30. Inft.- „Division, die 3 Bataillone der Schützen-Brigade und die Batterie, „welche an der Reihe ist. Alle übrigen Truppen dienen diesen vorderen „Abtheilungen als Reserve.

„Zur Vertheidigung wird die befestigte Stellung in 3 Abschnitte „getheilt: der 1. Abschnitt reicht von der Tučenica-Schlucht bis zur „Straße Plevna-Lovča, der 2. von der letztgenannten Straße bis „zu der zwischen Brestovec und Učindol gelegenen Lunette, der 3. „von der Lunette bis zur Redoute hinter dem linken Flügel der „Stellung.

„Zur Vertheidigung der befestigten Stellung empfehle ich dem „Generalmajor Poltoracki Folgendes:

„Der 1. Abschnitt der Stellung wird mit 1 Regiment der Brigade „vertheidigt, indem zu Anfang des Gefechtes 1 Bataillon in der Gefechts- „Linie und 2 Bataillone als besondere Reserve verwendet werden.

„Die Vertheidigung des 2. Abschnittes wird dem 2. Regiment „der Brigade übertragen und zwar stehen 1 Bataillon in der Gefechts- „Linie und 2 Bataillone als besondere Reserve.

„Die Vertheidigung des 3. Abschnittes haben die 3 Bataillone „der Schützen-Brigade zu übernehmen.

„Sobald der Angriff des Feindes festgestellt ist, schickt mir der „General Poltoracki sofort Meldung.

„Die Truppen, welche in Stellung hinter der Niederung von „Bogot stehen, führen, sobald sie Nachricht von dem Anrücken des „Feindes erhalten, Folgendes aus:

„Alle Infanterie-Regimenter und das Sappeur-Bataillon ent- „wickeln sich vor den von ihnen eingenommenen Stellen. Die

„Kosaken-Sotnie entwickelt sich auf dem rechten Flügel des Regimentes Wladimir.

„Der Commandant der 16. Artillerie-Brigade trifft, sowie er
„Nachricht von dem Vorgehen des Feindes erhält, Anordnungen dahin,
„dass in die Stellung drei 9-pfündige Batterien, eine für jeden Ab-
„schnitt der Stellung, abrücken, wo sie die für sie vorbereiteten
„Plätze einnehmen. Die übrigen Batterien haben angespannt und
„bleiben bis zum Empfang von Befehlen an Ort und Stelle.

„Alle sich formiert habenden Truppen bleiben vollständig zum
„Abrücken bereit da, wo sie stehen, bis sie von mir Befehle empfangen.

„Vom Beginn des Gefechtes angefangen werde ich mich bei den
„vorderen Truppen befinden.

„Der Verband-Platz befindet sich in der Niederung von Bogot."

Im „Reserve-Lager" wurde an der Vollendung der Erd-Hütten
gearbeitet, Holz und Kukuruz herbei geschafft.

Am 1. November beendete man den Bau der Erd-Hütten. Das
Holz-Material war von den dicht bewachsenen umliegenden Höhen,
zu Theil auch von den nicht mehr benutzten Erd-Hütten der alten
Stellung bei Tučenica geholt worden; außerdem nahm man noch
(besonders für die Hütten der Officiere) das Material aus den Dörfern
Brestovec und Učindol (trotzdem dies verboten war). Die aus Flecht-
werk bestehenden Zäune der Bulgaren gaben ein gutes Material für
Dächer.

Nun (1. November) wurde auch befohlen, Wetter-Dächer für die
Ess-Plätze der Mannschaft und besondere Bade-Anstalten (wenigstens
eine per Bataillon) herzustellen.

Viel Mühe hatte Generall. Skobelew, die nöthige Reinlichkeit
im Lager einzuführen. Täglich besichtigte er persönlich die Küchen,
Schlacht-Plätze und Aborte.

Aber auch dafür sorgte Generall. Skobelew, dass die Truppen
bei allen ihren Entbehrungen, bei dem schlechten Wetter und sonstigen
Unannehmlichkeiten vergnügt und guter Dinge blieben. So sprach
er sich in einem Befehl folgendermaßen aus:

„Das Lager ist uns sehr langweilig. Wünschenswert wäre es,
„dass öfter Feuer angemacht würden, die Sänger sängen, Musik-Corps
„bestimmt wären, welche der Reihe nach vor der Abend-Ruhe in
„Mitte der Stellung spielten. In den Compagnien ist eine besondere
„Aufmerksamkeit auf die Ausbildung von guten Sängern zu ver-
„wenden; ein Marsch ohne Sänger ist — traurig, grämlich."

Die bulgarischen Landes-Einwohner ließen sich durch das
Schießen der Russen und Türken nicht daran hindern, die Ernte,
wenn auch mit Unterbrechungen, fortzusetzen.

Vom Detachement des General Bremsen besetzte Oberst
Mirković (Commandant des Regimentes Wolhynien) in der Nacht zum
2. November mit Abtheilungen seines Regimentes die Höhe etwa
2·5 km westlich des Dorfes Krishine und erbaute dort eine Redoute,
welche seinen Namen erhielt.

G. Das Detachement des Generall. Karzow.

Das Detachement des Generall. Karzow bestand am 3. October aus: 3. Inft.-Division, 30. Kosaken-Regiment (zum 9. Corps gehörig), 1. Sotnie Kuban-Kosaken (der Kaukasus-Kosaken-Brigade). Das Gros dieser Truppen befand sich in und bei Lovča, 1 Bataillon mit 4 Sotnien bei Selvi.

Später kamen hinzu: 2 Escadronen vom 9. Dragoner-, das ganze 24. Kosaken-Regiment und die 19. Don-Kosaken-Batterie; dagegen rückte die Kuban-Sotnie zu ihrem Regiment ein.

Das Detachement bestand daher gegen Ende October aus: 3. Inft.-Division; Oberst Orlow mit dem 24. und 30. Kosaken-Regiment nebst der 19. Kosaken-Batterie; 2 Escadronen des 9. Dragoner-Regimentes. Das Gros befand sich noch bei Lovča, 1 Bataillon mit 4 Sotnien bei Selvi.

Das Detachement hatte gegen Süd und Südwest (vom Rosalita-Pass bis gegen Etropole, wo der äusserste rechte Flügel der türkischen „Sofia-Armee" stand) zu beobachten, und dabei zwischen Generall. Gurko und den Stellungen des Generall. Radetzki Verbindung zu halten. Starke Patrouillen streiften über Turski Izvor, gegen Teteven (besonders um die Communicationen nach Slatica aufzuklären), über Trojan gegen Tekija-Rahmanli, endlich von Selvi aus in das Vidima-Thal (gegen den Rosalita-Pass).

Bis gegen Ende October verbrachte das Detachement die ganze Zeit — von den Aufklärungs-Patrouillen abgesehen — in grösster Unthätigkeit. Der einzige Gegner, welchen seine Cavallerie im weiteren Umkreis von Lovča constatieren konnte, waren plündernde Cerkessen-Abtheilungen, welche theils der türkischen Süd-Armee (Reuf Pascha), theils den Truppen des Chefket Pascha angehörten; nur Teteven war noch von regulären türkischen Truppen besetzt.

Die verhältnismässig geringe Zahl seiner Truppen hatte dem Generall. Karzow bisher nicht gestattet, seine Aufgabe in offensivem Sinn zu lösen; er musste sich vielmehr darauf beschränken, den Rayon bis zum Vid und bis zur Linie Teteven-Trojan durch Streif-Abtheilungen zu sichern, und das Gros seiner Kräfte bei Lovča zusammen zu halten.

Entschluss und Einleitungen zur Besetzung von Teteven. — Generall. Karzow bekam nun die Aufgabe, die linke Flanke der Truppen des Generall. Gurko zu decken; hiezu musste er seinen eigenen rechten Flügel gegen den oberen Vid vor nehmen.

Er beschloss daher, mit einem Theil seiner Kräfte die Positionen bei Teteven u. zw. bis längstens 2. November zu besetzen, an welchem Tag „die Spitze der Cavallerie des Generall. Gurko den Ort Jablonica erreichen sollte". Einmal im Besitz von Teteven, wollte Generall. Karzow von dort aus durch Demonstrationen gegen Orhanje die Aufmerksamkeit des Gegner von der Strasse nach Plevna ablenken.

Zugleich wurde ein gemischtes Detachement über Ugurčeni nach Toros entsendet (hierüber nichts Näheres bekannt).

Die Türken ihrerseits hatten die Wichtigkeit der Position von Teteven zur Deckung zweier wichtiger Balkan-Übergänge (nach Slatica und Rahmanli) erfasst, und dieselbe durch Befestigung der umliegenden Höhen (vier Redouten und drei sonstige Schanzen) verstärkt. Die Besatzung bestand aus 1 Nizam-Bataillon (600 Mann) und 150 Reiter.

Vom Detachement Karzow rückten bebufs Einnahme von Teteven am 28. October zwei Colonnen vor:

Rittmeister Antonof mit 1 Compagnie Infanterie und 1 Sotnie Kosaken von Trojan über Šipovka und Ribarica, um zu demonstriren und die Rückzugs-Linie des Gegner zu bedrohen.

Oberst Orlow mit 6 Compagnien (2 des 9. und 4 des 12. Inft.-Regimentes), 2 Escadronen des 9. Dragoner-Regimentes, 4 Kosaken-Sotnien und 2 Geschützen der 19. Kosaken-Batterie, von Lovča über Mikre-Ljesidra (Lefedren).

Einnahme von Teteven am 31. October. — Rittmeister Antonof langte um 8 Uhr früh vor Teteven an. Er hatte den Auftrag, erst dann anzugreifen, wenn Oberst Orlow dies thun werde, und sich bis dahin verborgen zu halten. Er wurde aber von den Türken bemerkt, und durch einen überlegenen Angriff zum Rückzug gezwungen. Ein grosser Theil der türkischen Besatzung gieng nun zur Verfolgung über, so dass die Stellung bei Teteven nur schwach besetzt blieb.

Oberst Orlow war am 30. October abends auf dem Bivola-Sattel (10 km nordöstlich von Teteven) angelangt.

Am 31. October verursachte ein äusserst dichter Nebel, dass Oberst Orlow erst um beiläufig 1 Uhr Nachmittag die Vorrückung antrat (darum eben war Rittmeister Antonof zu früh an Teteven heran gekommen und von den Türken entdeckt worden).

Major Benter (Commandant der 6 Compagnien) erkannte sofort die nächst des Höhen-Rücken nördlich von Teteven gelegenen Verschanzungen des türkischen linken Flügel als den Schlüssel-Punkt der Stellung; er rückte daher, trotz heftigem Feuer aus den anderen Werken, umfassend gegen jene Verschanzungen (darunter angeblich eine Redoute) vor.

Nach ungefähr 2½ Stunden langte Major Benter dort an, worauf seine Plänkler sofort das Feuer eröffneten. Unter dem Schutz dieses Feuers und des wieder eingetretenen Nebel, näherte sich Benter mit seinem Gros bis auf eine kleine Entfernung von den Verschanzungen und gieng dann gleich zum Sturm vor.

Die Türken wurden geworfen und zogen sich auf die anderen Befestigungs-Werke zurück. Da aber letztere durch die oben erwähnten, bereits von den Russen eroberten Verschanzungen dominiert wurden, vermochten sie sich auch dort nicht lang zu halten und flüchteten in das Dorf Teteven.

Der Einbruch der Dunkelheit gestattete den Russen keine Verfolgung; sie blieben also in den eroberten Stellungen und umgaben sich mit Sicherungs-Posten. —

Am 1. November, gleich nach Sonnen-Aufgang, rückten die Truppen des Oberst Orlow wieder vor, fanden aber keinen Feind mehr: die Türken hatten sich, vermutblich gegen Etropole, zurück gezogen.

Die Verluste der Russen beliefen sich im ganzen auf 22 Mann; jene der Türken sollen größer gewesen sein.

Abgabe von Truppen an Generall. Gurko. — Generall. Karzow (in Lovča) erhielt am 31. October abends folgendes Telegramm des Großfürst Nicolaus: „Schicke sofort in Eilmarsch eine ganze Brigade „nach Turski Izvor, um dort den Umständen gemäß gegen Jablonica „und Lukovit zu operieren. Benachrichtige mich direct von allem, „was vorgeht."

Am Morgen des 1. November rückte die 2./3 Infanterie-Brigade (5 Bataillone) mit der 4./3 Batterie unter General Dawidow nach Jablonica ab; das 2./12 Bataillon sollte aus Teteven ebenfalls nachrücken, sobald es dort durch ein Bataillon des 10. Inft.-Regimentes (Neu-Ingermanland) abgelöst worden.

Oberst Orlow sollte mit der verfügbaren Cavallerie (2 Escadronen des 9. Dragoner-, je 2 Sotnien des 24. und 30. Kosaken-Regimentes nebst 2 Geschützen der 19. Kosaken-Batterie) als Avantgarde jener Infanterie-Brigade ebenfalls nach Jablonica marschieren.

II. Ereignisse an der Süd-Front.

Im Monat September hatten beide Gegner eifrigst an der Vollendung ihrer technischen Verstärkungen gearbeitet; speciell die Russen sollen, abgesehen vom Šipka-Pass, auch im Travna-Pass und auf der Brdek planina Befestigungen angelegt haben.

Seit dem 17. September hatte der Šipka-Pass aufgehört, eine politisch-militärische Tages-Berühmtheit zu sein. Alles Interesse wandte sich vorzugsweise den Kämpfen um Plevna zu; vom Šipka-Pass hieß es, dass „dort die Thätigkeit der Truppen nichts Besonderes darbiete" und es entstand das (später durch ein Gemälde von Vereščagin berühmt gewordene) geflügelte Wort: „Am Šipka-Pass alles ruhig!"

Anders haben diese Truppen selbst darüber gedacht, denen die Aufgabe zugewiesen worden war, Herbst und Winter in fast unerträglich schwerem Wach-Dienst, im feindlichen Feuer, auf einer unwirtlichen Höhe auszuhalten, welche in solcher Jahres-Zeit der Mensch bisher kaum zu passieren gewagt hatte.

Die Russen erlebten auf dem Šipka-Pass schon seit Anfang September Schnee-Fälle und Stürme; gegen Ende October bereits „Winter-Tage."

Im vollen Winter soll selbst das Wild die Gegend des Passes meiden. Nach Aussage der Umwohner hatten die Karaula-Baptihlo's an den beiderseitigen Pass-Ausgängen die Instruction, bei eintretendem „Rauchen" der Balkan-Gipfeln — dem meteorologischen Vorboten eines Schnee-Sturmes — niemandem mehr den Eintritt in die Berg-Regionen zu gestatten.

Sowohl Russen als Türken unterhielten seit dem 18. September und weiters während des ganzen Monat October nur ein mäßiges Feuer. Es war beiderseits eine Pause der Ruhe, des Rüstens, der gegenseitigen Beobachtung eingetreten.

General. Radetzki (Operatives Hauptquartier am Šipka-Pass) hatte am Morgen des 3. October folgende Truppen zu seiner Verfügung:

8. Corps (Generall. Radetzki): Batne, Esc., Gesch.
9. Infl.-Division (Generall. Fürst Swiatopolk-Mirski)   12 — 48
14. „ „   (General Petruševsky) . . . . .   12 — 48
(Von der 8. Cavallerie-Division das Gros beim Großfürst-Thronfolger, das Dragoner-Regiment bei Plevna) — — —

11. Corps (Generall. Fürst Schachowskoi): Baone, Esc., Gesch.

11. Infanterie-Division (General Eruroth)		12	—	48
2. Brigade der 32. Inft.-Div. mit 3 Batterien (2., 5., 6.)		6	—	24
2. „ 11. Cav.- „ „ 4. Kos.-Batterie		—	10	6
23. Don-Kosaken-Regiment		—	6	—
Ohne Corps-Verband:				
4. Schützen-Brigade (General Swáčinski)		4	—	—
Bulgaren-Legion (General Stoljetow)		6	—	—
13. Cavallerie-Division (General v. Rhaden)		—	17	12
30. Don-Kosaken-Regiment		—	6	—
1. und ¾ 2. Gebirgs-Batterie		—	—	14
Eine im Juli erbeutete türkische Batterie		—	—	6
8 Mörser aus dem Belagerungs-Park		—	—	8
2 Compagnien des 2. Sappeur-Bataillon		½	—	—
Zusammen		52½	39	214

oder 45- bis 50,000 Mann. (Eine Sotnia der 13. Cavallerie-Division befand sich beim Großfürst-Thronfolger; von der 2. Gebirgs-Batterie waren 2 Geschütze beim Donau-Übergang versunken.)

Generall. Fürst Swiatopolk-Mirski, seit drei Monaten aus Gesundheits-Rücksichten beurlaubt, rückte zwar erst am 22. October ein, wir haben ihn aber oben schon als Commandanten der 9. Infanterie-Division angeführt.

Während des Monat October soll die Errichtung von 6 neuen bulgarischen Druschinen und zugleich auch angeordnet worden sein, dass in der Folge je 4 derselben eine Brigade bilden sollen. Ob und inwieweit dies zur Ausführung kam, konnten wir nicht constatieren. Sicher ist nur soviel, dass die Gesammt-Stärke der bulgarischen Legion nie 6,000 Mann überschritt.

Diese Streit-Kräfte waren wie folgt dislociert:

Am Šipka-Pass: 2./9 und 1./14 Infanterie-Brigade (nur 5 Bataillone, da sich 1 Bataillon Nr. 53 in Trnova befand), 1./55 Bataillon und das 56. Regiment der 2./14 Infanterie-Brigade, 4. Schützen-Brigade, bulgarische Legion (5 Druschinen), 2 Sappeur-Compagnien; die 2./9 und 5./9 Feld-, ¾ 2. Gebirgs- und die erbeutete türkische Batterie, ferner 8 Mörser; — im ganzen 24½ Bataillone und 36 Geschütze, circa 18.000 Mann.

In und bei Gabrova: Administratives Hauptquartier des 8. Corps, 6. bulgarische Druschine, 1./11 Inft.-Brigade mit 3 Batterien (das 42. Regiment detachiert bei Zolonodrevo), 2. und 3. Bataillon des 55. Infanterie-Regimentes und 6 Batterien der 14. Inft.-Division, 1./9 und 3./9 Feld-, 1. Gebirgs-Batterie; — 4 Sotnien des 30. Kosaken-Regimentes (3. und 6. Sotnie bei Lovča).

In Trnova: Hauptquartier des 11. Corps und 1 Bataillon des 53. Inft.-Regimentes.

Bei Elena das Gros der 1./9 Inft.-Brigade u. zw. Brigade-Commando, 34. Infanterie-, 13. Dragoner-Regiment mit 2 Geschützen, 4./9 Batterie; — im Hainkiöj-Pass (bei Izlatara) 39. Inft.-Regiment, 3 Sotnien des 23. Kosaken-Regimentes, 6./9 Batterie.

Bei Bobrowski Kolibi (2 *km* westlich von Bebrova): 2. Brigade mit 3 Batterien (2., 5., 6.) der 32. Infl.-Division, 2./11 Cavallerie-Brigade mit der 4. Kosaken-Batterie.

Bei Kosarovo (Tjeserovo) mit Vor-Truppen bei Dżumalkiöj: 2. Brigade und 3 Batterien der 11. Infanterie-, Gros der 13. Cavallerie-Division (Dragoner-Regiment und 1 Sotnie fehlten), 3 Sotnien des 23. Kosaken-Regimentes.

Reuf Pascha (Hauptquartier in Sejnovo) stand mit dem Gros seiner Armee vor dem Šipka-Pass. Die organisatorische Gliederung der Armee (Generalstab-Chef Oberst Mahmud Bey) war folgende:

Gros der Armee:	Baone	Esc.	Irreg.	Gesch.
1. Brigade (Salih Pascha)	10	—	—	6
2. „ (Iledjeb Pascha)	10	—	—	6
3. „ (Vessel Pascha)	10	—	—	6
4. „ (Schakir Pascha)	11	—	—	12
5. „ (Arifi Pascha)	10	—	—	6
6. „ (Kulussi Pascha)	10	—	—	6
Corps-Cavallerie	—	5	1.350	—
8 Gebirgs-Geschütze und 16 Mörser	—	—	—	24
Zusammen:	61	5	1.350	66

oder beiläufig 33.000 Mann.

Von Reuf Pascha dependirende Truppen:

In und bei Kazan (Saadet Kerai Pascha)	6	—	—	9
In Sliven 5, in Joni Zara 4 Bataillone	9	—	—	—
Im Dorf Tvardica	3	—	150	6
Im Hainköj-Pass (Schukir Pascha)	6	—	—	6
Zu Etapen-Zwecken verwendet	3	—	—	—
Zusammen:	27	—	150	21

oder beiläufig 12.000 Mann.

Die ganze Armee des Reuf Pascha daher 88   5   1.500   87 oder rund 45.000 Mann.

I. Die russischen Positionen auf dem Šipka-Pass.

Da den Russen die Eroberung der Lissaja gar nicht möglich gewesen war, mussten sie sich auf die Besetzung des Sv. Nicola und der von der gegen Gabrova führenden Straße, kurz, auf eine Position beschränken, welche in der Front nur etliche Meter Breite*) dagegen (vom Standpunkt des Commandanten der 4. Zone bis zum Sv. Nicola) ungefähr 5 *km* Tiefe besaß. Die Straße stand fast in ihrer ganzen Ausdehnung von beiden Flanken aus unter feindlichem Feuer.

Unter solchen Umständen hatte man für die Art der Besetzung der Position auch keine Auswahl, und musste die Truppen längs der Straße vertheilen. Hiezu war letztere großentheils, sowohl gegen Ost

---

*) Im August, als die Russen temporär den Jechli tepe besetzt hatten, betrug die größte Front-Breite 640 *m*.

als gegen West, von Logements eingefasst. Auf den zunächst der Straße gelegenen Höhen hatte man Batterien etabliert, an den der feindlichen Annäherung zugänglichen Hängen Fougassen angelegt.

Der russische Soldat in seinem baumlosen Revier, welches ihm fast durchwegs nur Verwitterungs-Geröll und Geschiebe von Kalk und Thon-Schiefer, äußerst spärlich spaten-gerechten Boden und Rasen-Narbe darbot, konnte nur beschwerlich und langsam Gräben und Schüttungen herstellen.

Die 2 Sappeur-Compagnien haben wohl die Lehrer und Vor-Arbeiter geliefert; die große Masse der Pionnier-Arbeit jedoch hat jedenfalls von den ungeübten Infanteristen geleistet werden müssen.

Die russische Position am Šipka-Pass war in vier Zonen getheilt, von denen jede einen eigenen Commandanten hatte. Den Befehl über die Truppen aller vier Zonen führte der Commandant der 14. (später der 24.) Infanterie-Division; er, sowie sein Artillerie- und Genie-Chef hatten ihre Quartiere im Bereich der 3. Zone.

Die erste Zone wurde durch den Sv. Nicola mit allen Batterien und Logements gebildet, und stand unter dem Befehl des jeweilig rang-ältesten Commandanten der dort postierten Regimenter.

Diese Zone bezw. die Stellung auf dem Sv. Nicola wurde ihrerseits wieder in drei Abschnitte getheilt: linker Flügel, mit der Front gegen den Mali Brdok (neun-äugige Batterie); das Centrum, mit der Front gegen Šipka, führte seiner Boden-Beschaffenheit wegen auch die Bezeichnung „der Felsen"; rechter Flügel mit der Front gegen Südwest und theilweise gegen West.

Jeder Abschnitt wurde durch ein Bataillon besetzt, von welchem 4 Compagnien in den Logements vertheilt waren, während die fünfte als Reserve diente. Die Reserve-Compagnie des Centrum war jedoch auf dem rechten Flügel untergebracht, da sich auf dem Felsen kein Platz für ihre gedeckte Unterbringung fand.

Die Armierung der innerhalb dieser Zone befindlichen Batterie-Emplacements war folgende:

Auf dem rechten Flügel: Batterie Nr. 1 („Sv. Nicola-Batterie") für 2 Geschütze; — Batterie („Fürst Mošćerski") Nr. 2 für 4 Geschütze; — dahinter Batterie Nr. 10 für 2 Mörser (und die nicht armierte Batterie Nr. 11). Die Batterien Nr. 1, 10 und 11 vertheidigten den Rücken der Position, d. h. sie führten den Geschütz-Kampf mit dem auf der Lissaja gora und dem Jechil tepe befindlichen türkischen Batterien.

Im Centrum — auf dem „Felsen" oder „Adler-Horst" — waren, wegen Unzugänglichkeit dieses zumeist zackigen Terrain-Theiles, nur Plänkler (Schützen) etabliert.

Auf dem linken Flügel: Batterie Nr. 3 für 4 Geschütze; — daneben zur Bestreichung der vor jener Batterie befindlichen Terrain-Mulde 2 Mitrailleusen; — neben letzteren eine erst im October erbaute Batterie ohne Nummer („Zwischen-Batterie" genannt) für 2 Geschütze;

— Batterie Nr. 4 („Stahl-Batterie") für 6 Geschütze; — auf dem äußersten Flügel eine kleine Batterie für 1 Gebirgs-Geschütz.

Die Brustwehren wurden aus dem vorwiegend felsigen Boden abgeschalteten Stein-Schutt gebaut; als Bekleidungs-Material dienten ausschließlich Schanz-Körbe. Die Pulver-Magazine wurden möglichst tief unter den Traversen ausgehoben.

Hinter den Tranchéen und Logements für Infanterie befanden sich die Erd-Hütten und Unterstände, welche nach Möglichkeit in die Erde versenkt und sehr nothdürftig mit Hürden, Gestrüpp, Steinen und Erde bedeckt waren. Zwischen den vorderen Logements bezw. Tranchéen und den dahinter liegenden Erd-Hütten hatte man nach Bedarf Communications-Gräben hergestellt.

Alle diese Bauten waren im allgemeinen sehr einfach und dürftig ausgeführt, wie dies bei der Geringfügigkeit des zur Verfügung gestandenen Material und der steinigen Beschaffenheit des Boden nicht anders sein konnte.

Die „Stalnaja"- (Stahl-) Batterie war einem sehr starken Rücken-Feuer ausgesetzt; man musste daher außer den Seiten-Traversen auch Rücken-Wehren mit einem bloß für das Passieren der Geschütze genügenden Durchgang anbringen, und letzteren selbst wieder durch einen dahinter liegenden Deck-Wall schützen. Nachdem dies jedoch nicht völlig ausreichte, um die Geschütz-Stände vor dem heftigen Rücken-Feuer zu decken, wurde noch in dritter Linie ein starker, voller „Parados" errichtet.

Zu allen Batterien und Logements wurden gedeckte Wege geschaffen und längs derselben gewisse Zeichen aus Steinen oder Rasen-Ziegeln gelegt, um bei Nacht, Regen oder Schnee-Wehen den Weg finden zu können.

Nördlich des Sv. Nicola wurde eine an der Straße befindliche breite und flache, tiefer liegende Terrain-Stelle als Begräbnis-Platz benutzt.

Alle Batterien standen mit Logements in Verbindung, welche — wo es nur immer das Terrain erlaubte — auf sämmtlichen Berg-Böschungen angelegt waren.

Ungeachtet der Steilheit der Hänge des Sv. Nicola, boten drei Stellen verhältnismäßig günstige Bedingungen für eine Ersteigung: die zwischen Batterie Nr. 3 und der „Zwischen-Batterie" liegende Mulde (daher hier die 2 Mitrailleusen), — der Hang gegenüber Batterie Nr. 4 (auf welchem daher Fougassen angelegt waren), — und die zum Dorf Sipka führende Straße.

Letztere stellte eine um so günstigere Annäherungs-Linie dar, als sie auch zur Winters-Zeit, wenn das ganze umliegende Terrain eine hohe Schnee-Decke trug, durch die herrschenden Stürme regelmäßig rein gefegt wird. (Aus diesem Grund und mit Rücksicht darauf, dass alle auf dem östlichen Hang des Sv. Nicola befindlichen Logo-

ments von den Türken enfilirt wurden, sahen sich die Russen Ende
October bestimmt, diese Straße durch eine quer über dieselbe errichtete
hohe Stein-Traverse abzusperren. In letzterer wurde nur ein sehr
schmaler Durchgang offen gelassen, und dieser durch 1 Gebirgs-
Geschütz sowie durch Schützen vertheidigt.)

In Folge der Gedrängtheit, in welcher die russischen Batterien
beisammen standen, kam es vor, dass feindliche Geschosse von der
Lissaja gora, wenn sie die Batterie Nr. 2, gegen welche sie gerichtet
waren, überflogen, die Zwischen-Batterie und jene Nr. 3 trafen; —
umgekehrt trafen die aus der türkischen Batterie am Mali Brdek
gegen die russische Batterie Nr. 3 gerichteten und zu weit gehenden
Geschosse die Batterie Nr. 2 im Rücken.

Die zweite Zone, unter dem Befehl eines Brigadier, umfasste
alle Positionen zwischen dem Sv. Nicola und (einschließlich) der
„runden Batterie."

Auf dem Küčik Jochil tepe hatte sich die (nach dem 53. Regiment) sogenannte „Position des Wolhynischen Berges," circa 600 m
westlich der Straße gebildet; ihre größte Breite betrug 213 m. In
derselben befanden sich viele, jedoch wegen des schlechten Material
(ebenfalls steiniger und felsiger Grund) nur nothdürftig hergestellte
Befestigungs-Bauten. Manche Brustwehren der Logements bestanden
nur aus mit Stein-Schutt gefüllten Körben, auf welchen größere Steine
lagen.

Am West-Ende des Wolhynischen Berges stand eine Batterie
für 2 Mitrailleusen, gerade dem Jochil tepe gegenüber und nur 350 m
(470 Schritte) von den feindlichen Logements entfernt. —
Südlich eine „Sturm-Batterie" Nr. 1 (früher Werk Nr. 9), welche
nur im Fall eines von den Türken ausgeführten Sturmes besetzt
werden sollte. Sie bestand aus einer in den felsigen Grund einge-
arbeiteten Stufe (einem „Anschnitt"); Brustwehr und Traversen waren
nur durch zwei Reihen mit Steinen gefüllte Schanzkörbe gebildet. —
Das Innere der Wolhynischen Position war von einer großen Anzahl
Traversen durchschnitten.

(Die frühere Batterie Nr. 5 scheint man aufgelassen zu haben;
wenigstens geschieht ihrer keine Erwähnung mehr.)

An der Straße: die „Central-Batterie" (Nr. 6) für 6 Geschütze,
nebst vorgeschobenen Logements, welche mit der Wolhynischen Position
in Verbindung standen; — die „Sturm-Batterie" Nr. 2 (welche ebenfalls nur bei einem bevorstehenden Sturm besetzt werden sollte); —
die „runde" (Kruglaja-) Batterie (Nr. 7) für 7 Geschütze (einer früher
bestandenen türkischen Batterie). — Die Zugänge zur „Central-" und
„runden" Batterie wurden durch Fougassen vertheidigt.

Die „Central-" und die „runde" Batterie mussten gegen die
türkische Artillerie auf der Lissaja gora, sowie gegen Schützen-Logements auf dem Sosek und auf der Sacharuaja gora — also eigentlich

gegen drei Seiten (West, Ost, Süd) — kämpfen. Dies bedingte eine originelle Einrichtung dieser Batterien, indem deren Geschütz-Stände einen Anschuss nach zwei bis drei Seiten zu gewähren hatten. Die Central-Batterie bestand aus zwei parallelen Brustwehren mit einer Quer-Traverse; jedes Geschütz konnte behufs Abgabe des Feuer nach Bedarf bald zu der einen, bald zu der anderen der zwei gegenüber liegenden Kanonen-Scharten gestellt werden; das Flanken-Geschütz hatte drei Scharten zur Verfügung. In ähnlicher Weise, jedoch bequemer und geräumiger war auch die „runde Batterie" eingerichtet.

Innerhalb der zweiten Zone war (an der Pass-Straße, in einer ehemaligen türkischen Kaserne) ein Verband-Platz und nebstdem ein „Zwischen-Lazareth" eingerichtet; letzteres für Revision der Kranken und zur Behandlung leichterer Fälle. (Das Haupt-Lazareth befand sich in Gabrova.)

Die dritte Zone, unter dem Befehl eines Brigadier, reichte von nördlich der „runden Batterie" bis (einschließlich) zum „Paradies-Thal."

Östlich der Straße befanden sich die Logements des 56. Inft.-Regimentes (Zitomir), in der Ausdehnung von beiläufig 700 m; nördlich davon jene des 55. Inft.-Regimentes (Podolsk).

Westlich der Straße (ungefähr 320 m von der „runden Batterie" entfernt) stand die „Mörser-Batterie" Nr. 2 für 2 Mörser; — nördlich derselben die Batterie Nr. 8 (früher „Marthutkin," nach dem 24. August „Dragomirow" genannt) für 2 Geschütze; endlich eine Batterie für 2 Geschütze (nach anderen Angaben: Mitrailleusen). Diese letztere Batterie hatte keine Nummer, sondern wurde „Skorospjlka" (Schlüssel-Blume) genannt, weil man sie in einer Nacht erbaut hatte.

Der Boden war besser d. h. leichter zu bearbeiten, als in der ersten und zweiten Zone.

Die vierte Zone, von nördlich des „Paradies-Thal" bis zum „Telegraphen-Berg", stand unter dem Befehl eines Brigadier. Derselbe wohnte in der ehemals türkischen (3.) Karoula, nun „Briansk-Hänschen" (von den jungen Leuten scherzweise auch der „Winter-Palast des Šipka") genannt: ein sehr kleines, mit Lehm beworfenes Häuschen. In dieser Zone befand sich nur die Batterie „Potjagin" (circa 850 m nördlich von der Batterie „Skorospjlka") für 4 Geschütze. — Logements gab es hier keine mehr.

Beiläufig in der Mitte der Zone standen die Baracken des 35. Inft.-Regimentes (Briansk).

Nördlich der vierten Zone befand sich an der Pass-Straße — ursprünglich in einer kirgisischen „Jurte" (Filz-Zelt), welche später d. i. beim Anbruch der kalten Jahres-Zeit in eine „Mazanka" (mit Lehm beworfene Baracke) umgewandelt wurde — der Commandant des 8. Corps. In der Nähe standen einige Baracken und Erd-Hütten, welche dem Corps-Stab als Unterkunft dienten.

Weiter abseits von der Straße zwei große Baracken: der Haupt-Verband-Platz und die Operations-Baracke.

Südlich des Corps-Hauptquartier war in einem allein stehenden bulgarischen „Chat" (Häuschen) die letzte Telegraphen-Station eingerichtet. —

An dem Abzweigungs-Punkt des Weges nach Zelenodrevo von der Pass-Straße (bei der 1. Karaula) hatte man eine große — zu einem russischen Bad eingerichtete — Baracke erbaut, welche „Corps-" oder (nach dem Regiment, von welchem sie erbaut worden war) „Brianskisches Bad" hieß.

Der Aufstieg von der 1. Karaula bis zum Standpunkt des Corps-Hauptquartier (eine etwa 2 km lange Strecke) war der schwierigste und beschwerlichste (15 bis 20° Steigung). Im Herbst (z. B. als die Truppen der 24. Inft.-Division in die Pass-Positionen rückten) war derselbe fast durchgehends mit klebrigem Lehm bedeckt: bald glitten die Pferde aus, bald geriethen sie mit den Füßen zwischen Stein-Riegeln, verloren die Eisen und mit diesen nicht selten auch ein Stück des Hufes; wenn es regnete bildeten sich ganze Koth-Bäche, welche rasch und mitten durch den Weg ihr Rinnsal auswuschen. Bei Frost-Wetter überzog sich die ganze Straße mit einer Eis-Schichte, welche aber nicht stark genug war, um das Gewicht der Pferde und Wägen zu tragen; die Pferde durchbrachen mit den Hufen die Eis-Decke, die Räder schnitten tiefe Geleise ein und rollten sehr schwer. Bei starkem Frost bildete sich ein completes Glatt-Eis; alle Anstrengungen, die Pferde vorwärts zu bringen, waren dann vergebens.—

Auch bei Gabrova wurden Befestigungen angelegt.

Zwischen Zelenodrevo und Stamanec (bezw. auf dem Berg-Rücken daselbst) scheinen ebenfalls Befestigung-Arbeiten (zwei Schanzen oder Batterien) begonnen worden zu sein, um den von Imitlija kommenden Weg zu beherrschen. Näheres darüber wird in den uns vorliegenden Quellen nicht erwähnt.

Allgemeines über die russischen Positionen. — Ein Haupt-Nachtheil derselben bestand darin, dass sie, außer auf dem Sv. Nicola, gar keine Front-Ausdehnung hatten und sich längs des einzigen vorhandenen Verbindungs-Weges in die Tiefe zogen.

Die Stellung war auf drei Seiten vom Feind eingeschlossen, und konnte durch diesen in ihrer ganzen Tiefen-Ausdehnung beschossen werden: westlich aus der Gruppe der türkischen Batterien auf der Lissaja gora und dem Jechil tepe; östlich aus den Batterien am Sosok, auf der Sacharnaja gora und dem Mali Brdok. Vom Sv. Nicola abgesehen, welcher die türkischen Positionen auf dem westlichen Höhen-Rücken beherrschte, befanden sich alle dominierenden Höhen im Besitz des Feindes.

Die Geschütze der türkischen „Gebirgs-Batterie" (siehe Seite 157) waren ein- für allemal auf eine bestimmte Stelle der Straße gerichtet, und erwarteten so das Erscheinen eines Zieles (Tragthiere, Fracht-Wägen, einzelne Reiter u. dgl.). Zeigte sich ein solches, so erfolgte sofort ein Schuss, welcher selten seine Wirkung verfehlte. Diese Thatsache gab der erwähnten Weg-Stelle die Benennung „Rajskaja dolina" d. h. „Paradies-Thal" (weil jeder, welcher diese Stelle passieren musste, alle Chancen hatte, von einem feindlichen Geschoss getroffen, und dadurch ins Paradies befördert zu werden).

Man sann daher auf Mittel, um diese einzige Communication mehr außer Gefahr zu bringen. Eine Defilierung der Straße gegen die Höhen der türkischen Batterien war in Folge des großen relativen Höhen-Unterschiedes und der geringen horizontalen Entfernung undurchführbar. Es wurde somit (wohl etwas spät) beschlossen, vom Häuschen, worin sich der Commandant der 4. Zone aufhielt, bis zum „Paradies-Thal" einen Umgehungs-Weg längs des östlichen Hanges, einige Meter tiefer als die Haupt-Straße, anzulegen. Dieser Weg musste durch Dynamit-Sprengungen dem Fels-Boden abgerungen werden; ungefähr 2 m breit, hieng er stellenweise wie ein Carnies über dem Abgrund. Nach seiner Vollendung wurden (um unnützen Verlusten vorzubeugen) an dessen Ausmündung-Stollen Posten aufgestellt, welche niemandem das Passieren der Haupt-Straße (außer zur Nacht-Zeit oder bei starkem Nebel) gestatteten. Die neue Weg-Strecke war jedoch nicht immer gangbar und wurde bei Schnee-Stürmen leicht verweht.

Einen ähnlichen Umgehungs-Weg begannen die Russen auch vom Lager-Raum des 55. Regimentes (Podolsk) zur Batterie Dragomirow anzulegen, weil der dazwischen liegende Straßen-Bug von der türkischen „Gebirgs-Batterie" stark enfiliert wurde. Es gelang aber nicht, ihn fertig zu machen.

Zu den Nachtheilen der Position gehörte weiters der Umstand, dass, wenn dieselbe nach einem entscheidenden Miss-Erfolg hätte geräumt werden müssen, an ein Fortschaffen der schweren Geschütze nicht zu denken gewesen wäre. Schon unter normalen Verhältnissen konnten ja dieselben an den vielen Straßen-Steilen nur unter Anwendung der äußersten Vorsicht mittels Seilen herab gelassen werden; wie riesig sich diese Schwierigkeiten bei Glatt-Eis und Schnee-Verwehungen — sowie unter dem Einfluss eines drängenden Gegners — noch steigern mussten, liegt auf der Hand.

Einen bedeutenden Nachtheil der russischen Position bildete endlich die Schwierigkeit der Wasser- und Holz-Beschaffung.

Der Terrain-Bildung zufolge kann sich natürlich — von Schnee abgesehen — der atmosphärische Niederschlag auf dem kahlen Kamm nicht erhalten. Erst in größerer Tiefe, an den Hängen hinunter, brechen Sicker-Quellen aus dem Fels-Geklüft. Aber diese standen unter feindlichem Gewehr-Feuer, so dass die Zubringung des Wassers oft mit Menschen-Verlusten verbunden war. Um letztere zu verhindern, musste später das Trink-Wasser von weit her — theilweise sogar aus der Gegend von Gabrova (900 m relativer Höhen-Unterschied) — mittels Tragthieren zugeführt werden, wenn man sich nicht schon bei Nacht mit der für den kommenden Tag erforderlichen Wasser-Menge versehen konnte. Zum Überfluss war das Wasser in drei Quellen verdorben.

Nicht minder beschwerlich gestaltete sich das Zubringen von Holz. Es erscheint als ein merkwürdig ungünstiges Zusammen-Treffen, dass die von den Türken besetzten Höhen reich bewaldet, dagegen jene im Bereich der russischen Position ganz kahl waren, so dass das Brennholz aus tiefen Schluchten mit unglaublichen Schwierigkeiten herauf geholt werden musste. Später, nach dem Eintritt der Schnee-Verwehungen, sah man sich genöthigt, auch Holz mittels Tragthieren von weither zuzuführen.

Für die Armierung der in den vier Zonen vorhandenen Werke waren erforderlich: 42 Geschütze, 4 Mitrailleusen, 8 Mörser. Es müssen also nach dem 3. October (vergl. Seite 146) noch 14 Geschütze und 4 Mitrailleusen auf den Šipka-Pass geschafft worden (letztere sollen sogar erst am 9. December dort angelangt) sein.

Die 24. Infanterie-Division traf am 20. October mit 3 Regimentern und 3 Batterien in Gornji Studen ein. Das 96. Regiment war nebst 3 Batterien bis 16. October bei Kalarasi zurück geblieben und erst dann in Marsch gesetzt worden.

Die Division war bis Bender per Eisenbahn gefahren, und dann über Galaţ und Kalarasi, wo sie einige Zeit verblieb, nach Zimnitza marschiert.

Nach dem Eintreffen in Bulgarien erfuhr man bei der 24. Inft.-Division, dass bereits im September Leuten auf dem Šipka-Pass Hände und Füße erfroren seien. Man beschaffte nun allerdings Material für warme Fuß-Bekleidung, sandte auch Officiere nach Rußland zurück, um Halb-Pelze (Polušubki) zu beschaffen („letztere trafen jedoch leider erst am Schluss des Feldzuges bei ihren Abtheilungen ein").

Am 23. October marschierte die Division von Gornji Studen ab, und nahm die Route über Trnova-Drenova nach Gabrova.

Während des Marsches versorgten sich die Truppen in Trnova und Gabrova mit Fäustlingen, wollenen Fußlappen (Portjanki), Bauchbinden etc. Ungefähr die Hälfte der Mannschaft (141 per Compagnie) erhielt Halb-Pelze, der Rest bloß noch einen zweiten Brust-Latz. Das meiste machten sich die Truppen selbst.

In der Zeit vom 27. bis 30. October trafen die 1. Brigade (93. und 94. Regiment), das 95. Regiment und 3 Batterien in Gabrova ein, worauf diese Truppen nach und nach auf den Šipka-Pass dirigiert wurden.

2. Die türkischen Positionen südlich des Šipka-Passes.

Da Plevna noch immer Widerstand leistete und dadurch einen erheblichen Theil der russischen Streit-Kräfte gebannt hielt, da umgekehrt im Šipka-Pass die Russen widerstanden, hoffte man in Constantinopel das beste von einer Offensive der türkischen Ost-Armee, welche

Offensive Mehemed Ali Pascha freilich schuldig geblieben war und
nun durch Suleiman Pascha ins Werk gesetzt werden sollte. Inzwischen war es immerhin ein für die gesammte Kriegs-Lage wertvolles Moment, wenn die Russen im Sipka-Pass wenigstens festgehalten und an einem Einbruch in das Tundža-Thal verhindert wurden.

Nach dem missglückten nächtlichen Überfall am 17. September scheinen also die Türken den Gedanken aufgegeben zu haben, die russischen Positionen mit offener Gewalt zu nehmen. Thatsächlich beschäftigten sie sich im Verlauf von fast zwei Monaten (18. September bis gegen Mitte November) vorwiegend nur mit der Erweiterung und Verbesserung ihrer Angriffs-Positionen.

Während ihrer Befestigung- und Lager-Arbeiten wurden die Türken von der russischen Besatzung wenig behelligt; sie verkehrten unbefangen und sorglos in ihren Tranchéen. An heiteren Tagen saßen die türkischen Soldaten häufig auf den Brustwehren im Sonnenschein.

Die Türken ihrerseits beschränkten sich während dieser Zeit (bis anfangs November) auf eine schwache Beschießung der russischen Stellungen; nur manchmal wurde diese Beschießung etwas lebhafter. Die Mörser-Batterie südlich des Sv. Nicola (Distanz circa 850 *m*) wirkte hiebei besonders energisch; sie warf an einzelnen Tagen mehr als 100 Bomben.

Die Batterien waren reichlich mit Munition und sonstigen Kriegs-Vorräthen versehen.

Die türkischen Befestigungen und Truppen-Lager. — Die Türken, seit jeher Freunde von Schanz-Arbeiten, dabei gewandt in allen zugehörigen Handgriffen und Behelfen, hatten am Sipka-Pass überdies die Gunst der Lage für sich: sie waren im Raum beiweitem nicht so beengt, als die Russen, und hatten auch viel mehr Material zu ihrer Verfügung; sie fanden ringsum reichlich Holz und Strauchwerk, und streckenweise doch auch grabbaren Boden. Deshalb speciell zeigten die türkischen Befestigung-Arbeiten größeren Formen-Reichthum, als jene der Russen.

Rechter Flügel. — Auf der Sosok gora eine Batterie für 6 Geschütze, nebstdem (nach anderen Angaben keine Batterie, sondern ausschließlich nur:) Tranchéen für Infanterie. Das Profil der letzteren bestand aus einem seichten Graben mit vorliegender Brustwehr, deren innere und äußere Böschungen mit vertical stehendem Flechtwerk bekleidet waren. Auf dem östlichen Hang zahlreiche Erd-Hütten.

Auf der „Sacharnaja golowka" (Zucker-Hut) — auch „Woronje gnjezdo" (Krähen-Nest) genannt — eine in den Felsen eingesprengte Batterie für 6 Geschütze. Die Tranchéen für Infanterie bestanden hier aus mit Flechtwerk bekleideten Stein-Schutt; um in der untersten Tranchée den für die Aufstellung der Schützen nöthigen Raum zu gewinnen, musste längs des Fels-Randes erst ein Absatz eingesprengt werden.

Unsere Angaben, dass sich auf der Sacharnaja gora eine Batterie für 6 Geschütze befand, beruht auf den Verlauf der früheren Kämpfe am Šipka-Pass (August und September), sowie auf Angaben eines Artikels im „Sbornik," dessen Verfasser (offenbar ein russischer Officier) die ganzen Šipka-Kämpfe mitgemacht hat, also aus eigenem Augenscheln und auf Grund monatelanger Beobachtung berichtet. Dem entgegen finden wir jedoch in den „Reise-Skizzen eines russischen Ingenieur-Officiers" zu unserer Verwunderung vollkommen abweichende Daten: „am äußersten Gipfel eine Batterie für „2 Mörser, und weiter vor derselben, auf einer Rückfall-Kuppe, ein einzelner Geschütz- „Stand für 1 Mörser. Zwischen der Sacharnaja gora und dem Mali Brdok, auf einer „flachen Kuppe, eine Batterie für 2 Geschütze; in den Boden eingeschnitten, hatte „sie mit Flechtwerk bekleidete Scharten-Backen und einen unter den Wurzeln eines „mächtigen Baumes geschickt angelegten Unterstand."

Auf dem Mali Brdok eine (von den Russen wegen ihrer neun Scharten „Dowjatyglazka" d. i. Neun-Auge genannte) Batterie für 8 Geschütze. Sie hatte ein gerade Face mit Schieß-Scharten; die Geschütz-Stände, wegen Raum-Mangel knapp an einander, hatten zwischen sich keine Traversen, sondern nur Unterstände; Brustwehr 0·3 m dick, Böschungen mit Flechtwerk bekleidet. Auf dem vom Feuer der russischen Batterien abgewendeten Berg-Hang eine große Zahl von Erd-Hütten.

Auf der Kuppe ungefähr 900 m östlich der Sosok gora soll auch noch eine Batterie etabliert gewesen sein; es geschieht jedoch keine nähere Erwähnung über dieselbe.

Centrum. — Südlich des Sv. Nicola, beiderseits der Straße drei Batterien für zusammen 14 Mörser; ferner 4 „weittragende" Geschütze in den Logements gegenüber dem „Adler-Horst."

Die große Mörser-Batterie lag höchstens 500 m von den Fels-Abstürzen des Sv. Nicola entfernt, und erheblich tiefer: wahrscheinlich hatte der starke Abfall des südlichen Šipka-Rücken die Türken veranlasst, in solche Nähe heran zu kommen. Bemerkenswert ist die Todes-Verachtung, welche (trotz gedeckter Geschütz-Stände) erforderlich war, in dieser Position zu verharren, welche von den Russen vollständig eingesehen und unter wirksamem Geschütz-Feuer gehalten werden konnte.

Im Centrum sah man auch einige, wegen ihrer eigenthümlichen Anlagen bemerkenswerte, runde Schützen-Löcher für je einen oder zwei Schützen: eine hohe, die darin befindlichen Leute vollkommen deckende Brustwehr mit Scharten, deren Backen durch Steine bekleidet waren.

An der Šipka-Straße, südwestlich der großen Mörser-Batterie, befand sich ein größeres Truppen-Lager.

Das Dorf Šipka (vor dem Krieg 800 Häuser mit 3- bis 4.000 Einwohnern) war vom Grund aus zerstört und dem Erdboden gleich gemacht worden, nur die als Magazin benutzte Kirche stehen geblieben.

Bei Šejnovo begann man im October die Anlage eines großen befestigten Lager, welches südlich bis Sakirčevo reichen sollte; die zu dessen Armierung erforderlichen Geschütze wurden herbei geschafft.

Linker Flügel. — Auf dem Jechil tepe 2 Mörser, nebstdem in der östlichen Einsattelung 2 „weittragende" Geschütze.

Auf dem „Ljesowoj Kurgan" (Grab-Hügel im Wald) eine solide, in zwei Absätzen angelegte Batterie für 5 Geschütze (nach anderen Angaben Mörser): auf dem oberen Absatz 3 Feld-, auf dem unteren (um 1·2 m tieferen) Absatz 2 Gebirgs-Geschütze. Brustwehr 4 m hoch; unter der linken Flanke waren Munitions-Magazine im Felsen ausgesprengt.

Auf der geräumigen und flachen Kuppe „Lissaja gora" zwei Lunetten, und nebstdem Batterie-Stellungen für 13 Feld-Geschütze; mehr nördlich davon noch eine Batterie für 2 Gebirgs-Geschütze.

Die „Gebirgs-Batterie", für 4 Gebirgs-Geschütze, war ganz gegen alle Regeln der Feld-Befestigung erbaut. Sie hatte lange und schmale, mit Hürden bekleidete Scharten (in Form einer Rinne von innerhalb 0·3 und außerhalb 0·6 m Breite bei 2·4 m Länge), welche ausschließlich (wie schon Seite 153 erwähnt) gegen die Rajiskaja dolina (das „Paradies-Thal") gerichtet, auch nur von der dortigen Krümmung der Sipka-Straße zu sehen waren, und von anderen, nur etwas abseits liegenden Punkten nicht leicht entdeckt werden konnten. Es unterliegt wohl keinem Zweifel, dass jene Scharten durch drei oder vier gelungene Schüsse leicht hätten demoliert werden können; aber die Türken verstanden es eben, dieselben durch die eigenthümliche Art der Erbauung fast unsichtbar zu machen.

Nahezu der ganze Raum zwischen dem „Ljesowoj Kurgan" und der „Lissaja gora" war mit geräumigen Erd-Hütten, welche eine sehr große Anzahl Truppen (mindestens eine Division) fassen konnten ausgefüllt; auf der Berg-Nase, welche vom Jechil tepe gegen Süd abzweigt, befand sich das Lager für eine Brigade. Alle diese Lager-Räume waren durch Schützen-Gräben u. dgl. gegen etwaige Angriffe geschützt.

Allgemeines über die technischen Arbeiten der Türken. — Die häufige Anwendung von Flechtwerk und Hürden als Bekleidungs-Material wird theils durch die gedeckte und sehr zweckmäßig gewählte Lage der Befestigungen, theils durch das an manchen Punkten nur schwache Feuer der russischen Batterien erklärlich.

In allen drei Gruppen der türkischen Positionen lagen vor und zwischen den Batterien ausgedehnte Logements, so dass überall eine starke Laufgraben-Wache, zum Schutz gegen feindliche Offensiv-Unternehmungen und um das von den Türken beliebte Infanterie-Feuer zu unterhalten, gut gedeckte Aufstellung fand. Diese, in einer fast ununterbrochenen Linie angelegten Logements waren dem Terrain vortrefflich angepasst und für etagen-förmige Feuer-Wirkung eingerichtet; größtentheils boten dieselben den Vertheidigern eine vollständige Deckung.

Bei Herstellung der Logements war häufig der felsige Bau-Grund hinderlich, und das übliche Laufgraben-Profil ließ sich nicht anwenden. Es gab daher Stellen, wo die Brustwehr nur aus einer zwischen

Flechtwerk-Wänden gemachten Anschüttung von Stein-Schutt und Fels-Geröll bestand. Auch Stamm-Holz fand sich stellenweise zu Brustwehren aufgeschichtet, vorne mit Erde gedeckt.

Beachtenswert ist die vielfach zur Anwendung gekommene Kopf-Deckung für Schützen durch Balken, welche oberhalb der Brustwehr so angebracht waren, dass schmale horizontale Schieß-Schlitze entstanden. Letztere ergaben sich zum Theil von selbst bei der Verwendung krumm gewachsener Stämme, welche wie Hänge-Tramé — die convexe Seite nach oben — auf die Brustwehr-Krone gelegt wurden, zum Theil schuf man sie durch Anwendung von Unterlag-Klötzen.

Demselben Princip der Sorge für Kopf-Deckung entsprachen einzelne Schützen-Löcher für einen oder zwei Mann, deren über die Anschlag-Höhe reichenden Brustwehren mit in Steinen ausgesetzten Scharten-Öffnungen durchsetzt waren. (Siehe Details der Schützen-Löcher im Centrum, Seite 156.)

Die guten Unterkünfte in den Erdhütten- und Baracken-Lagern der Flügel-Gruppen gewährten den nicht unmittelbar im Dienst befindlichen Truppen Ruhe und Erholung, hielten dieselben aber zugleich doch als Reserven in naher Bereitschaft.

Die Unterkünfte befanden sich stets an den der russischen Stellung entgegen gesetzten, also dem feindlichen Feuer abgewendeten Berg-Hängen.

Die Bau-Art der gewöhnlichen Erd-Hütten war sehr einfach und zweckmäßig. Sie wurden nämlich derart in den Abhang eingeschnitten, dass die rückwärtige Seite vollkommen in den Boden versenkt erschien, und nur die vordere Wand, in welcher sich die Thür- und Fenster-Öffnungen befanden, nicht geschützt blieb. Die Seiten-Wände bestanden zumeist aus mit Lehm bestrichenen Flechtwerk. Gewöhnlich waren diese Hütten mit Hürden, Rasen-Ziegeln und Erde bedeckt.

Außerdem kamen aber auch solider erbaute Hütten, mit aus Ziegeln aufgeführten Wänden und mit Dach-Ziegeln gedeckt vor. In den meisten derselben befanden sich auch Öfen, so dass die Türken, da die von ihnen besetzten Positionen fast durchgehends bewaldet waren bezw. Brenn-Holz lieferten, sich hier sogar mit einem gewissen Comfort einrichten konnten, während die Russen auf ihren kahlen Stellungen alle Unbilden eines äußerst rauhen Winter aushalten mussten.

III. Ereignisse an der Ost-Front.

I. Stärke und Stellung der Russen.

Die Armee-Abtheilung des Großfürst-Thronfolger (Generalstab-Chef Generall. Wannowski) hatte folgende Zusammensetzung:

	Bataill.	Esc.	Gesch.
12. Corps (Großfürst Wladimir):			
12. Infanterie-Division (Generall. Baron Firks)	12	—	48
35. Infanterie-Division (Generall. Timofejow)	12	—	48
12. Cavallerie-Division (Generall. Baron Driesen)	—	18	12
31. und 37. Don-Kosaken-Regiment	—	12	—
13. Corps (Generall. Fürst Dondukow-Korsakow*)			
1. Infanterie-Division (Generall. Prohorow)	12	—	48
35. Infanterie-Division (Generall. Baranow)	12	—	48
8. Cavallerie-Division (Generall. Fürst Manojeloff)	—	14	12
1 Sotnie des 13. Don-Kosaken-Regimentes	—	1	—
2 Escadronen des Ataman-Kosaken-Regimentes	—	2	—
Ohne Corps-Verband:			
26. Inft.-Division (Generall. Baron Dellinshausen)	12	—	48
1./32 Inft.-Brigade mit 3 Batterien (1., 3., 4.)	6	—	24
1./11 Cav.-Brigade mit der 18. reit. Batterie	—	8	6
1 Mitrailleusen-Batterie	—	—	8
7. und 1/2 2. Sappeur-Bataillon	1 1/2	—	—
Zusammen:	67 1/2	55	302

oder beiläufig 65.000 Mann. (Von der 8. Cavallerie-Division war das Dragoner-Regiment abdetachiert bei Plevna.) Diese Truppen (Armee-Hauptquartier in Dolnji Monastir) waren am Morgen des 9. October wie folgt dislocirt:

12. Corps: 12. Inft.-Division in der Linie Mečka-Trstenik-Damogila u. zw. 1 Regiment zur Deckung des Donau-Überganges (Brücke bei der Insel Boatin) in und bei Mečka, das Gros im Raum Trstenik-Damogila; — 35. Inft.-Division im Raum Damogila-Batinca; — 12. Cavallerie-Division (nebst 31. und 37. Kosaken-Regiment) im Sicherungs-Dienst von der Donau nächst Pirgos längs des Lom bis Cornica;

*) Der frühere Commandant des 13. Corps — Generall. Hahn — wurde anfangs October nach Petersburg gesendet.

13. Corps: 1. Inft.-Division im Raum Gornji Monastir-Buzovca-Banica-Oölbunar; — 35. Inft.-Division (nebst der Mitrailleusen-Batterie und den 1½ Sappeur-Bataillonen) bei Bjela mit Detachements bei Kosua und Trembeš; — 8. Cav.-Division etc. im Sicherungs-Dienst von Černica über Sinankiöj, Halvedži-Jenidžesi bis Vodica mit Aufklärungs-Truppen bis an den Kara Lom;

bei Koprivca: 2./26 Brigade mit 4 Batterien der 26. Infanterie-Division;

bei Bejin Verboka und Čairkiöj, Generall. Taličew (Commandant der 11. Cavallerie-Division): 1./26 Inft.-Brigade mit 2 Batterien, 1./32 Inft.-Brigade mit 3 Batterien; 1./11 Cav.-Brigade mit der 18. reit. Batterie im Aufklärungs-Dienst bei Karataš-Tülbeler.

Den directen Verkehr mit dem linken Donau-Ufer vermittelte eine Kriegs-Brücke nächst der Insel Boatin.

Die Befestigungen an der Jantra. — Um einen etwa nothwendigen Rückzug auf das linke Jantra-Ufer zu decken, dienten die Befestigungen auf den Höhen östlich von Bjela; an denselben war seit 13. August gearbeitet worden, sie konnten daher als vollendet gelten. Überdies baute man bei Krivna (an der unteren Jantra) und bei Kosna (südlich von Bjela) einige Verschanzungen.

Als Arbeits-Kräfte waren am 10. August 2 Compagnien, am 20. August der Rest (2 Comp.) des 2. Sappeur-Bataillon bei Bjela eingetroffen; — am 27. August hatten jedoch 2 Compagnien davon auf den Šipka-Pass abrücken müssen.

Die Befestigungen bei Bjela (siehe Beilage 5). — Das Terrain am rechten Jantra-Ufer zeigt flache Formen in lehmigem Boden, daher scharf eingeschnittene Wasser-Läufe und an den Hängen viele Abschürfungen; die Communicationen sind zumeist hohlweg-artig eingerissen; die Boden-Bedeckung besteht aus Hutweiden und Feldern mit vielen einzelnen Bäumen. (Details über die Jantra-Brücke: Erste Operations-Periode, Seite 20.)

Im allgemeinen stellt sich die ganze Befestigung-Anlage als eine ununterbrochene, beinahe 21 km lange Infanterie-Linie dar, welche an einzelnen Punkten durch Batterien und Geschütz-Stände verstärkt wurde.

Wegen der Anlage von Spitälern für einige tausend Kranke, sowie zahlreicher Proviant- und Verpflegs-Magazine wurde getrachtet, durch die Befestigungen auch den Ort Bjela gegen eine Beschießung möglichst zu schützen; daraus erklärt sich die verhältnismäßig große Ausdehnung der Befestigungen.

Vom 13. August bis 5. October wurden ausgeführt: 45 Batterien für 219 Geschütze, ferner Geschütz-Stände für 21 Geschütze; — Deckungen für sämmtliche Fuhrwerke; — 2 geschlossene Schanzen für je ein Bataillon, ferner 1 Lunette; — Schützen-Gräben und Infanterie-Deckungen für 18 Bataillone; — 7 Munitions-Magazine.

Das Terrain theilte die ganze Position in drei Abschnitte: rechter Flügel, Centrum, linker Flügel. Von den angeführten Befestigungen entfielen:

auf den rechten Flügel Deckungen für 70 Geschütze und die zugehörigen Fuhrwerke, 1 Redoute für ein Bataillon, 2 Munitions-Magazine, und Infanterie-Deckungen für 7 Bataillone;

auf das Centrum Deckungen für 55 Geschütze und die zugehörigen Fuhrwerke, sowie für 3 Bataillone, 1 Redoute für ein Bataillon, und 2 Munitions-Magazine;

auf den linken Flügel Deckungen für 115 Geschütze und die zugehörigen Fuhrwerke, 1 Lunette, 3 Munitions-Magazine, und Infanterie-Deckungen für 8 Bataillone.

Die große Anzahl von Batterien und Geschütz-Ständen ist dadurch begründet, dass das Terrain vielfach von Schluchten und Gräben zerrissen ist.

Das vorliegende Terrain sollte durch Geschütz- und Gewehr-Feuer vollkommen bestrichen werden können, daher die Batterien in zwei, manchmal sogar drei Reihen hinter einander angelegt wurden.

Die Batterie auf dem Triangulierungs-Punkt Côte 380 (nächst der Straße nach Ruščuk) krönte einen vorzüglichen Aussichts-Punkt, welcher im Verhältnis zu der übrigen Befestigungs-Linie ziemlich weit vorgeschoben lag; deshalb wurde diese Batterie durch Infanterie-Deckungen und durch eine Reihe von Schützen-Logements besonders geschützt.

Jener Triangulierungs-Punkt liegt auf einem (allem Anschein nach künstlich geschaffenen) beiläufig 10 m hohen, hügel-artigen Erd-Aufwurf, und bietet — wie wir aus eigener Anschauung constatieren können — eine wirklich vorzügliche Aussicht nach allen Richtungen; andererseits wäre er, weil weit und breit sichtbar, zur Etablierung einer Signal- bezw. Alarm-Station verwendbar gewesen.

Die beiden Redouten und die Lunette bildeten für den Fall des Rückzuges nach Bjela eine Aufnahms-Stellung, welche die hartnäckigste Vertheidigung der Brücke gestatten und den Feind zum Stehen bringen sollte.

Zur Verbindung sämmtlicher Theile der Befestigung unter sich und mit dem Ort Bjela, dann auch gegen Ruščuk und Pavel wurden 30 km Wege neu hergestellt, und alle schon bestandenen Wege ausgebessert. Der rechte Flügel war vom Centrum der Position durch einen Zufluss der Jantra getrennt; zur Herstellung der Verbindung mussten daher 1 Brücke für Geschütz und schweres Fuhrwerk, 1 Steg für Fußgänger und 5 kleinere Überbrückungen hergestellt werden. Für diese Weg-Arbeiten hatte man Landes-Bewohner gegen Tag-Lohn aufgenommen, Sappeure jedoch nur zur Leitung und Aufsicht eingetheilt.

Für die Besetzung der ersten Feuer-Linie waren, mit Einrechnung der Unterstützungen und nächsten Reserven, 18 Bataillone erforderlich.

Da man während der Ausführung der Arbeiten immer auf einen

Angriff von Nordost oder Ost her gefasst sein musste, wurden zuerst die gefährdetsten sowie die dominierendsten Punkte verstärkt, und dann erst die Befestigung der Intervalle vorgenommen.

Die Batterien waren theils „im Horizont", theils als „versenkte Batterien" erbaut, und durchwegs mit Traversen versehen. Für jedes Geschütz hatte man 4·20—5·40 m Feuer-Linie gerechnet. Brustwehr-Höhe 0·60—1·05 m, Brustwehr-Dicke 5·30—6·30 m; ein innerer und ein äußerer Graben. — Zur Unterbringung des täglichen Bedarfes an Munition wurden für jedes Geschütz entweder in die Stirn-Seite der Traversen oder in die innere Brustwehr-Böschung Nischen eingebaut. — Bettungen waren wegen des meist harten, an vielen Stellen felsigen Bodens, nur für 63 Geschütze nothwendig. — Die Deckungen für die Geschütz-Protzen wurden rück- und seitwärts der Geschütz-Stände und Batterien, 80—120 m von denselben, angelegt; für möglichst gedeckte Verbindungs-Linien zu den Geschützen ist gesorgt gewesen.

Die Schützen-Logements waren den Batterien auf 600 bis 1.000 Schritte vorgelegt, und meist in zwei, stellenweise in drei Reihen hinter einander angeordnet. Die Intervalle zwischen den Logements (in deren Längen-Richtung) betrugen 10—20 Schritts. Jedes Logement war für 4 Männer bestimmt; für je 20 solcher Logements wurden 200—400 Schritte rückwärts entweder ein Deckungs-Graben für ½ Compagnie oder zwei Deckungs-Gräben für je 1 Zug erbaut. Alle Infanterie-Deckungen, auch die Logements, hatte man mit strenger Rücksichtnahme auf das Terrain angelegt.

Die Schützen-Logements waren 6 Schritte lang und kamen in zwei Arten vor: mit 0·45 m tiefem Graben und 0·45 m hoher Brustwehr, oder mit 0·90 m tiefem Graben (mit einer Stufe) und 0·90 m hoher Brustwehr; Graben-Breite war stets 1·50 m, Brustwehr-Dicke stets 2·10 m.

Die beiden Redouten hatten vierseitiges Tracé und Orillons. Die Redoute im Centrum und die Lunette erhielten (da es an Mitteln für Fels-Sprengungen fehlte) keinen Graben, und ihre Brustwehr musste aus Rasen-Ziegeln hergestellt werden. Bei allen drei Werken betrug die Brustwehr-Höhe 1·35 m, die Brustwehr-Dicke 4·20—5·40 m; die Redoute auf dem rechten Flügel hatte einen inneren Graben (0·75 m tief, 3·00 m breit) und einen äußeren Graben (1·50 m tief, 4·00 m breit).

In den Schanzen wurden keine Geschütze aufgestellt, jedoch seitwärts derselben, und mit ihnen durch Tranchéen verbunden, Batterien und Geschütz-Stände aufgeworfen.

Die Deckungen für die Reserven hatten nur einen inneren Graben (0·90 m tief, 3·00 m breit), 0·90 m Brustwehr-Höhe und 3·00 m Brustwehr-Dicke.

Die Munitions-Magazine waren in zurück-gezogener, möglichst gedeckter Lage erbaut.

In Folge Befehl vom 21. September wurden bis 5. October die Befestigungen bei Bjela durch Anlagen am linken Jantra-Ufer vervollständigt. Dieselben bekamen den Charakter einer Arrièregarde-Position für den Fall eines Rückzuges, sollten jedoch außerdem die Flanken und den Rücken der Stellung am rechten Ufer unterstützen.

Man baute am linken Jantra-Ufer: 8 Batterien für zusammen 44 Geschütze, Deckungen für Fuhrwerke und für 6 Compagnien Infanterie, ferner ungefähr 4 km Wege. Das Feuer der Geschütze sollte besonders die Brücke über die Jantra sowie die Fluss-Ufer bestreichen; danach richteten sich die Emplacements. Wegen Mangel an Zeit wurden nur an den Haupt-Punkten Batterien hergestellt; die Intervalle sollten erst im letzten Moment fortificiert werden.

Die Details dieser Befestigung-Anlagen waren dieselben, wie jene der Arbeiten am rechten Ufer.

2. Stärke und Stellung der Türken.

Armee-Commandant: Suleiman Pascha (Hauptquartier Rasgrad);
Generalstab-Chef: Brigade-General Husni Pascha.

Die Feld-Armee bestand aus dem 3. und 4. Corps. Die hier folgende Ordre de bataille derselben repräsentiert die vierte durch Mehemed Ali Pascha (dem früheren Armee-Commandanten) vorgenommene Reorganisation der türkischen Lom-Armee, und war eigens für die nun schon verunglückten Operationen gegen die Jantra geschaffen worden. Kurz vor seiner Abberufung hatte Mehemed Ali Pascha kleine Abänderungen daran bewirkt.

3. Corps (Achmed Ejub Pascha):

			Baone.	Esc.	Batt.		Mann
1. Division	(Fuad Pascha)	. . . .	15	6	4	=	9.900
2.	„ (Assaf Pascha)	. . . .	12	6	3	=	7.800
3.	„ (Sabit Pascha)	. . . .	12	4	3	=	7.700
4.	„ (Assym Pascha)	. . . .	11	6	3	=	7.100
		Zusammen	50	22	13	=	32.500

4. Corps (Prinz Hassan):

1. Division	(Salih Pascha)	. . . .	9	7	4	=	6.800
2.	„ (Ismail Pascha)	. . . .	8	5	4	=	6.000
3.	„ (Salim Pascha)	. . . .	12	5	2	=	7.900
Selbständige Brigade Saadetin Pascha	. . .		8	1	1	=	4.800
		Zusammen	37	18	11	=	25.500

Allgemeine Reserve (Nedjib Pascha):

5. Division des 3. Corps (Nedjib Pascha) . .	11	4	3	= 7.000
Selbständige Brigade Mustapha Pascha . . .	8	2	1	= 5.000
Zusammen	19	6	4	= 12.000
Im ganzen die Feld-Armee:	106	46	28	= 70.000

An Cavallerie nebstdem 4.000 Irreguläre (8 Compagnien berittener Gendarmen, ferner Čerkessen u. dgl.), also ungefähr 40 und daher im ganzen 86 Escadronen. Die Irregulären inbegriffen zählte die Feld-Armee rund 75.000 (nach anderen Angaben 85.000) Mann.

Die Armee war wie folgt dislociert: 3. Corps in der Linie Kačeljevo-Tabačka, mit Theilen bei Jovan Čiflik; — vom 4. Corps die Division Salih und die Brigade Saadetin Pascha bei Karahasankiöj, die Division Ismail Pascha bei Sarnasuflar, Vor-Truppen bei Popkiöj (nur 2 Escadronen) und Haidarkiöj; — allgemeine Reserve bei Tabačka-Kosova; — die Division Salim Pascha bei Osmanbazar.

Die Festungs-Besatzungen, wie es scheint durchaus minderwertige, nicht feld-tüchtige Truppen:

				Baone.	Esc.	Batt.		Mann
In und bei Ruscuk (Achmed Kaisserli Pascha)				12	3	3	=	9.000
„	„	„	Šumla (Tahir Pascha)	5	6	2	=	3.800
„	„	„	Turtukai (v. Silistria dependierend)	—	3	—	=	500
„	„	„	Silistria (Selami Pascha) . .	12	4	2	=	9.000
„	„	„	Varna (Raschid Pascha) . . .	7	2	1	=	5.500
			Zusammen	36	18	8	=	27.800

Das Dobrudža-Detachement bei Rasone, Esc., Ratt.   Mann
Hadži Oglu Bazardžik (dem Generall. Zimmer-
mann gegenüber) 11   5   2 =   8.200

Die ganze türkische Donau-
Armee hatte daher einen beiläufigen Stand von 153   69 38 = 106.000
oder, wenn man die bei der Feld-Armee erwähnten Irregulären mitrechnet, rund 110.000 Mann.

3. Ereignisse vom 3. October bis 1. November.

Das Wetter war in der ersten Hälfte des October äußerst
ungünstig; es regnete fortwährend, und die ganze Gegend repräsen-
tierte sich als ein unabsehbares Koth-Meer, alle Communicationen
wurden einfach unbrauchbar. Unter solchen Umständen konnte beiderseits nicht an eine Fortsetzung der Operationen gedacht werden.

Die Truppen beider Parteien litten, da sie zum größten Theil
ohne Obdach lagerten, ungemein unter den misslichen Witterungs-
Verhältnissen. Beiderseits begann man daher Vorkehrungen, um in den
jetzt inne habenden Stellungen eventuell überwintern zu können.

Suleiman Pascha traf am 4. October in Rasgrad ein, und übernahm also erst an diesem Tag thatsächlich das Armee-Commando.

Wir müssen hervorheben, dass Suleiman — gleich wie Mehemed
Ali Pascha (siehe „Zweite Operations-Periode", Seite 103) — nur zum
Commandanten der Donau-Armee und nicht auch zum „Generalissi-
mus" oder „Serdar Ekrem" (Befehlshaber über alle drei türkischen
Armeen) ernannt wurde. Die oberste Leitung der Operationen hatte
sich der Kriegs-Rath in Constantinopel vorbehalten.

Die Reorganisation der Armee — war das erste, womit
sich Suleiman Pascha nach Übernahme des Commando befasste.

Zunächst vermehrte er den Effectiv-Stand der Armee durch
5.000 Mann Kern-Truppen, welche er sich von der Balkan-Armee
mit herüber gebracht hatte.

Weiters verlangte er — wie sein Vorgänger — Verstärkungen,
und erhielt auch solche (Details fehlen). Freilich waren dies Forma-
tionen, wie sie die Türkei jetzt überhaupt noch aufzustellen vermochte: Truppen, welche aus meist zwar tapferen, aber wenig oder
gar nicht militärisch geschulten Leuten bestanden, und ziemlich lose
organisiert waren.

Suleiman Pascha entledigte sich zugleich aller fremden (vorwiegend deutschen und englischen) Officiere, welche durch Mehemed
Ali Pascha in die Armee eingetheilt worden waren.

Die Ägypter — seinem eingefleischten Türkenthum zuwider —
disponierte Suleiman Pascha sammt ihrem Prinzen Hassan zurück
nach Varna. Am 9. October begann die ägyptische Artillerie den
Marsch, und tags darauf folgten 4 Bataillone; da traf aber ein

Telegramm von Suleiman ein, in welchem er den Prinzen bat, den
Rest seiner Truppen so lang noch im Lager bei Sarnasuflar zu lassen,
bis sie durch türkische Bataillone ersetzt werden. Prinz Hassan reiste
zwar ad personam am 11. October ab; doch blieb der Brigade-
General Yussuf Pascha mit 4 ägyptischen Bataillonen noch bei
Sarnasuflar.

Ferner schaffte Suleiman Pascha den Corps-Vorband ab. Er
wollte nicht Unter-Befehlshaber, welche eventuell eine dem Armee-Commando unangenehme Unabhängigkeit in operativer Beziehung bean-
spruchen und die Möglichkeit besitzen, ihren diesfälligen Ansprüchen
Geltung zu verschaffen. Achmed Ejub Pascha wurde von seinem
Commando enthoben, Prinz Hassan — wie oben erwähnt — nach
Varna gesendet. (Nach jenen Erfahrungen, welche Mehemed Ali mit
seinen Corps-Commandanten und speciell mit Ejub Pascha gemacht
hatte, ist Suleiman's Verfahren in dieser Hinsicht wohl nur zu billigen.)

Suleiman verlangte auch, dass ihm der bisherige rechte Flügel
der Balkan-Armee (alle Truppen im Bereich von Sliven und Kazan)
als linker Flügel der Lom-Armee unterstellt werde; dadurch wollte
er vorbeugen, dass es ihm — umsomehr als er nicht „Generalissimus"
war — ein Anderer eben so mache, wie er es Mehemed Ali gethan
hatte. In Constantinopel scheint man jedoch nicht darauf eingegangen
zu sein, wenigstens zeigt uns die künftige Ordre de bataille der Lom-
Armee nicht die von Suleiman Pascha begehrte Vermehrung seiner
Streit-Kräfte.

Endlich befahl Suleiman eine Verstärkung der schon längst
begonnenen verschanzten Stellungen bei Rasgrad, derart, dass dieses
Rasgrad mindestens einem Plevna gleich werde (!).. Da man den
starken Positionen von Rusčuk und Šumla doch auch wenigstens
den nämlichen Wert zugestehen musste, wurde hier den Russen, falls
sie sich zu Herren von Ost-Bulgarien machen wollten, eine harte
Arbeit geschaffen.

Suleiman Pascha's Operations-Plan. — Mehemed Ali
Pascha hatte, wie wir aus den Ereignissen Ende September wissen,
einen Angriff gegen den äußersten linken Flügel der Russen vorbereitet,
und hiezu die Concentrierung von 3 Inft.-Divisionen sowie den Bau
einer Brücke bei Jovan Čiflik angeordnet.

Suleiman Pascha war nicht willens, die Ideen und Dispositionen
Mehemed Ali's auszuführen. Er behauptete sogar, letzterer habe, nach
der ihm durch Reuf Pascha zugekommenen Nachricht über seine
bevorstehende Abberufung, absichtlich Vorbereitungen zu einer „aus-
sichtslosen" Operation getroffen, damit Suleiman bei ihrer Durchführung eine sichere Schlappe erleide. In Wirklichkeit aber verwarf
Suleiman die vorbereitete Offensive einfach — weil die Idee dazu
von Mehemed Ali herstammte. (Sonderbar, dass Suleiman Pascha

später, als die Lage eine viel ungünstigere geworden war, dieselbe „aussichtslose" Operation selbst anordnete.)

Suleiman Pascha beabsichtigte, beim Eintritt besserer Witterung anzugreifen. Aber er bekam inzwischen aus Constantinopel die Nachricht, dass die russische Lom-Armee bedeutende Verstärkungen erhalten habe; überdies brachte ein Adjutant des Sultan den Befehl, derart grosse Verluste wie am Sipka-Pass zu vermeiden.

Unter solchen Umständen frug sich Suleiman am 12. October telegraphisch in Constantinopel an: ob er nicht ganz in der Defensive bleiben soll. Der Kriegs-Rath bejahte dies.

Nichtsdestoweniger empfand Suleiman Pascha das Bedürfnis, sich durch Recognoscierungen einigermassen Aufschlüsse über Stärke und Stellung des Gegners zu verschaffen. Gegen Mitte October hatte sich das Wetter wieder ein wenig aufgehellt, Frost war eingetreten: dies ermöglichte kleinere Unternehmungen.

Recognoscierung gegen den russischen linken Flügel. — Am 15. October rückte ein türkisches Detachement, welchem sich Suleiman Pascha persönlich angeschlossen haben soll, aus Rusčuk über Kadikiöj und Jovan Čiftlik vor. Näheres hierüber, sowie über den Verlauf der Recognoscierung vermochten wir nicht zu constatieren; nur soviel steht fest, dass sich das türkische Detachement nach einem kurzen Gefecht gegen die Vor-Truppen des russischen 12. Corps, wieder hinter den Lom zurück zog.

Recognoscierung gegen das russische Centrum. — Sie wurde mit der speciellen Absicht ausgeführt, zu erforschen, wie stark die Russen in dem Raum Posapina-Kovačica seien.

Hiezu sollte Baker Pascha mit zwei Colonnen vorrücken: 1 Bataillon und 3 Escadronen aus Karahasankiöj; — 3 Bataillone, 6 Escadronen und 3 Gebirgs-Geschütze aus Sarnasuflar. Bis zum Morgen des 16. October sollten sich erstere bei Gagovo, letztere bei Haidarkiöj versammeln.

Am Morgen des 16. October gab es dichten Nebel, welcher sich aber gegen 10 Uhr Vormittag verzog.

Baker Pascha rückte mit der linken Colonne bis Popkiöj vor (wo sich seit Ende September 2 türkische Escadronen befanden) und wartete hier, hinter einem Wald gedeckt, so lang, bis die Colonne aus Haidarkiöj auf gleiche Höhe kam. Hierauf detachierte er 2 Escadronen zur Deckung seiner linken Flanke in die Direction auf Balši Inmurkiöj, liess 1 Bataillon und 1 Geschütz bei Popkiöj (nebst den hier stabil befindlichen 2 Escadronen) als Rückhalt stehen, und begann mit dem Rest seiner Truppen (im ganzen 3 Bataillone, 9 Esc., 2 Gesch.) die Vorrückung gegen den Raum zwischen Kovačica und Polamarča.

Die schwachen Kosaken-Feldwachen zogen sich vor dem türkischen Detachement zurück. Bald aber rückte 1 russisches Cavallerie-

Regiment mit 1 Batterie vor, welch letztere gegen Baker's rechte (aus Haidarkiöj vorgerückte) Colonne das Feuer eröffnete.

Baker Pascha ließ nun die 4 Escadronen der linken Colonne zum Angriff schreiten. Hierauf soll noch 1 russisches Cavallerie-Regiment mit 1 Batterie u. zw. bei den alten (aus dem Monat August stammenden) russischen Verschanzungen aufgetaucht sein, und sich gegen die im Vorrücken verharrende linke türkische Colonne entwickelt haben; die russische Batterie speciell protzte ab und eröffnete auf kurze Distanz (circa 1.800 m) ein lebhaftes Feuer.

Inzwischen hatte sich Baker's Infanterie (2 Bataillone) zum Gefecht formiert, und ihre Feuer-Linie rückte, durch hohe Mais-Felder gedeckt, unaufhörlich vorwärts. Sie scheint jedoch bald zum Stehen gebracht worden zu sein, denn es dauerte fast eine Stunde bis dieser Angriff den Russen derart bedrohlich erschien, dass sie ihre nördlich von Kovačica stehende Reserve eingreifen ließen.

Baker Pascha erachtete den Zweck seiner Recognoscierung für erfüllt, und zog sich nach Popkiöj zurück, wo er 2 bis 3 Stunden stehen blieb, um nicht den Eindruck hervor zu rufen, als ob er eine Niederlage erlitten hätte. Abends rückten seine Truppen nach Sarnasuflar bezw. Karahassankiöj ein. Sie hatten angeblich, trotz des heftigen russischen Artillerie-Feuers, nur ganz unwesentliche Verluste erlitten.

Neue Gruppierung der türkischen Donau-Armee. — Bei Gelegenheit der Mitte October vorgenommenen Recognoscierungen hatte Suleiman Pascha erkannt, dass seine Truppen noch keineswegs zu einem erfolg-versprechenden Gebrauch geeignet seien. Außerdem stand ja der Winter vor der Thür. Er ließ daher den Gedanken an Offensive — trotzdem diese durch einen am 18. October aus Constantinopel eingetroffenen Befehl angeordnet worden war — einstweilen fallen und trat in die Fußstapfen Mehemed Ali's, indem er das Centrum seiner Armee in die verschanzte Stellung von Rasgrad zurück führte und nur eine starke Arrièregarde westlich des Ak (Bjeli) Lom beließ.

Seine Armee hatte unterdessen, d. h. nach Abschaffung der Corps-Verbände, folgende Ordre de bataille angenommen:

Feld-Armee:

	Baone.	Esc.	Batt.	Mann.
1. Division (Fuad Pascha)	18	6	4 =	12.000
2. „ (Assaf Pascha)	11	6	4 =	7.000
3. „ (Sabit Pascha)	12	4	4 =	8.000
4. „ (Nedjib Pascha)	15	6	3 =	10.000
5. „ (Salih Pascha)	18	10	5 =	12.000
6. „ (Salim Pascha)	12	5	2 =	8.000
Mobile Division von Ruščuk (Mustapha Pascha)	8	—	2 =	5.300
Selbständige Brigade Saadetin Pascha	7	—	1 =	4.500
Zusammen	101	37	25 =	60.800

nebst einer nicht näher bekannten Anzahl irregulärer Truppen.

Garnisonen:	Bione,	Esc.,	Batt.,		Mann
In und bei Rusčuk (Kajsserli Pascha) .	12	3	3	—	9.500
„ „ „ Šumla (Tahir Pascha) . .	18	12	2	=	14.100
„ „ „ Turtukai (von Silistria dependierend)	—	3	—	=	300
„ „ „ Silistria (Selami Pascha) .	10	4	2	=	8.000
„ „ „ Varna die Ägypter (Yussuf Pascha)	8	5	4	=	6.100
Zusammen	48	27	11	=	38.000
Das Dobrudža-Detachement bei Hadži Oglu Bazardžik . . .	11	5	2	=	7.200
Im ganzen die Donau-Armee:	160	69	38	=	112.000

oder, wenn man (wie auf Seite 163) die Irregulären dazu zählt, rund 115.000 Mann.

Die Feld-Armee war vom 20. October angefangen wie folgt gruppiert: in und bei Rasgrad das Armee-Hauptquartier, die 1. und 4. Division; — bei Kadikiöj die 2. Division und die „mobile Division von Rusčuk;" — in dem Raum Solenik-Kostanca-Esirdžo-Turlak die 3. Division; — bei Karahasankiöj die selbständige Brigade Saadetin Pascha; — bei Sarnasuflar die 5. Division; — bei Osmanbazar die 6. Division, mit Vor-Truppen in verschanzter Stellung bei Jailakiöj (an der Straße nach Kosarovo-Trnova).

Die Armee-Abtheilung des Großfürst-Thronfolger. — Von derselben war, nachdem Mehomed Ali Pascha (Ende September) seinen Rückzug hinter den Kara Lom vollendet hatte, zunächst deren linker Flügel — das 12. Corps — wieder zu einer leichten Offensive vorgerückt. In Folge dessen kam es bei Kadikiöj und Kosova zu kleinen, aber heftigen Vorposten-Gefechten.

Im allgemeinen erreichten die Vorposten der einzelnen russischen Colonnen erst am 5. October wieder die Linie des Kara Lom.

Die 2. und 3. Grenadier-Division erhielten (siehe „Ereignisse an der West-Front") vorübergehend die Bestimmung, den Großfürst-Thronfolger zu verstärken, wurden aber schließlich nach Plevna dirigiert.

Im Lauf des Monat October schied die 32. Infi.-Division aus dem 11. Corps und kam — ohne Corps-Verband — ganz zur Armee-Abtheilung des Großfürst-Thronfolger; dafür trat die 26. Infi.-Division, sowie die 1./11 Cavallerie-Brigade, zum 11. Corps über.

Recognoscierungen. — Auf Seite der Russen war man über die Richtung, in welcher das Gros der türkischen Donau-Armee seinen Rückzug angetreten hatte, nicht genau unterrichtet; außerdem gelangten in das Hauptquartier des Großfürst-Thronfolger Nachrichten, dass Suleiman Pascha für das Jahr 1877 den Krieg als beendet betrachte und sich anschicke, Winter-Quartiere zu beziehen.

Der Großfürst-Thronfolger beabsichtigte eine große „scharfe" Recognoscierung, um dabei zugleich seine Vor-Truppen ostwärts zu schieben.

Die Vorbereitungen dazu führten bereits am 21. und 22. October zu einzelnen Zusammen-Stößen bei Jovan Čiftlik (wo der im Hauptquartier des Großfürst-Thronfolger eingetheilte Prinz Sergius von Leuchtenberg, ein Neffe des Kaiser Alexander II., fiel), ferner zwischen Kačeljevo und Solenik.

Am 24. October fand dann ein allgemeines Vorrücken starker Abtheilungen des 12. Corps (darunter die 12. Cavallerie-Division und „einige" Kosaken-Regimenter) über Besarbova und Jovan Čiftlik gegen den Raum Kadikiöj-Buzin-Pizanca-Nisova, — anderseits seitens des 13. Corps eine derlei Vorrückung der 1. Inft.- und 8. Cavallerie-Division nebst etlichen Kosaken-Escadronen über Kačeljevo gegen die Linie Solenik-Kostanca statt.

Die diesen Angriffs-Truppen gegenüber stehenden Türken wichen zwar fechtend zurück, leisteten aber dabei einen genügend hartnäckigen Widerstand, um den Russen den Eindruck beizubringen, dass in jenen Gegenden ein nicht unbedeutender Theil der Armee Suleiman's stehen müsse.

Das Resultat dieser Unternehmung war, dass die äußersten russischen Vor-Truppen sich wenigstens in die Linie des Bjeli Lom und Solenik Lom in der Ausdehnung von Kostanca über Nisova und Jovan Čiftlik bis nahe an Ruščuk festsetzten.

Bei allen diesen Zusammen-Stößen (vom 21. bis 24. October) verloren die Russen nur etwa 300 Mann. (Da kann der Widerstand der Türken wohl kein bedeutender gewesen sein!)

Die weitere Zeit (bis 1. November) verlief ganz ereignislos. Auf beiden Seiten — Türken und Russen — war die Neigung zur Defensive vorherrschend, und erhielt durch die sehr ungünstigen Witterungs-Verhältnisse eine erhöhte Berechtigung.

Wiewohl die Armee-Abtheilung des Großfürst-Thronfolger mit den anfangs October eingetroffenen Ersatz-Transporten nun mindestens 70.000 Mann zählte, so reichte diese Kraft doch immer noch nicht aus, um Ruščuk und Šumla durch stärkere Truppen beobachten und mit dem Rest die türkische Ost-Armee in ihren festen Stellungen hinter dem Kara Lom angreifen zu können.

Man war also hier nach wie vor auf die Defensive verwiesen und hatte auch für die nächste Zukunft keine Aussicht, ein angriffsweises Verfahren einschlagen zu können. Denn alle frischen Truppen, welche in letzter Zeit in Bulgarien eingetroffen waren oder noch eintreffen sollten, wurden von der obersten Heeres-Leitung zur directen oder indirecten Verstärkung der West-Armee bestimmt, so dass erst nach dem Fall von Plevna — welcher voraussichtlich noch geraume Zeit auf sich warten lassen durfte — an keine Aufnahme der Offensive gegen die türkische Haupt-Armee zu denken war.

IV. Ereignisse in der Dobrudža.

Generall. Zimmermann, welcher seit Mitte Juli in der Linie Černavoda-Medžidjo-Küstendže stand, verfügte über folgende Truppen:

14. Corps (Hauptquartier Eski Burlak):

	Baone	Esc.	Gesch.
17. Infanterie-Division (Generall. Porochovnikow)	12	—	48
18. Infanterie-Division (Generall. Narbut)	12	—	48
1. Don-Kosaken-Division (Generall. Šamšew)	—	24	18
Vom 7. Corps:			
1. Brigade der 15. Infanterie-Division	6	—	—
1. Brigade der 7. Cavallerie-Div., 13. u. 14. reit. Batt.	—	8	10
2 Compagnien des 5. Sappeur-Bataillon.	1/2	—	—
Zusammen:	30 1/2	32	124

oder circa 40.000 Mann (30.000 Combattanten).

Die Truppen hatten folgende Aufstellung: Gros der Infanterie bei Eski Burlak; — 67. Regiment und 1 Batterie der 17. Inft.-Division bei Černavoda; — 2 Bataillone und 1 Batterie der 18. Inft.-Division nebst 1 Sotnie Kosaken in Küstendže (dieser Hafen war durch einige Batterie-Anlagen verstärkt); — 1. Brigade der 15. Inft.-Division mit 1 Batterie der 18. Inft.-Division und 2 Sotnien Kosaken bei Babadagh-Tulča (in Isakča und Tulča je 1/2 Sotnie Kosaken).

Die Cavallerie war zur Sicherung des Corps einige Kilometer südlich des Trajan-Wall, wie folgt dislociert:

rechter Flügel, unter Befehl des Generall. Šamšew: 15. Kosaken-Regiment bei Uzunamat, 16. Kos.-Reg. mit 2 Kosaken-Batterien bei Font. Mahmut Kujusu, 17. Kos.-Reg. bei Eni Dilbiler;

linker Flügel, unter Befehl des Generall. Mansoi (Commandant der 7. Cavall.-Division): 18. Kosaken-Regiment mit 1 Kosaken-Batterie bei Eski Bilbiler, 7. Husaren-Regiment mit der 13. reit. Batterie bei Muhamedie, 7. Dragoner-Regiment mit der 14. reit. Batterie (4 Gesch.) bei Jedi Oluk.

Jenseits der Donau hatte die 2. Brigade der 15. Infanterie-Division die Sicherung der Strecke Galaz-Kilin zu besorgen; — die 24. Inft.-Division stand bei Kalarasi; — die 36. Inft.-Division (7. Corps) mit ihrem Gros ebenfalls bei Kalarasi zur Sicherung der Fluss-Strecke Oltenitza-Hirsova-Braila (bei letzterem Ort 2 Bataillone als Brücken-Besatzung), insbesondere zur Beobachtung von Silistria; — die 2. Brigade der 7. Cavallerie-Division scheint auf die einzelnen Positionen des 7. Corps vertheilt gewesen zu sein.

Die Schiffe des russischen Geschwader von Nikolajew kreuzten an den Küsten des schwarzen Meeres. Die russische Donau-Flotille lag bei Cernavoda vor Anker.

Zur Vertheidigung der Donau-Mündungen: im Kilia-Arm 9, anderwärts zerstreut 25 Schiffe; nebstdem am linken Ufer des Sulina-Armes — der Stadt Sulina gegenüber — 2 Batterien für die Land-Artillerie; einige See-Meilen oberhalb der Stadt war eine Reihe von See-Minen versenkt worden.

Auf Seite der Türken standen: bei Silistria 10.000 (bis 15.000) im verschanzten Lager bei Hadži Oglu Bazardžik circa 10.000, bei Varna-Baltik 10- bis 12.000 Mann.

Bei Sulina lagen 7 Krieg-Schiffe vor Anker; nächst der Stadt hatten die Türken 3 Batterien erbaut.

Das Gros des türkischen Flotten-Geschwader unter Hassan Pascha lag auf der Rhede von Varna vor Anker. Die Flotte Hobert Pascha's war an der kaukasischen Küste beschäftigt.

Ereignisse bei Sulina. — Diese Stadt dehnt sich am rechten Ufer des Sulina-Armes (durchschnittlich 200 m breit) etwa eine See-Meile lang von der Fluss-Mündung aus. Im östlichen Theil der Stadt und am linken Ufer des Flusses hatte die „internationale Donau-Commission" Pack-Häuser, Läden und sonstige Gebäude aus Stein gebaut; die übrigen Häuser waren fast sämmtlich aus Holz, und von elendem Aussehen.

Sulina ist aus fünf Richtungen zugänglich: von West her auf dem Donau-Arm; — von der See her; — von Letti aus, einem Dorf an der nördlichen See-Küste, längs dieser u. zw. auf einem etwa 40 m breiten Streifen festen, aber doch mit Schilf bedeckten Boden; — von Kedriles aus, einem Dorf an der Georgs-Mündung, auf einem ähnlichen Boden-Streifen wie der früher erwähnte; — durch einen schmalen und seichten Kanal, welcher von Ivanča (am Georgs-Kanal) zwischen Binsen bis westlich von Sulina führt.

Die Vertheidigung-Instandsetzung von Sulina war unter Leitung von zwei ehemaligen englischen See-Officieren (Capitän Manthorpe und Lieutenant Sleeman) bewirkt worden.

Es waren drei starke Erd-Batterien erbaut: eine nordöstlich am Meeres-Strand, die zweite unmittelbar nördlich der Stadt am Fluss-Ufer, die dritte im West (ungefähr 1·5 See-Meilen von der Mündung); dieselben sollen im ganzen mit 20 schweren Krupp-Geschützen armiert gewesen sein. Nächst der westlichen Batterie waren zwei schwere Ketten über den Fluss gespannt; eine dritte derlei Kette schloss den Eingang von der See aus ab.

Nebstdem bestanden Sperren aus elektro-mechanischen Minen (ähnlich jenen im Bosporus), welche man jedoch wegen der geringen Fluss-Tiefe auf den Boden hatte legen müssen; einige solche Minen waren sogar in der Nähe der Batterien vergraben und mit Steinen bedeckt worden, um sie kartätschen-artig wirken zu lassen.

<small>Diese Minen waren cylindrisch aus Kessel-Blech (an den Seiten 9-7, an den Böden 15·7 mm stark) erzeugt, 1·5 m lang, 1 m Durchmesser. Dreiviertel des Inneren (also etwa 1·2 Kubik-Meter) füllt man mit Pebble-Pulver.</small>

An schwimmendem Material zur Vertheidigung von Sulina waren vorhanden: die Panzer-Schiffe „Moukhadem Khair", — „Medjemi", — „Chefket", — „Mouini Zañé" (letzteres führte die Flagge des Mustafa Pascha); — der Schlepper „Kartall" mit 5 kleinen Kanonen (2 Armstrong-Hinterladern, 1 Krupp- und 2 kupfernen Geschützen) armiert; — der Panzer „Kifzi Rakhmann" mit 1 neun-zölligen Kanone auf der Back; — die „Sulina", ein altes Kanonen-Boot mit 5 Geschützen (1 Krupp'schen auf der Back aufgestellten Zwanzig-Pfünder und 4 etwa dreißig-pfündigen Bronze-Kanonen).

Die türkische Garnison bestand aus 3 Bataillonen Infanterie und 100 Čerkessen.

Vorbereitungen seitens der Russen. — Die Unternehmung gegen Sulina wurde dem Generall. Verevkin (Commandant der 36. Inft.-Division) übertragen.

Die russische Flotille, unter Befehl des Commandanten Dikoff, war am 5. October bei Vilkov gefechtsklar. Sie bestand aus folgenden Schiffen: die Schrauben-Kanonenboote „Voron" (3 Mörser, 2 Neun-Pfünder), — „Outka" (3 Mörser, 2 Vier-Pfünder), — „Lebed" (3 Mörser, 1 Drei- und 2 Vier-Pfünder); — ein hölzernes Fahrzeug (2 Mörser, 1 Neun-Pfünder); — die Dampf-Schlepper „Opyt" und „Sestritza" (jeder mit 2 Vier-Pfündern und 1 Haubitze); — 7 Torpedo-Boote (von denen eines, vom Yacht-Club in Odessa ausgerüstet, den Namen „Lieutenant Pouschin", nach anderen Angaben „Puschkin" führte); — außerdem 2 gemiethete Holz-Fahrzeuge (eines als Ponton, das zweite als Pulver- und Granat-Magazin in Verwendung). — Die Flotille besaß 90 See-Minen und 75 Schießbaumwoll-Raketen.

An Land-Truppen standen, unter Befehl des Generall Salatzki, zur Verfügung: das 143. Infanterie-Regiment (Dorogobuž), die 3./36 Batterie und 1 Sotnie Kosaken. Hievon besetzten: 3 Compagnien den Ort Bazarčuk (südwestlich von Vilkov); 2 Bataillone mit der Batterie und der Kosaken-Sotnie das Dorf Letti an der Meeres-Küste, nördlich von Sulina; — 2 Compagnien wurden auf die Flotille eingeschifft. (Da das Gros der 36. Inft.-Division sich in dem Raum Oltenitza-Hirsova-Braila befand, erscheint es unaufgeklärt, wie Theile derselben an die unterste Donau gelangten: entweder sie wurden eigens aus Braila-Galaz dahin entsendet, oder es hatte sich der Beobachtungs-Rayon der 36. Inft.-Division überhaupt bereits gegen Ost verschoben.)

Die Flotille — mit Generall. Verevkin an Bord — lichtete am Morgen des 5. October ihre Anker und dampfte über Tulča in den Sulina-Arm, landete beim 16. Meilen-Stein 1 Compagnie zur Besetzung des Dorfes Karaorman (südwestlich von Sulina), und stationierte sich

dann nahe dem 12. Meilen-Stein in Front einer von den Russen hier
bereits früher gelegten Torpedo-Linie. Diese Bewegung hatte nach der
Disposition bis zum 6. October beendet sein sollen, wurde aber durch
schlechtes Wetter und Langsamkeit der Schiffe bis zum 7. abends verzögert. Die Russen hatten dabei das Torpedo-Boot „Poustchin" eingebüßt, welches beim Volldampfgehen den Grund berührt hatte und
gesunken war.

Während dieser Verzögerung hatte General Salatzki, auf ein
rechtzeitiges Eintreffen des Geschwader rechnend, am Abend des
7. October den See-Cadetten Drijonski mit einem Detachement Matrosen
und einer Raketen-Abtheilung von Lotti auf einem Fuß-Weg, welchen
man parallel zu dem längs der Küste bestehenden (oben erwähnten)
Boden-Streifen durch das Schiff ausschnitt, gegen Sulina entsendet,
und durch eine Arrièregarde decken lassen. Nach unbeschreiblichen
Anstrengungen kam dieses Detachement an die türkischen Vorposten
heran, machte aber, weil die Flotille nicht angelangt war, keinen
Angriffs-Versuch.

Am 8. October. — Der Commandant Dikoff wünschte, bevor
er vom 12. Meilen-Stein vorrückte, nahe bei Sulina eine neue Linie
von elektrischen Contact-Minen zu legen, welche für die Türken den
Fluss abschließen, jedoch den russischen Schiffen die sichere Annäherung an die Stadt gestatten sollte. Lieutenant Krouskopf wurde
mit 5 Booten zur Ausführung dieser Arbeit commandiert, Unterlieutenant
Strogonoff mit dem Boot „Vikhio" (dessen Eigenthümer er zugleich
war) als Wach-Schiff stationiert.

Lieutenant Krouskopf fuhr am 8. October um 6 Uhr morgens
ab. Sein Boot (Nr. 8) schleppte zwei Schaluppen mit 30 Mann des
36. Inft.-Regimentes, welche die beim 2. Meilen-Stein etwa befindlichen
türkischen Vorposten vertreiben sollten; jedes der anderen Boote
schleppte eine „Lofča" (ein heimisches Boot, mit 2 Minen beladen).

Gleichzeitig entsendete General. Vorovkin 60 Mann des 36. Inft.-
Regimentes entlang des rechten Fluss-Ufer, um auf dieser Seite die
Operationen der Torpedo-Abtheilung beim 2. Meilen-Stein zu unterstützen; aber Terrain-Schwierigkeiten verhinderten diesem Detachement
schon das Überschreiten der 5. Meile.

Lieutenant Krouskopf war beauftragt, nach dem Auslegen seiner
Minen die Flotille zwischen der 3. und 4. Meile zu erwarten, um ihr
Anker-Plätze anzuweisen; man rechnete darauf, dass die Minen-Arbeit
bis 1 Uhr nachts verrichtet sein würde, daher die Flotille sich mit
Tages-Anbruch auf ihre Gefecht-Station begeben könne.

Aber man hatte die tiefe Dunkelheit der Nacht nicht in Rechnung
gezogen. Zuerst verloren die Boote viel Zeit mit dem Aufsuchen eines
geeigneten Landungs-Platzes für die 30 Infanteristen; beim Passieren
des 2. Meilen-Steines kamen sie dann der über den Fluss gespannten
Außen-Kette zu nahe und wurden von den Türken bemerkt. Es gelang

ihnen endlich, in einer Windung des Flusses nahe an Sulina zu ankern und das Minen-Legen zu bewirken, obgleich sie hiebei von Kartätsch- und Gewehr-Feuer viel zu leiden hatten. Die Fang-Leine einer Lofča riss, worauf letztere mit 2 Minen und einem Matrosen vom Strom fortgeführt und etwa ¹/₄ See-Meile vor der äußersten türkischen Sperre an das Land getrieben wurde; die Russen konnten den Versuch einer Rettung nicht wagen, und so gerieth die Lofča in den Besitz der Türken. Auch eine zweite Lofča riss sich beim Schleppen los, konnte aber, da es schon Tag geworden war und die Türken zu langsam herbei kamen, von den Russen geborgen werden.

Am 9. October, 6 Uhr morgens erhielt Dikoff die Meldung, dass die Minen gelegt seien; er dampfte hierauf sogleich fluss-abwärts, um seine Gefecht-Aufstellung zu nehmen. Bei der 6. Meile schickte er den „Opyt", welcher mit einer Vorrichtung zum Auffischen von Minen versehen war, voraus.

Das türkische Panzer-Schiff „Khifzi Rakhmann" sah dies, gab Signal zur Gefechts-Bereitschaft, der „Kartall" gieng dem Russen entgegen; Dank seinem geringen Tiefgang, passierte er die russische Minen-Linie unverletzt, eröffnete ein mörderisches Kartätschen-Feuer auf die Infanteristen und auf die Boote im Schilf und schickte ihnen sogar Barken nach, welche allerdings (russischen Berichten zufolge) energisch zurück getrieben wurden; als er dann die ganze russische Flotille auf etwa drei See-Meilen vor sich sah, rief er die „Sulina" zu Hilfe.

Dikoff seinerseits erkannte die gefährliche Lage der zwischen dem Fluss und den Morästen eingekeilten Leute des 36. Inft.-Regimentes, rief den „Opyt" zurück und gieng selbst mit der „Voron", welcher die „Ouika" und die „Lebed" folgten, vor. Das Gefecht kam solcher Weise in lebhaften Gang.

Es war der erste Tag des Bairam-Festes; alle türkischen Schiffe hatten sich mit Topp-Flaggen geschmückt. Während der „Kartall" am Süd-Ufer fluss-aufwärts dampfte, folgte die „Sulina" (welche um 7 Uhr 45 Min. Anker gelichtet hatte) dem nördlichen Ufer und feuerte auf die Russen.

Beim Passieren einer kleinen Windung im Fluss traf die „Sulina" um 8 Uhr 10 Min. plötzlich mit ihrem Steuerbord-Bug eine der russischen Minen; — eine Wasser-Säule stieg empor und in wenigen Minuten lag das Schiff auf dem Grund, während ihre vier Flaggen weithin den Ort der Katastrophe bezeichneten. Die „Sulina" war quer über den Fluss gesunken, ihr Bug 26 m vom Nord-Ufer, mit Wasser über Deck bis etwa zur Brücke; der Fock-Mast war zwar gebrochen, aber nicht gefallen, nur die Großmars-Stenge war nach oben gekommen. Die vorderen Kanonen und der Krupp auf der Back wurden aus den Lafetten ins Wasser geworfen; ein Kessel platzte wenige Augenblicke nach der Explosion. Von der Besatzung wurde der auf der Back stehende zweite Lieutenant getödtet; ein anderer Officier, welcher mit dem Capitän auf der Brücke stand, in ein Luk geworfen und so schwer verwundet, dass er am nächsten Tag starb; 5 Mann waren schwer verbrannt oder verwundet, 6 Mann fehlten; der Rest der Besatzung rettete sich durch Schwimmen und wurde von dem herbeigeeilten „Kartall" aufgenommen.

Das letztgenannte Schiff kehrte dann sogleich nach Sulina zurück. Der ebenfalls herbei gekommene „Khifzi Rakhmann" setzte zwar noch eine Weile seinen Weg fort; statt sich jedoch auf den Feind zu stürzen, stoppte er plötzlich noch außerhalb der russischen Minen-Linie.

Die russische Flotille machte etwa um 8 Uhr 30 Min Vormittag zwischen der 3. und 4. Meile Station, und auf diese enorme Entfernung von 5.600 m begann zwischen ihr und dem Panzer-Schiff „Khifzi Rakhmann" ein Feuer-Gefecht, bei welchem die Land-Batterie assistierte und bald auch der „Moukhadem Khair" sich zugesellte. Die Geschosse dieses letzteren Schiffes schlugen 460 bis 560 m zu kurz von dem nächsten Russen ein, weil seine Pforten und Lafetten nur eine Elevation für 9.700 m zu nehmen gestatteten. Die Granaten aus der Bug-Kanone des „Khifzi Rakhmann" dagegen sprangen immer näher bei den feindlichen Schiffen, und da eine derselben die „Voron" nur noch eben gefehlt hatte, so holte Dikoff ein wenig ab, weil seine eigenen Granaten oft über das Ziel hinaus fielen.

Um 1 Uhr Nachmittag wurde es dick nebelig und die russische Flotille zog sich, das Gefecht aufgebend, zur 5. Meile zurück.

Um 1 Uhr 50 Min. Nachmittag erschien eine russische Colonne von Letti her. Mit vieler Mühe hatte dieselbe es ermöglicht, durchzukommen, indem sie den Weg am Ufer vermied. Die Colonne errichtete eine Raketen-Batterie in 1.520 m Entfernung von der türkischen Batterie am Nord-Ufer. Diesen verspäteten Angriff, welcher dazu geplant war, um von dem Fluss-Angriff die Aufmerksamkeit abzulenken, erwiderten die Türken durch Absendung einer Matrosen-Abtheilung und des „Mouini Zafié", welcher, am Ufer aufdampfend, die Russen in der Flanke fasste. Die letzteren begnügten sich, neun Raketen abzufeuern, von denen eine auf das rechte Ufer vor einem Haus, welches der internationalen Donau-Commission gehörte, niederfiel, und zogen sich dann zurück.

Der Rest des Tages verlief vollkommen ruhig.

Die Affaire vom 9. October war für die Russen — trotz des Aufsprengen der „Sulina" — ein Miss-Erfolg: sie hatten gehofft, Sulina durch einen geschickten Handstreich zu nehmen, und dies war ihnen nicht geglückt.

Abends empfieng General. Verovkin telegraphische Ordre, den Angriff auf Sulina aufzugeben und sich damit zu begnügen, die feindlichen Panzer-Schiffe zu beschäftigen. — Zur größeren Sicherheit der Flotille ließ er nachts eine neue Linie elektro-mechanischer Minen, weiter fluss-aufwärts der früheren, legen. Dies wurde glücklich, unbemerkt und unbehelligt vom Feind, ausgeführt. Die Vertheidigung dieser Linie übertrug man einem Detachement Infanterie, welches sich in die nahen Morüste legte und von Dampf-Barkassen unterstützt wurde.

Während der Nacht verlegten der „Khifzi Rakhmann" und der „Moukhadem Khair" den Ankerplatz aus Furcht vor einem Nacht-Angriff fluss-abwärts. Die Nacht war überaus dunkel bis Tages-Anbruch, und ein peitschender, von frischer Brise getriebener Regen fiel ununterbrochen. Weder von See noch vom Fluss her war etwas zu befürchten.

Von Letti her machten die Russen in der Nacht eine Recognoscierung durch Kosaken.

Am 10. October morgens unternahmen sie eine zweite derlei Recognoscierung, diesmal mit 2 Compagnien und 2 (durch Infanterie-Mannschaft gezogene) Geschütze. Dieselben giengen um 6 Uhr morgens behutsam vor, wurden jedoch sehr bald durch das vereinigte Feuer der türkischen Land-Batterie am linken Ufer, so wie jenes der Panzer-Schiffe „Mouini Zafié" und „Medjemi Chefket" zurück gewiesen.

Morgens hatte das Wetter sich aufgeklärt und Dikoff schob seine Flotille auf die Station vom vorigen Tag beim 5. Meilen-Stein vor; im Rücken, beim 6. Meilen-Stein, lag das als Pulver-Magazin benutzte Fahrzeug, mit welchem die Dampf-Barkassen die Verbindung unterhielten.

Als die Russen sahen, dass die türkischen Panzer-Schiffe zurück gewichen waren, ließen sie sich ein wenig treiben und eröffneten um 7 Uhr 30 Min. Vormittag auf 5.400 m das Feuer gegen den „Moukhadem Khair" und den „Khifzi Rakhmann". Um 9 Uhr 30 Min. war der letztere in den Kesseln getroffen und musste sich nach der Rhede nahe dem „Mouini Zafié" zurückziehen.

Weiter strom-abwärts treibend, konnte die russische Flotille bis zu ihrer eigenen zweiten Torpedo-Linie vorrücken, um den „Moukhadem Khair" mit mehr Erfolg anzugreifen. Dieses Panzer-Schiff zog sich schließlich, nachdem ihm der „Mouini Zafié" einen Augenblick zu Hilfe gekommen war, gleichfalls zurück.

Seitens der Russen kamen 2 Dampfer und die schwimmende Batterie herab und ankerten in der Nähe der 3. Meile; sie waren aber noch 4.400 m von dem „Moukhadem Khair" entfernt, so dass das Feuer aus ihren 6·2-zölligen Kanonen sich als unsicher erwies: von 200 Schüssen erreichten nur 30 die Stadt. Diese litt jedoch trotzdem beträchtlich (die Häuser der „internationalen Donau-Commission", nahe am Ufer und außerhalb der Schuss-Weite der russischen Geschütze gelegen, blieben unversehrt). Die Russen — ein freies Feld ohne Deckung vor sich — wagten es nicht, sich den türkischen Sperren zu nähern, um sie zu zerstören; zufrieden damit, die Türken zum

Schweigen gebracht zu haben, gaben sie um 4 Uhr Nachmittag das Feuer auf und zogen sich zur 5. Meile zurück.

Die Nacht zum 11. October war aber so windig und regnerisch, als die vorige. Dikoff ließ einen Torpedo unter die gesunkene „Sulina" bringen, welcher das türkische Wrak vollständig zerstörte, und die Flaggen aus den Topen holen. Die Türken feuerten einige Schüsse.

Auf dem linken Ufer ließen die Russen während der Nacht 3 Infanterie-Compagnien und eine Raketen-Abtheilung bis auf ungefähr 2 *km* an die Stadt Sulina vorrücken.

Am 11. October, um 7 Uhr morgens, gaben jene Raketen-Geschütze auf 1.860 *m* Distanz mehrere Lagen gegen die Stadt; die Türken antworteten nicht. Es scheint daher, dass die Wirkung der russischen Schießbaumwoll-Raketen keine besondere war; eine Rakete platzte unmittelbar nach dem Abfeuern und verwundete einige Leute der Bedienungs-Mannschaft.

Den ganzen Tag und die folgende Nacht war fürchterliches Wetter. Die Russen dachten nicht mehr daran, den Angriff zu erneuern.

Der Czar sprach seine Anerkennung aus, empfahl jedoch gleichzeitig, vorsichtiger zu sein und das Gebäude der „internationalen Donau-Commission" zu schonen. General. Verevkin fasste dies als Befehl auf, alle Offensiv-Operationen einzustellen, da es unmöglich war, zu den Panzer-Schiffen zu gelangen, ohne die Stadt zu beschädigen. Mit den erreichten Resultaten — so unbedeutend sie auch waren — zufrieden, befahl er dem Commandanten Dikoff, die Flotille zurück zu ziehen.

Letztere dampfte noch am Abend des 11. October nach Vilkow zurück, und von dort dann nach Nikolajew.

Die Russen geben ihre Verluste während der ganzen Unternehmung gegen Sulina auf 2 Todte und 3 Verwundete an.

Hassan Pascha in Varna erfuhr erst durch die sich dahin geflüchteten türkischen Krieg-Schiffe, was sich bei Sulina ereignet hatte. Er steuerte mit seinem Geschwader alsbald nach Nord; aber als er bei Sulina ankam, hatten die Russen ihr Zerstörungs-Werk längst vollbracht und sich wieder zurück gezogen.

Unternehmung gegen Silistria. — Da die am 20. September begonnene Unternehmung gegen Silistria nicht zum Ziel geführt hatte, beauftragte General. Zimmermann den Commandanten der 1. Don-Kosaken-Division (General. Samsow), am 16. October abermals eine Recognoscierung gegen diesen Punkt zu unternehmen. Hiezu wurden ihm 18 Sotnien Kosaken, 6 Bataillone der 17. Inft.-Division, 28 Geschütze und 1 Sappeur-Compagnie zur Verfügung gestellt.

Um diesen gegen Silistria auszuführenden Vorstoß in der linken Flanke gegen die bei Bazardžik stehende feindliche Division zu sichern, hatte der Commandant des 7. Husaren-Regimentes (Oberst Launitz) mit 2 Escadronen aus dem Biwak bei Muhamedie auf der Straße Medsidje-Bazardžik vor zu reiten.

Am 16. October rückte Generall. Šamšew in 4 Colonnen vor: 15. Kosaken-Regiment mit 6 „reitenden" Geschützen als rechter Flügel nach Arabadži, hievon 1 Sotnie als rechte Seiten-Deckung nach Rasevata (Rasova); 16. Kosaken-Regiment, 6 Bataillone, 2 Fuß-Batterien und 1 Sappeur-Compagnie nach Malčeva; 17. Kosaken-Regiment mit 2 reit. Geschützen nach Kokordža; 18. Kosaken-Regiment mit 2 reit. Geschützen nach Tatarkiöj. (Somit waren im ganzen nur 26 Geschütze.)

Am 17. October rückte das 15. Kosaken-Regiment nach Beglik. Die als rechte Seiten-Deckung bestimmte Sotnie ritt von Rasevata längs der Donau vor, und stieß zwischen Mirlau und Beglik auf einen aus etwa 100 Wägen bestehenden Getreide-Transport, welcher von 100 Mann zu Fuß und 100 Reitern geleitet war. Aus den Wein-Gärten mit Gewehr-Feuer empfangen, saß ½ Kosaken-Sotnie ab und trachtete, sich in einem Graben schießend den Wägen zu nähern; die beiden anderen Züge machten zu Pferd eine Bewegung, um dem Transport den Weg zu verlegen. Dieses veranlasste die Türken zu schleunigem Rückzug, wobei sie alles in Stich ließen. Gefolgt von 1½ zur Verstärkung nachgesendeten Sotnien des eigenen Regimentes, ritten die Kosaken zur Verfolgung nach, stellten diese jedoch 3 km östlich Holtena ein. Mit dem Verlust von nur 1 verwundeten Pferd, hatten die Kosaken 32 Türken gefangen, viele Waffen (darunter, wie fast immer bei derlei Gelegenheiten, auch Magazin-Gewehre), 100 mit Getreide beladene Wägen und 145 Ochsen erbeutet.

Das 16. Kosaken-Regiment gelangte nach Kišla;

das 17. Kosaken-Regiment bis Kurnorman und erbeutete dort eine Heerde von 80 Weide-Pferden, welche nach Silistria getrieben werden sollte, deren Bedeckung jedoch floh.

Das 18. Kosaken-Regiment erreichte Jali Nasredin;

die Infanterie mit der Fuß-Artillerie und den Sappeuren nächtigte in und bei Kužgun.

Oberst Launitz mit den 2 Husaren-Escadronen war an diesem Tag bis Tatarkiöj gelangt.

Am 18. October wurden das 15., 16. und 17. Kosaken-Regiment sammt ihrer Artillerie bei Lipnica gegen Silistria hin vereinigt, und von hier aus 4 Sotnien unter Commando des Oberst Slügarew in zwei Theilen gegen Kanalija, Galica und Girlica zu weiterer Recognoscierung entsendet. Dahinter rückten 3 Bataillone mit 1 Batterie und den Sappeuren von Kužgun nach Kurnorman, 3 Bataillone mit 1 Batterie von Kužgun nach Parokiöj. Auf dem linken Flügel hatte das 18. Kosaken-Regiment gegen Küčük Karvan zu sichern.

Bei diesem Vorrücken traf die Avantgarde der Colonne Slügarew östlich Girlica auf eine sich zurück ziehende feindliche Abtheilung von etwa 80 Reitern und griff sie an; bei dem sich hierauf entwickelnden Feuer-Gefecht hatten die Türken 5 Todte. Die Kosaken constatierten, dass sich bei Girlica ein türkisches Zelt-Lager und etwa 300 Pferde befänden. Ein anderes Lager wurde bei Daréma, ein drittes jenseits des Girlica-See bei Ostrova wahrgenommen; letzteres mochte aus 2 Bataillonen, 1 Escadron, 4 Feld- und 2 Positions-Geschützen bestehen.

Die gegen Kanalija und Galica vorgesendeten Kosaken hatten nur feindliche Patrouillen gesehen, und brachten 4 mit Magazin-Gewehren bewaffnete reguläre türkische Reiter ein.

Nachdem sich alle Recognoscierung-Abtheilungen bei Lipnica gesammelt hatten, wurde die gesammte Cavallerie zum Nacht-Lager in das Infanterie-Biwak nach Kurnorman zurück geführt.

Oberst Launitz gelangte an diesem Tag mit seinen 2 Husaren-Escadronen bis Musabei, wo er auf feindliche Vorposten stieß; es wurden einige Gefangene gemacht, 3 Bašibozuk's erschossen und 12 Weide-Pferde erbeutet.

Am 19. October trat Generall. Šamšew mit allen seinen Truppen den Rückmarsch in die Gegend von Černavoda und Medžidje an. Die Wege zwischen diesen beiden Ortschaften und Silistria hatten sich wegen zahlreicher Wasser-Risse, steiler Passagen und ihrer gänzlichen Verwahrlosung als äußerst schwierig erwiesen; das Terrain gegen Silistria war sehr waldig.

Oberst Launitz stieß am 19. October bis Aziabei vor, wo er 18 Cerkessen-Pferde erbeutete. Er schickte 2 Gefangene nach Bazardžik hinein, um dem dort commandirenden Pascha eine Depesche über die von den Russen auf dem asiatischen Krieg-Schauplatz bei der Festung Kars den Türken beigebrachten totalen Niederlage zuzustellen. Dann rückte Oberst Launitz, ohne verfolgt zu werden, wieder nach Muhamedie ein.

Der Rest des Monat October verlief ohne besondere Ereignisse, die russischen Patrouillen stießen nirgends auf den Feind.

V. Kritische Betrachtungen.

Da während der fünften Operations-Periode sowohl beim Šipka-Pass, als auch am Lom und in der Dobrudža nichts Erhebliches geschah, findet die Kritik nur bezüglich der Ereignisse an der West-Front, wo sich dagegen viel Interessantes ereignete, Veranlassung, weitläufigere Bemerkungen zu machen.

Das Wenige, was sonst zu erwähnen ist, wollen wir sofort anführen, und uns dann ausschließlich mit den Vorgängen bei Plevna beschäftigen.

Die Befestigungen und Verkehrs-Verhältnisse bei Sistov waren, wie man zur größten Überraschung durch die seitens des General Lewitzki (Mitte October) vorgenommene Inspicierung (siehe Seite 70) erfuhr, recht unbefriedigend.

Wenn man bedenkt, dass Pionniere und Sappeure seit ungefähr vier Monaten sich bei Sistov befanden, und dass die Bulgaren — wie am Šipka-Pass — unter Anleitung von technischen Officieren und Unterofficieren recht gut zur Arbeit verwendet werden konnten: so begreift man die Lässigkeit der maßgebenden russischen Commanden, insbesondere aber des russischen Generalstabes nicht.

Verhältnisse am Šipka-Pass. — Die relativ unbedeutende Truppen-Macht, welche für die Besetzung des Šipka-Passes zur Verfügung stand, machte es den Russen unmöglich, sich in den Besitz der einzig denkbaren guten Position auf dem Pass zu setzen: mit dem linken Flügel auf der „Central-Höhe", mit dem rechten an die Lissaja gora angelehnt, — den Besitz des Sv. Nicola als vorgeschobene Bastion vorausgesetzt.

Nachdem wir das hier in Rede stehende Terrain persönlich u. zw. eingehendst besichtigt haben, wurzelt in uns die feste Überzeugung, dass jene Stellung unbedingt die beste gewesen wäre. Um auch dem Leser hierüber ein eigenes Urtheil zu ermöglichen, haben wir jenes Landschafts-Bild geschaffen, welches die „dritte Operations-Periode" als 3. Beilage („Panorama vom Sv. Nicola gegen Nord und West") brachte.

Am 25. August war es den Russen wohl gelungen, sich in den Besitz des zunächst der Lissaja gora gelegenen Jochil tepe zu setzen; aber am nächsten Tag gieng dieser Punkt in Folge der riesigen Übermacht der Truppen Suleiman's wieder verloren.

Wäre es den Russen möglich gewesen, die oben erwähnte Stellung einzunehmen und sich darin festzusetzen, so würden sie den ganzen Pass beherrscht haben.

Was anfangs nicht geglückt war, hätte übrigens später nachgeholt werden können. Wie viel ist doch bei Plevna unter den Augen des Feindes noch gebaut worden! Vielleicht war es, so lang der immerhin aufmerksame und energische Suleiman Pascha vor dem Šipka-Pass commandierte, wirklich nicht ausführbar gewesen; aber nach seinem Abgehen zur Ost-Armee standen die Russen noch drei Monate in der Šipka-Stellung und litten unter der Umklammerung der dominierenden Höhen, ohne sich Luft zu machen.

Unthätigkeit der türkischen Lom-Armee. — Mehemed Ali Pascha war vom Commando der Donau-Armee enthoben, Suleiman Pascha an seine Stelle gesetzt worden. Dadurch besserten sich jedoch — wie wir gesehen haben — die Dinge nicht, u. zw. vorwiegend wegen jenes verderblichen Einflusses, welchen die Autoritäten in Constantinopel auf den Gang der Operationen nahmen.

Die Ernennung des Suleiman Pascha zum Commandanten der Donau-Armee war nicht in der redlichen Absicht erfolgt, eine energischere Krieg-Führung anzubahnen, sondern um — wie es wenigstens in der Absicht der Haupt-Faiseure Damad Mahmud Pascha und Reuf Pascha lag — dem neuen Commandierenden Gelegenheit zu geben, sich unmöglich zu machen.

Suleiman Pascha seinerseits ahnte nicht die Falle, in welche er sich begeben hatte; ihm genügte für den Augenblick, Mehemed Ali Pascha verdrängt zu haben, und er gieng daran, seine Lieblings-Idee — die einheitliche Verwendung aller drei türkischen Armeen — auszuführen. Hierüber entnehmen wir seinem Memoire*) Folgendes:

„Als ich das Commando über die Donau-Armee aus den Händen „Mehemed Ali's übernommen hatte, hielt ich noch immer an meiner „früheren Ansicht fest, dass die einzige zweckmäßige Offensive nur „in der Richtung auf Trnova stattfinden könnte; aber Reuf Pascha „wusste es im Palais durchzusetzen, dass man mir den Befehl zur „Sistierung aller Angriffs-Bewegungen zukommen ließ u. zw. für so „lange Zeit, bis die Angriffe bei Plevna und am Šipka-Pass sich „erneuern würden. Ich war sonach geraume Zeit zu completer „Unthätigkeit verurtheilt.

„Gleichzeitig war die Situation bei der Donau-Armee eine höchst „verzweifelte. In der Zeit, da mein Vorgänger Mehemed Ali in „Bulgarien commandierte, waren die russischen Streit-Kräfte zwischen „Lom und Jantra, Dank der Unthätigkeit des genannten General,

---

*) Das Memoire betitelt sich „Geschichte aller militärischen Fehler, welche „während des russisch-türkischen Krieges von jenem Zeitpunkt an begangen wurden, „da die Armee Suleiman Pascha's in Dede Agatsch angeschifft wurde, um an den „verschiedenen Kämpfen bis zum Ende des Krieges theil zu nehmen" — und wurde von Suleiman Pascha während seiner zwei-monatlichen Gefangenschaft niedergeschrieben; ein Document von ganz speciellem Wert, wenn man bedenkt, dass türkische Generale es bisher niemals für nöthig hielten, ihre Erfahrungen zu Papier zu bringen.

„bis auf 180,000 Mann (?) angewachsen, während meine eigene Armee
„alles in allem 70,000 Combattanten zählte. Es wäre vollends un-
„sinnig gewesen, unter solchen Umständen, die stark verschanzte
„Stellung der Russen bei Bjela anzugreifen.

Der Hof-Kriegsrath hinderte also Suleiman Pascha, das ange-
strebte Ziel zu erreichen; letzterer konnte sich auf die Ordres aus
Constantinopel berufen und seine Hände in Unschuld waschen. Damit
war aber der Sache allerdings wenig genutzt.

Suleiman Pascha wies auch wiederholt auf die Nothwendigkeit
hin, bei Adrianopel eine starke Reserve-Armee von mindestens 50,000
Mann zu formieren. „Die Central-Regierung" heisst es hierüber im
Memoire „schien diesmal meine Ansicht zu theilen; wenigstens wurde
„die Formierung einer solchen Armee angeordnet. Thatsächlich aber
„existierte sie auch dann noch nicht, als die Russen bereits in den Balkan
„eingedrungen waren. Das ganze, was geschah, beschränkte sich auf
„die Ernennung von drei oder vier Generalen — auf dem Papier —,
„welche durch Decret des Kriegs-Minister Mustapha und des Reuf
„Pascha den Titel „Commandanten der Reserve-Armee" führten".

Die russische Unternehmung gegen Sulina hätte, um Erfolg zu
haben, in einer kräftigeren Weise ausgeführt werden müssen. Die Gegner
blieben durch zwei (türkische) Sperren und zwei (russische) Torpedo-
Linien von einander getrennt; jene Sperren hätten, um zu einem
befriedigenden Resultat zu gelangen, forciert werden müssen. Da dies
nicht geschah, war auch nichts zu erreichen. — Dikoff sah dies vollständig ein.

„Meiner Ansicht nach", sagte er, „war es nur möglich, dem tür-
„kischen Geschwader mit Torpedo-Booten anzukommen, welche vorher
„zum entscheidenden Vorgehen vorbereitet waren. Aber ehe man
„diese abschickte, war es nothwendig, die Batterie auf dem rechten
„Ufer zum Schweigen zu bringen, welche mit acht glatten Geschützen
„armiert war, deren Feuer mehr Gefahr brachte, als jenes aus den
„schweren Kanonen der vier Panzer-Schiffe.

„Ohne außergewöhnliches Glück konnte unser Bombardement
„dies nicht bewerkstelligen, da unsere Schiffe dicht bei einer in der
„Nacht des 9. October gelegten Minen-Linie stationiert waren, über
„die hinaus man nicht gehen konnte, um die Panzer-Schiffe anzu-
„greifen, welche nahe den Molen von Sulina, 1½ See-Meilen vom
„West der Stadt und 2¾ See-Meilen von der Aufstellung unserer
„Schiffe ab, vertheilt waren.

„Um das Bombardement fortzusetzen, hätten wir unsere Minen-
„Linie zerstören, nach den türkischen nahe den Fluss-Sperren geleg-
„ten Minen fischen, diese Sperren zerstören und mit unserer Flottille
„in den Hafen von Sulina selbst einlaufen müssen, wo es möglich
„gewesen wäre, das zweite Fort (?) auf dem rechten Ufer zu zer-
„stören und die Panzer-Schiffe anzugreifen.

„Es ist wahr, dass, wenn zwischen ihnen und uns die Hindernisse, welche uns schützten, nicht bestanden hätten, der türkische Admiral uns nicht hätte erlauben dürfen, ungestraft auf seine Schiffe zu feuern." (Letzteres etwas unverständlich.)

Entgegen der obigen Auffassung, äußert sich ein anderer Fachmann in einer fachwissenschaftlichen Zeit-Schrift wie folgt:

Wenn das Gefecht wirklich diesen Verlauf genommen hat, so bildet dasselbe einen der interessantesten Kämpfe, welche die maritime Kriegs-Geschichte aufzuweisen hat; denn ein ähnlicher Fall, dass etliche unbedeutende Fahrzeuge eine aus vier gut gepanzerten und schwer bestückten modernen Schlacht-Schiffen und mehreren Holz-Schiffen bestehende Escadre nicht nur ungestraft anzugreifen, sondern ihr noch empfindliche Verluste beizubringen vermögen, dürfte sich wohl nicht oft ereignen.

Dass es den Russen hauptsächlich nur durch die Unfähigkeit der Türken gelingen konnte, einen derartigen Angriff zu wagen und erfolgreich durchzuführen, ist sicher. Dessen ungeachtet verdient dieser Vorfall einige Aufmerksamkeit, denn er beweist die Nothwendigkeit, in Hinkunft einer unter ähnlichen Verhältnissen zu von Lagunen und seichtem Wasser begrenzten Küsten operierenden Escadre eine größere Anzahl leichter Fahrzeuge beizugeben, welche vermöge ihres geringen Tiefganges in der Lage sind, feindliche Kanonen- und Mörser-Boote, welche, sich im seichten Wasser haltend, die Panzer-Schiffe auf große Entfernung beschießen, anzugreifen und zu verjagen.

I. Die Thätigkeit des Generall. Totleben.

Dass bei Zusammensetzung des Stabes für den Generall. Totleben (4. October) von allen Rangs-Verhältnissen abgesehen und nur auf die Befähigung der einzelnen Functionäre Rücksicht genommen wurde, muss gut geheißen werden; immerhin aber scheint man in dieser Hinsicht zu weit gegangen zu sein und dadurch viel Unzufriedenheit provociert zu haben. So z. B. wurde die gesammte in der Stellung bei Plevna befindliche Artillerie dem Generalmajor Moller unterstellt, welcher von allen Artillerie-Commandanten der jüngste im Rang war. Wenn auch die Tüchtigkeit und der Takt jenes Generals in hohem Maß das Missverhältnis abschwächte, so blieb seine Ernennung dennoch eine Ungeschicklichkeit, und die älteren Artillerie-Commandanten hielten sich mit vollem Recht für zurückgesetzt.

Operations-Plan anfangs October. — Dass Generall. Totleben die türkischen Positionen bei Plevna blockieren wollte, fand die Zustimmung seitens der meisten höheren Generale der West-Armee-Abtheilung.

Es ist hiebei jedoch von hoher Wichtigkeit zu untersuchen, auf Grund welcher Annahmen, betreff Stärke der russischen und türkischen Truppen sowie der in Plevna noch vorhandenen Vorräthe, Generall. Totleben gerade die Blockierung für die einzig durchführbare Maßnahme gegen Osman Pascha hielt.

Die Stärke der bei Plevna zur Zeit seiner Ankunft (29. September) versammelten Truppen der Verbündeten bezifferte Generall. Totleben im ganzen auf 55- bis 60.000 Mann (30- bis 35.000 Russen und 25.000 Rumänen). In Wirklichkeit aber zählte die West-Armee-Abtheilung gegen Ende September sicher mindestens 85.000 Mann (darunter fast 30.000 Rumänen).

Die Stärke der Türken schätzte Generall. Totleben auf 80.000 Mann; thatsächlich betrug sie jedoch nur 45.000 Mann, und die Straße Plevna-Sofia war von ihnen noch nicht dauernd besetzt.

Somit hatte Generall. Totleben bei seiner Berechnung, auf welche er sein weiteres Verfahren gründete, die Stärke der eigenen Truppen um $^1/_3$ zu niedrig, jene der Türken dagegen fast um $^1/_2$ zu hoch angenommen.

Die folgenden Erörterungen stammen hauptsächlich aus der Feder des russischen General Kuropatkin. Wir halten es für interessant, sie hier zu bringen, weil sie hauptsächlich darthun, dass viele maßgebende russische Officiere damals — trotz aller harten Erfahrungen — für eine vierte Schlacht plaidierten und sogar lang nach dem Feldzug noch der Ansicht waren, dass dies vortheilhaft gewesen wäre.

Die Gefahr eines solchen Fehler bestand darin, dass man schließlich fest an die oben erwähnte Berechnung der russisch-rumänischen und türkischen Kräfte glaubte, daraufhin „die zaghaftesten und unvortheilhaftesten Entschlüsse für die einzig durchführbaren hielt".

Es hätte jedoch nur wenig Mühe gekostet, diese irrigen Annahmen richtig zu stellen. Es befanden sich ja genug — durch die Cavallerie aufgegriffene — Gefangene und auch Überläufer in der Gewalt der Russen; auf Grund deren Aussagen wäre es nicht schwer gewesen, die Stärke der Türken genauer zu bestimmen. Auch hatte der Chef des Kundschafts-Bureau, Oberst Artamonow, die eingehendsten Berechnungen angestellt. Durch nichts war man veranlasst, die Stärke der Türken auf 80.000 Mann anzunehmen.

Viel schwieriger war es freilich, wenigstens halbwegs zuverlässige Nachrichten über die in Plevna noch zur Verfügung stehenden Vorräthe zu erlangen. Es konnten dort solche auf 2 Wochen oder auf 4 Monate vorhanden sein. Die russische Cavallerie hatte die Sofia-Straße geräumt; ein großer Transport war am 23. September in Plevna angekommen, und seither konnten kleinweis auch noch manche Vorräthe dahin geschafft worden sein.

„Somit kam Generall. Totleben auf Grund unrichtiger, viel zu „niedrig greifender Berechnung über die Stärke der Russen und „Rumänen, — eben so andererseits auf Grund unrichtiger, viel zu hoch „greifender Berechnung über die Stärke der Türken, — ohne dabei „hinreichend genaue Nachrichten über die in Plevna vorhandenen „Munitions- und Verpflege-Vorräthe zu haben, zu dem Schluss: dass „nur die Blockade einzig und allein zum Ziel führen könne.

„Die auf den nicht zutreffenden Annahmen beruhenden Schluss-„Folgerungen ließen in ihren nachtheiligen Folgen nicht lange auf „sich warten. Generall. Totleben trat der früheren Ansicht des Fürsten „Carol und des Generall. Sotow bei, dass die West-Armee-Abtheilung

„zu zerrüttet und numerisch zu ungenügend sei, um vor Eintreffen „von Verstärkungen irgend etwas zu unternehmen.

„Diese Ansicht war die Folge der unglücklichen Kämpfe am „11. und 12. September gewesen; sie stimmte damals bis zu einem „gewissen Grad auch mit der Stimmung der Truppen überein.

„Nach zwei Wochen aber hatten sich letztere wieder beruhigt, „waren ergänzt worden, und der Glaube an einen Erfolg machte sich „neuerdings geltend. Man erwartete also die Ankunft des Generall. „Totleben mit Ungeduld und hegte die Überzeugung, dass der Held „von Sebastopol den Weg zeigen und es ermöglichen werde, die „schweren Missgeschicke wieder gut zu machen, indem er feste, that„kräftige und verständige Maßregeln ergreife.

„Leider stützte Generall. Totleben betreff Gefechts-Bereitschaft „der Truppen auch anfangs October noch auf die Mitte September „bestandenen Anschauungen, deshalb wurden 103 Bataillone, 90 Es„cadronen und 400 Geschütze bis zum 24. October — also fast einen „Monat — zur Unthätigkeit verdammt, während die Türken (am „8. October) einen neuen Transport nach Plevna brachten und die „Straße gegen Sofia besetzten.

„Generall. Totleben hielt es sogar für nicht möglich und für „nicht vortheilhaft, vor dem Eintreffen von Verstärkungen die Straße „Lovča-Plevna zu besetzen. Anfang October nahmen daher die Türken „unter den Augen der Russen ohneweiters den zweiten Kamm der „grünen Berge und befestigten sich dort stark. Generall. Skobelew „legte die Nothwendigkeit dar, jene Straße zu besetzen; seine An„sicht wurde jedoch nicht gut geheißen".

Man sieht aus obigen Anführungen, dass Generall. Totleben einen recht schweren Stand gehabt haben muss: alles drängte zur Entscheidung — nun, der Winter war ja vor der Thür! — und verlangte daher einen vierten Angriff auf Plevna.

Nach dem Eintreffen der Garden und Grenadiere, und nachdem die Blockade eine vollständige geworden war (24. October), erwartete man überall auf dem Krieg-Schauplatz mit großer Ungeduld die fernere Entwickelung der Dinge. „Jeder Tag, um welchen die Armee länger „an Plevna gekettet blieb, wurde nicht nur auf dem Krieg-Schauplatz, „sondern in ganz Rußland schwer empfunden."

In dieser Zeit wurde der Entschluss des Generall. Totleben mehr als einmal abfällig beurtheilt. Man warf ihm besonders vor, dass er sich zur Blockade entschlossen habe, ohne die Vorräthe des Feindes genau zu kennen; sie könnten ein halbes, ja ein ganzes Jahr reichen. Dazu litten die Truppen bei der langen Unthätigkeit in den feuchten Erd-Hütten, in den oft mit Wasser angefüllten Laufgräben; sie waren zum Kampf bereit, und die Überzeugung, dass ein neuer Sturm unbedingt nothwendig sei, verbreitete sich immer mehr.

In diesem Sinn begann man auch von oben auf den Generall. Totleben einzuwirken.

Aber der berühmte Vortheidiger von Sebastopol blieb inmitten aller dieser Einflüsse fest bei den einmal gefassten Entschlüssen, und führte unentwegt die Blockade von Plevna bis zu Ende.

Die Theilung der West-Armee in drei Detachements (am 29. October) war die Folge von Controversen zwischen Generall. Totleben einerseits, Generall. Gurko und Skobelew andererseits. Großfürst Nicolaus — vermuthlich unangenehm berührt durch das von Totleben an General Nepokoitšitzki gerichtete Schreiben — bildete nun unter seinem directen Ober-Befehl zwei, genau genommen aber drei selbstständige Gruppen: eine (Generall. Totleben) speciell für die Blockade von Plevna, die zweite (Generall. Gurko) auf dem linken Vid-Ufer, die dritte (Generall. Skobelew) an der Straße Lovča-Plevna.

Diese neue Eintheilung, welche glücklicher Weise nicht von langer Dauer war (bis 15. November), erschwerte die Thätigkeit des Generall. Totleben in hohem Maß. Einheitliche Anordnungen zum Zweck der Blockade von Plevna, besonders aber für die Befestigung der Stellungen, waren kaum möglich.

2. Die Thätigkeit des Generall. Krylow.

Das Verhalten der russisch-rumänischen Cavallerie in der Zeit vom 6. bis 8. October verdient, soweit das Gros derselben in betracht kommt, den schärfsten Tadel.

Oberst Lowiss wurde am 6. October, während er bei Lukovit noch im Kampf gegen die Avantgarde des Chefket Pascha stand, auch von Teliš her angegriffen. Wie es möglich war, dass unter den Augen des mindestens 40 Escadronen starken Haupt-Corps ein verhältnismäßig nicht starkes türkisches Detachement von Plevna aus gegen den Rücken des Oberst Lowiss vorgehen und sein Detachement in eine äußerst gefährliche Lage bringen konnte, — darüber herrscht in den vorliegenden Angaben eine gewisse Dunkelheit; die 7 Sotnien Don-Kosaken, welche bei Gornji Metropolja standen, klärten diese Bewegung der Türken nicht auf, und gaben dem Oberst Lowiss keine Nachricht.

Oberst Lowiss wich geschickt über den Isker aus und gelangte am 7. October nach Mahalata. Seine Recognoscierungs-Patrouillen constatierten, dass Teliš, Gornji Dubnjak und Dolnji Dubnjak von türkischer Infanterie besetzt seien. Dass ein großer Nachschubs-Transport gegen Plevna am Marsch sich befinde, brachten sie aber nicht in Erfahrung.

Oberst Lowiss hat, soweit seine Kräfte reichten, seine Aufgabe mit Umsicht und Energie gelöst und zwar in jener Weise, wie wir uns vorstellen, dass die Haupt-Kraft Krylow's zu verwenden gewesen

wäre. Ob dieser — Krylow — durch höhere Befehle an Plevna
gebunden war, wissen wir nicht. Wen also die Schuld trifft, dass die
gehegten Absichten sich nicht erfüllt haben, kann man nicht feststellen;
doch dies ist der Kritik, welche sich nicht mit Personen,
sondern mit Maßnahmen und Ereignissen beschäftigt, ziemlich
gleichgiltig.

Factum bleibt, dass am 8. October jene Truppen, welche den
Oberst Lewiss zurück gedrängt hatten, ihren Lebensmittel- und Munitions-Transport
nach Plevna brachten und dann, im Verein mit dem
Detachement Ahmed Hifzi Pascha, durch Besetzung der Etapen-Linie
Orhanje-Plevna der russisch-rumänischen Cavallerie fernerhin jede
Möglichkeit benahmen, gegen die Verbindung Osman Pascha's mit
Sofia zu wirken. Die eine Zeit hindurch — wenigstens scheinbar — hergestellte
Einschließung von Plevna auf der West-Seite hatte ihr Ende
erreicht.

Die dem Generall. Krylow gestellte Aufgabe — eine cavalleristische
Aufgabe modernster Art — war völlig gescheitert; ja, man
darf dreist behaupten, dass auch kein Versuch gemacht worden ist,
ihre Lösung mit Waffen-Gewalt zu erzielen.

Wäre Krylow gezwungen gewesen, den Türken den Weg frei
zu geben, nachdem er in vergeblichem Vertheidigungs-Gefecht oder
bei energischem aber erfolglosem Angriff einige hundert Reiter verloren,
so hätten sich die Russen mit dem Gedanken trösten müssen,
das Kriegs-Glück sei wandelbar; — dass aber die Türken angesichts
4.000 oder — wenn man die Cavallerie des General Loskarew mitrechnet —
gar 6.000 kampflustigen Reitern ihren Zweck fast ohne
Blut-Vergießen erreichen konnten, dürfte die russische Heeres-Leitung
schwerlich befriedigt haben.

Könnte sich die ganze damalige Sachlage noch einmal wiederholen,
mit dem Unterschied jedoch, dass Skobelew oder Gurko an
der Spitze des Cavallerie-Corps stünde, so würde der Vergleich
zwischen ihrem Verfahren und demjenigen Krylow's wohl eben so
interessant als lehrreich sein.

Was der General Loskarew in den zwei Wochen vom 24. September
ab mit seinem Detachement machte, ist nicht bekannt; Erfolge
hat er augenscheinlich nicht erzielt.

Die russische Heeres-Leitung endlich trifft der Vorwurf, den
Ereignissen am linken Vid-Ufer lässig und ohne Einwirkung zugesehen
zu haben. Schon hatten Abtheilungen der Garde sich Plevna genähert;
das 4. und 9. Corps waren vollständig wieder in Ordnung; es hätten
daher bei der Nachricht, dass die Türken neue Verstärkungen nach
Plevna führen, ohneweiters 16 bis 20 Bataillone auf die Sofia-Straße,
welche ja noch frei war, gesetzt werden können. Dann wäre Chefket
Pascha nicht nach Plevna gelangt. Auch wären der Garde die Verluste

von Tausenden erspart worden, welche später bei der Einnahme von Gornji Dubnjak (24. October) geopfert werden mussten.

Aber auch ohne der so gedachten Beigabe von Infanterie hätte die russisch-rumänische Cavallerie am linken Vid-Ufer mehr, weitaus mehr leisten können und müssen, zumal der Mangel an Infanterie durch geschickte Verwendung der Reiterei zum Fuß-Gefecht — theilweise wenigstens — auszugleichen gewesen wäre.

3. Vorbereitungen zur Action auf dem linken Vid-Ufer.

Verwendung der eingetroffenen Verstärkungen. — Anfangs verlangte Generall. Totleben, dass zur Verstärkung der West-Armee-Abtheilung das ganze Garde-Corps und eine Grenadier-Division heran geführt werden, also im ganzen: 65 Bataillone, 24 Escadronen und 228 Geschütze. Das Armee-Ober-Commando wollte jedoch auch dem Großfürst-Thronfolger und dem Generall. Radetzki einen Kraft-Zuwachs spenden.

So liefen denn die anrückenden Verstärkungen Gefahr, zerstückelt und zerrissen zu werden. Im Bestreben, jedermann zu helfen, stand man im Begriff, niemandem ordentlich zu helfen.

Generall. Gurko, als Haupt-Betheiligter an der geplanten Operation und da er sich an Ort und Stelle befand, erkannte jedoch die Schwierigkeiten, aus dem Thalgrund des Vid hinauf die Truppen zum Angriff zu entwickeln; er machte geltend, dass der Angriff nur dann mit entsprechenden Chancen ausgeführt werden könne, wenn eine geradezu überwältigende Infanterie-Macht zur Verfügung gestellt werden würde.

Am 14. October standen von der Garde bereits die 1. und 3. Infanterie-Division und die Schützen-Brigade, zusammen 36 Bataillone mit 96 Geschützen, zur Verfügung; sie wurden der West-Armee-Abtheilung zugewiesen, um an der Plevna-Sofia- und Plevna-Lovča-Straße verwendet zu werden. Dabei hegte Großfürst Nicolaus nach persönlicher Recognoscierung die Überzeugung, dass auf letzterer Straße 6 tüchtige Bataillone hinreichend seien.

Generall. Totleben war anderer Ansicht: er bestimmte für die Straße Plevna-Lovča die 16. Inft.-Division und 2 Schützen-Bataillone, ferner als Reserve für diese Truppen noch die 3. Garde-Infanterie-Division; es blieben daher für das linke Ufer nur 20 Bataillone (1. Garde-Infanterie-Division und Garde-Schützen-Brigade), was Generall. Gurko weitaus unzureichend fand.

Seinen, vom Generall. Totleben unterstützten Vorstellungen gelang es, das russische Hauptquartier von der Nothwendigkeit zu überzeugen, auch die 2. Garde-Infanterie- und (da 70 Escadronen bezw. Sotnien für die Operationen am linken Vid-Ufer ebenfalls zu wenig erschienen) die 2. Garde-Cavallerie-Division — statt beim Großfürst-Thronfolger — bei Plevna zu verwenden.

Damit trug man zweifellos der Einsicht Rechnung, dass bei einem Angriff nie genug Kräfte gleichzeitig zur Verwendung gebracht werden können, und dass es besser sei, mit Plevna ordentlich aufzuräumen, als verschiedene Ziele gleichzeitig zu verfolgen.

Speciell der Verlauf des Gefechtes bei Gornji Dubnjak hat allerdings nur zu deutlich bewiesen, wie nothwendig die von Totleben und Gurko verlangte großartige Macht-Entfaltung war; das Schicksal des Tages hieng an einem Faden. Aber die Ursachen hiefür lagen — wie wir später erörtern werden — wo anders als in der etwa knapp bemessenen numerischen Stärke der Angriffs-Truppen.

Wir dürfen bei derlei Erwägungen nicht den Blick auf das Ganze verlieren.

Selbst wenn man die Stärke der Türken zu hoch schätzte (auf 80.000 Mann), wäre es ihnen nicht möglich gewesen, die ursprünglich auf das linke Vid-Ufer bestimmten Truppen partiel zu schlagen; letztere konnten ja von den am rechten Vid-Ufer befindlichen Armee-Theilen (nur einen Marsch entfernt) bald unterstützt werden, und im ganzen hatte man gegen jene vermeintlichen 80.000 Türken auf Seite der russisch-rumänischen Armee 110.000 Mann mit mehr als 500 Geschützen zur Verfügung.

In Wirklichkeit aber hatte man es Mitte October nur mit 55- bis 60.000 Türken zu thun. Die Russen befanden sich also auch ohne der 2. Garde-Infanterie-Division — was die Zahl betrifft — in einer so günstigen Lage den Türken gegenüber, wie nie zuvor in allen ihren früheren Kriegen.

Nichtsdestoweniger wurde dem General. Totleben sein so schwer erfüllbares Ansuchen zugestanden: die 2. Garde-Infanterie- und die 2. Garde-Cavallerie-Division erhielten Befehl, gegen Plevna zu marschieren.

Von neuem blieb die Armee in Bulgarien ohne eine besondere Reserve; man rechnete auf das Heran-Kommen des Grenadier-Corps. Glücklicher Weise blieb Suleiman Pascha unthätig, so dass die schwache Armee-Abtheilung des Großfürst-Thronfolger einer schnellen Verstärkung nicht bedurfte.

Angriffs-Plan. — Die Unterbrechung der Verbindungen Osman Pascha's konnte eben so gut durch einen Angriff auf die Straßen-Strecke Teliš-Dolnji Dubnjak, als auch durch einen directen Vorstoß gegen Orhanje bewirkt werden.

Man entschied sich für Ersteres, u. zw. im Einklang mit der bestehenden Absicht: so bald als möglich Plevna vollständig zu cernieren.

Man wusste — abgesehen von Radomirci — die Orte Teliš, Gornji Dubnjak und Dolnji Dubnjak von feindlichen Abtheilungen besetzt; jede auf 4- bis 5.000 Mann Infanterie und etwas Artillerie geschätzt. Die zu bewältigende feindliche Truppen-Macht bestand also höchstens aus 12- bis 15.000 Mann mit einer auffallend geringen Geschütz-Zahl.

Über die Stärke der Armee des Chefket Pascha und in welchem Maß es ihr möglich sei, die Abtheilungen in Radomirci, Teliš etc. von Orhanje aus zu unterstützen, hatte man — wie begreiflich — keine Daten. Jedenfalls aber war es nach den Erfahrungen der letzten Wochen nothwendig, ein Eingreifen größerer Truppen-Körper von dieser Richtung her in betracht zu ziehen; eben so eine Mitwirkung türkischer Kräfte von Plevna her.

Dolnji Dubnjak, Gornji Dubnjak und Teliš zeigten demnach, als Ganzes betrachtet, eine 18 bis 24 km breite, von beiden Seiten flankierte Angriffs-Front.

Die sehr bedeutende Truppen-Stärke, welche seitens der Russen für diese Angriff-Operation zur Verfügung stand, hätte leicht dazu veranlassen können, gegen alle drei Punkte gleichzeitig einen ernsten Angriff zu unternehmen; dem Kraft-Verhältnis nach, hätte man selbst in diesem Fall auf einen sicheren Erfolg rechnen dürfen (überall 15- bis 20.000 gegen 4- bis 5.000 Mann).

Trotzdem jedoch mochte es, besonders wegen der ärgerlichen Ungewissheit über die Verhältnisse der plötzlich aufgetauchten neuen Armee in Sofia-Orhanje, nützlich erschienen sein, sich bloß einen jener Punkte als Angriffs-Object zu wählen und den Angriff auf dieses sowohl gegen jede Einwirkung von Orhanje, als auch von Plevna her zu decken.

Wenn der Angriffs-Plan Gurko's sich thatsächlich auf den Angriff nur eines Punktes beschränkte, um diesen Angriff mit erdrückender Übermacht ausführen zu können, so ist diese sehr große, an Ängstlichkeit streifende Vorsicht nebstdem noch dadurch zu erklären, dass: erstens nach den vielen bei Plevna erlittenen Miss-Erfolgen das Vertrauen in die eigene Kraft auf Seite der Russen im allgemeinen unzweifelhaft erschüttert war; — zweitens das Garde-Corps bei seinem ersten Auftreten auf dem Krieg-Schauplatz unter allen Umständen vor einer Schlappe bewahrt werden sollte, um nicht von vornherein auch sein noch ungebrochenes Selbstvertrauen zu erschüttern. —

Bei Durchführung des Angriffes konnte die Deckung gegen Orhanje und Sofia in zweierlei Art bewirkt werden: entweder durch das Beziehen einer Aufstellung, aus welcher man den eventuellen Vorstoß aus Plevna bezw. Orhanje aufhalten wollte; oder in offensiver Weise, indem man selbst einen Vorstoß versuchte. Die erste Art wäre besonders gegenüber von Plevna, wo man der starken West-Front nichts anhaben konnte, angezeigt gewesen; die andere dagegen wäre vielleicht mit Vortheil gegenüber der Armee des Chefket Pascha in Anwendung gekommen.

Nach der organischen Gliederung der Truppen hätte man verwenden können: zum Haupt-Angriff auf einen der drei befestigten

Orte (Teliš, Gornji Dubnjak oder Dolnji Dubnjak) etwa 4 bis 4½ Infanterie- und 2 bis 3 Cavallerie-Brigaden; — zur Deckung gegen Plevna hin etwa 1 Infanterie- und 1 Cavallerie-Brigade mit starker Artillerie; — die übrigen 6 oder 7 Cavallerie-Brigades, verstärkt durch ½ oder 1 ganze Infanterie-Brigade zu einem Vorstoß gegen Orhanje.

Im allgemeinen musste man, so weit dies eben die localen Verhältnisse räthlich erscheinen ließen, um jede Einwirkung seitens von Plevna zu hindern, die Haupt-Angriffs-Richtung möglichst weit von Plevna weg wählen, — also lieber Gornji Dubnjak als Dolnji Dubnjak, lieber Teliš als Gornji Dubnjak angreifen. (Dolnji Dubnjak ist 15 *km*, Gornji Dubnjak 24 *km*, Teliš 32 *km* von Plevna entfernt.)

Die zur Deckung gegen Plevna bestimmte Gruppe konnte nicht leicht wo anders als etwa bei Metropolja Aufstellung nehmen, und entweder die West-Front kanonieren oder — wenn die dortige Besatzung etwa durch die Vorgänge am rechten Vid-Ufer festgehalten wurde — den Haupt-Angriff durch einen Vorstoß auf Dolnji Dubnjak erleichtern.

Die gegen Orhanje hin bestimmte Gruppe wäre wohl am günstigsten 1 bis 2 Tage vor dem Haupt-Angriff aufgebrochen, und hätte vielleicht — mit Umgehung von Radomirci und Lukovit — direct in der kürzesten Richtung über Jablonica auf Orhanje dirigiert werden können. Ihre Aufgabe wäre dann gewesen, den Vormarsch aller aus Orhanje etwa vorrückenden Verstärkungen aufzuhalten, und so die Isolierung des an der Etapen-Straße postierten türkischen Gros zu bewirken. —

Das gegen Teliš und Gornji Dubnjak vorspringende Knie des Vid und die hier bewaldeten rechten Ufer-Begleitungen versprachen offenbar, dass der Angriff auf Gornji Dubnjak, wohin der beste Weg führte und welcher Ort vom Vid nur 6 *km* entfernt, also auch rascher als Teliš zu erreichen ist, nach Art eines Überfalles gelingen könne.

Es mussten zwar die anderen befestigten Punkte, also — da Gornji Dubnjak in der Mitte liegt — Teliš und Dolnji Dubnjak unbedingt ebenfalls, wenn auch vorläufig nur demonstrativ, angegriffen werden; aber saß man einmal dem Gegner im Fleisch, dann war der Schlag nach rechts und links leichter auszuführen.

Demonstrative Unternehmungen der Cernierung-Armee gegen Plevna selbst, um Osman Pascha vor allem anderen an einer Unterstützung der Besatzung von Dolnji Dubnjak zu verhindern, mussten das ganze Unternehmen erleichtern.

Hiebei sollte die Besetzung der Straße Lovča-Plevna speciell den Zweck haben, eine Verbindung zwischen den sich jenseits des Vid befindlichen und den östlich der Tučenica-Schlucht verbliebenen Truppen herzustellen. Man befürchtete auch, dass, wenn jene Straße nicht gehörig besetzt sei, Osman Pascha in dieser Richtung gegen die

Stadt Lovča vorrücken, dadurch die russisch-rumänische West-Armee-Abtheilung in zwei Theile trennen, und diese einzeln schlagen könnte. Endlich wollte man durch die Entfaltung bedeutender Kräfte gegen die „grünen Berge" Osman Pascha auch veranlassen, einen Angriff auf Plevna zu fürchten und in dieser Besorgnis keine Verstärkungen gegen den Generall. Gurko zu senden. —

Der Angriffs-Plan Gurko's sowie die Maßnahmen des Generall. Totleben haben allen von uns hervorgehobenen strategisch-taktischen Momenten Rechnung getragen, und müssen daher im vollsten Maß gebilligt werden. Dass die Offensive gegen Orhanje unterblieb, hat seinen Grund in jener ängstlichen Vorsicht, welche Generall. Gurko — wie oben angedeutet — walten ließ, um mit möglichster numerischer Überlegenheit gegen den Haupt-Angriffs-Punkt auftreten und daher vollkommen sicher auf den Sieg rechnen zu können.

Die Dispositionen für den 24. October waren ziemlich complicirt, wahrscheinlich eine Folge der vielen Rücksichten, welche Generall. Gurko zu beobachten hatte. Sie müssen trotzdem als zweckmäßig und umsichtig erkannt werden, wiewohl sie eine einheitliche Leitung gänzlich ausschlossen, und die Ausführung in die Hände der Unter-Commandanten legten.

Die Dispositionen setzten, was so selten geschieht, alle Kräfte gleichzeitig gegen eine relativ nicht bedeutende Angriff-Strecke (Teliš-Dolnji Dubnjak) in Bewegung, und innerhalb derselben wurde die Haupt-Kraft ganz richtig gegen Gornji Dubnjak, um welches es sich vor allem handelte, dirigiert.

Schält man nämlich in den Dispositionen Gurko's die eigentlichen Angriffs-Truppen aus dem Gewirr von Bataillonen, Escadronen und Geschützen heraus, so ergibt sich (vergl. Kräfte-Gruppierung, Seite 79): dass für den Haupt-Angriff auf Gornji Dubnjak die 2. Garde-Infanterie-Division und die Garde-Schützen-Brigade — im ganzen 20 Bataillone, 6 Escadronen und 48 Geschütze —, also fast $1/_2$ der gesammten Infanterie und fast $1/_3$ der gesammten Artillerie verwendet wurde.

Die gegen Gornji Dubnjak bestimmte Truppen-Masse war im Verhältnis zu der dortigen türkischen Besatzung so enorm stark, dass die Bewältigung dieser Besatzung — so lang sie auf sich allein angewiesen blieb — keinen Augenblick zweifelhaft sein konnte.

Die allgemeine Reserve durfte daher von vornherein als gegen Dolnji Dubnjak und Plevna verwendbar betrachtet werden. Ein aus Plevna in der Richtung über Dolnji Dubnjak unternommener Ausfall stieß also jedenfalls auf (Loškarew, Arnoldi, Černozubow und Ranch) 19 Bataillone, 41 Escadronen (mindestens 4.000 Reiter) und 72 Geschütze. Das gegen Gornji Dubnjak geplante Unternehmen konnte also nach Plevna hin wohl für ziemlich gesichert gelten.

Gegen Teliš wurden allerdings bedeutend weniger Truppen aufgestellt. Dort war aber erstens das Erscheinen eines stärkeren feindlichen Heeres-Körper weit weniger wahrscheinlich, zweitens würde der Anmarsch desselben bereits in ziemlicher Entfernung entdeckt worden sein, so dass geeignete anderweitige Maßregeln zu dessen Bewältigung getroffen werden konnten. Die Unternehmung gegen Gornji Dubnjak war also auch gegen Süd zu hinlänglich gesichert.

Berücksichtigt man, dass — nach der Behauptung seitens der Russen — Dolnji Dubnjak und Teliš (jedenfalls aber mindestens ersteres) nicht angegriffen, sondern nur beobachtet werden sollten, so kann man sagen, dass die Angriffs-Disposition alle Bedingungen für einen sicheren, schnellen und leichten Erfolg in sich trug.

Dass dabei nicht auf die Mitwirkung der Einschließung-Armee am rechten Vid-Ufer vergessen wurde, ist zwar kein Verdienst, muss aber nach dem Verlauf der früheren drei Schlachten bei Plevna, welche sich u. a. durch das consequente Nicht-Eingreifen aller verfügbaren Kräfte charakterisieren, erwähnt werden und zeigt Fortschritt.

Im Detail könnte man gegen die Verwendung der Artillerie für den Angriff auf Gornji Dubnjak etwas einzuwenden haben: Generall. Gurko vertheilte die 6 verfügbaren Batterien gleichmäßig auf die drei Colonnen, welche den Angriff bewirken sollten. Dies erinnert an das Analogon in der ersten Schlacht bei Plevna (20. Juli), und deutet darauf hin, dass die Russen in dieser Hinsicht trotz der bitteren Erfahrungen damals noch nicht klüger geworden waren.

Nach den Bestimmungen für die Concentrirung der Truppen am linken Vid-Ufer, durften die Lazarethe nicht ihren Divisionen folgen; daher blieb z. B. jenes der 2. Garde-Infanterie-Division, welche gerade die meisten Verluste hatte, angeblich in Kaljevo! Die Mehrzahl der Verwundeten erhielt folglich während der ersten vierundzwanzig Stunden eine nur unzulängliche oder gar keine ärztliche Hilfe und Labung, und musste so am Gefechts-Feld liegen.

Ganz unerklärlich bleibt, warum Gurko über den Vid keine Brücken schlagen, sondern alle Truppen durch Furten gehen ließ. Glaubte er vielleicht, dass durch die Überbrückung-Arbeiten die Aufmerksamkeit des 5 km nordwärts stehenden Feindes wach gerufen werde? Dies wäre eine übertriebene Befürchtung gewesen; denn die Überbrückungen konnten nachts und unter dem Schutz der ohnehin schon am linken Vid-Ufer befindlichen Vor-Truppen der 2. Garde-Cavallerie-Brigade ausgeführt werden. Und schließlich: was lag daran, wenn die Türken — etwa durch Spione — Nachricht erhielten, dass sich eine Unternehmung gegen sie vorbereite; sie mussten ja unter allen Umständen die Ereignisse geduldig abwarten.

4. Die Kämpfe vom 24. bis 28. October.

Diese Kämpfe sind in mehr als einer Hinsicht geeignet, unsere Aufmerksamkeit auf sich zu ziehen.

Erstens sind sie die Folge eines durchaus richtigen strategischen Gedanken, welcher nach mannigfachen Fehlgriffen endlich zum Durchbruch kam; — zweitens sind sie in taktischer Beziehung mit sehr großer Vorsicht und großem Geschick angelegt, zum Theil aber mit sehr wenig Verständnis ausgeführt worden; — drittens behandeln sie das erste Auftreten der russischen Garden, wobei dieser scheinbar ziemlich gleichgiltige Gesichtspunkt für das Verständnis mancher späterer Erscheinung von entschiedener Wichtigkeit ist.

Wenn trotz der guten Dispositionen der Erfolg nicht so rasch und sicher, sondern erst nach langwierigen, mehrfach schwankenden und in hohem Grad verlustreichen Kämpfen errungen wurde und sozusagen an einem Faden hieng, so lag der Grund hiefür in der unleugbar nicht sachgemäßen taktischen Ausführung.

Eine von den Türken durch 4.000 Mann und 4 Geschütze besetzte Feld-Befestigung wurde von 20.000 Mann russischer Elite-Truppen eingeschlossen, einen halben Tag lang aus 66 Geschützen (wenn man jene des Oberst Čerewin mitrechnet) concentrisch beschossen, und schließlich erst nach mehreren misslungenen Versuchen allerdings erstürmt, aber mit einem Verlust des Angreifer, welcher beinahe eben so groß war, als die Stärke des Vertheidiger!

Diese Erscheinung kann selbst durch die Annahme größter Tapferkeit und Geschicklichkeit auf Seite des Vertheidiger allein nicht erklärt werden, sondern man muss sich, auch ohne die Einzelnheiten zu kennen, sagen, dass seitens der Angreifer unzweifelhaft große taktische Fehler begangen worden sein müssen.

Wenden wir uns nun zu den Einzelnheiten jener Kämpfe.

Der Angriff gegen Gornji Dubnjak erfolgte von jeder der drei Colonnen ohne kräftige Artillerie-Vorbereitung. Jede Colonne hatte 2 Batterien bei sich, so dass dieselben — schon wegen ihrer räumlichen Trennung — erst successive in Thätigkeit treten konnten.

Trotz der mehrstündigen concentrischen Beschießung der Redoute, welche den Haupt-Stützpunkt der türkischen Stellung bildete, aus 54 Feld-Geschützen (eine reitende Batterie war noch hinzu gekommen) und dies auf eine Entfernung von etwa 1.600 m, war die Besatzung derselben noch so wenig erschüttert, dass sie dann mehrere mit fünffacher Übermacht unternommene Sturm-Angriffe der Russen abschlug.

Die relativ geringe Wirkung, welche die russische Artillerie hier fand, ist wohl dem Mangel an einheitlicher Leitung bei dieser Unternehmung zuzuschreiben.

Bezüglich der Infanterie im allgemeinen vermisst man — als Analogon zur Artillerie — eine einheitliche Bestimmung über die Art und Weise, wie von den drei getrennt gegen die türkische Stellung vorrückenden Colonnen der Angriff ausgeführt werden soll; in Folge dessen schritt jede dieser drei Colonnen ohne Rücksicht auf die beiden anderen zum Sturm.

Dabei war die Ausführung des Angriffes nur bei der rechten Colonne (Schützen-Brigade) einigermaßen zweckmäßig. Hier wurde mit Benutzung des Terrain abschnittweise vorgegangen und — wenn auch ohne großen Erfolg — wenigstens der Versuch gemacht, den Angriff auch durch Infanterie-Feuer vorzubereiten.

Der Angriff der mittleren und linken Colonne macht den Eindruck, als habe er sich nicht nach einem bestimmten Plan, sondern unter dem Einflusse eines von vorherein überstürzten Vorgehens und eines nicht zu bändigenden Kampf-Eifers der Truppen gleichsam von selbst entwickelt.

Sicher ist, dass in beiden Fällen alle Truppen fast gleichzeitig ins Gefecht verwickelt wurden; eine Vorbereitung des Angriffes durch Infanterie-Feuer fand so gut wie gar nicht statt. Der Angriff selbst geschah ohne taktische Tiefen-Gliederung und ohne Rücksicht auf Terrain-Benutzung, — aus großer Entfernung (1.000 Schritte und darüber) stürzten die dichten Massen mit todesverachtender Tapferkeit dem mörderischen Frontal-Feuer des Feindes entgegen und erlitten natürlich furchtbare Verluste.

Die Infanterie nahm in gewohnter Weise die große Redoute, deren Besatzung noch nicht genügend erschüttert war, mit dem Bajonnett; deshalb eben die enormen Verluste.

Sehr auffallend erscheint es, dass die Russen ihre nur in geringer Anzahl vorhandenen Schützen-Brigaden — die einzigen an Feuer-Disciplin und Schuss-Präcision relativ geübten Truppen — durch Bajonnett-Angriffe aufreiben ließen: am Šipka-Pass (24. bis 26. August), bei Lovča (3. September), bei Plovna (11. und 12. September) und jetzt wieder waren es die Schützen-Bataillone, welche entweder mit ihrem Sturm den Ausschlag gaben oder wenigstens den Anfang mit dem Bajonnett-Angriff machten, dabei aber jedesmal decimiert wurden. —

Bei der mittleren Colonne ist es besonders auffallend, dass die gleich zu Anfang genommene kleinere Redoute nicht als Zwischen-Stellung benutzt, und dass von hier aus der weitere Angriff nicht durch ein kräftiges Gewehr-Feuer vorbereitet wurde. Gewissermaßen als Entschuldigung wird angeführt: die den Türken genommene Stellung habe gegen das Feuer der rückwärtigen Haupt-Stellung keinen Schutz geboten. Es ist dies zwar ein beachtenswerter Beweis für die geschickte Anlage der türkischen Befestigungen (bei Teliš tritt dieselbe Erscheinung zutage); aber hätte nicht das bei dieser Colonne vorhandene Sappeur-Bataillon, welches doch wohl mit Schanzzeug versehen war, die Mitteln geboten, die eroberte Stellung zu einer brauchbaren Deckung umzuschaffen? Die Verwendung des Sappeur-Bataillon ist wohl mindestens ganz eigenthümlich zu nennen: es scheint wie gewöhnliche Infanterie als geschlossene Reserve am längsten zurück gehalten worden zu sein.

Sehr interessant und rühmenswert sind die aus der Initiative der Soldaten hervorgegangenen Bestrebungen, sich von der kleinen Redoute aus durch gruppenweises Vorrollen nach und nach in den Besitz der großen Redoute zu setzen. Es hat sich da durch den Instinkt der Mannschaft eine eigenthümliche „Soldaten-Taktik" gebildet, welche zwar in keinem Reglement enthalten ist, aber in den Kämpfen der Zukunft wegen der enormen Feuer-Wirkung des Gegners einzig und allein zum Ziel führen dürfte. Wie sonderbar erscheint solchen Erfahrungen gegenüber das bei vielen Friedens-Manövern oft zutage tretende Bestreben nach „schönen Bildern", wobei ganze Bataillone und noch stärkere Truppen im wirksamen Schuß-Bereich des Feindes gleichzeitig und überhaupt in einer Weise vorgehen, als ob es sich um die Einübung eines auf einer Theater-Bühne zu producierenden Gefechtes handeln würde!

Das successive, sprungweise Vordringen — zuerst einzelner Leute, dann kleiner Gruppen, und schließlich (nach dem Eintreffen des Regimentes Ismailowskij der rechten Colonne) ganzer Compagnien — und zwar mehr als vier Stunden hindurch und unter einem wahren Regen von Blei, — dies bildet ohne Zweifel den eigenthümlichsten und glänzendsten Charakterzug des Sturmes auf die große Redoute bei Gornji Dubnjak.

Gefechts-Leitung. — Dass der Versuch Gurko's, durch das scheinbar sehr zweckmäßig angeordnete, aber doch complicirte Salven-Signal nachträglich Einheit in den wieder aufzunehmenden Angriff zu bringen, bei der Ausführung scheiterte, ist mit Rücksicht auf den Lärm und die Aufregung des Kampfes kaum zu verwundern. Die Bestimmung eines festen, nicht zu früh anzusetzenden Zeitpunktes für den Wieder-Beginn des Angriffes hätte vielleicht besser zum Ziel geführt.

Der hartnäckige Widerstand der Türken bei Gornji Dubnjak ist sehr bemerkenswert. Die ganze Besatzung war im Feuer von 66 Kanonen des Angreifer, welche den Platz von allen Seiten beschossen. Die Garde-Truppen griffen mit Elan und einem der vollsten Bewunderung würdigen Ungestüm an; sie verloren 3.300 Mann: auf fast jeden Vertheidiger kam ein kampf-unfähig gemachter Mann der Angreifer.

Der Angriff gegen Teliš am 24. October lässt Plan und Leitung in noch höherem Grad vermissen, als der Angriff gegen Gornji Dubnjak; nicht allein wird der Angriff des ersten Treffen ohne rechte Überlegung und jedenfalls ganz im Gegensatz zu dem Sinn der allgemeinen Disposition unternommen, sondern es geht auch das zweite Treffen — die letzte hier verfügbare Infanterie — der oberen Führung sofort durch und stürzt sich ohne Befehl ins Gefecht.

Die gegen Teliš entsendete Colonne war ausreichend, einem von dorther etwa kommenden Angriff erfolgreich entgegen zu treten;

durch den programmwidrigen, übereilten und mit großem Verlust abgewiesenen Angriff war aber auch die Defensiv-Kraft der Colonne derartig erschüttert, dass ein kräftiger Nachstoß der Türken von Teliš aus auf die ganze Unternehmung gegen Gornji Dubnjak störend einwirken konnte.

Viele glauben die Ursache für den blutigen Ausgang des Gefechtes bei Teliš in einem Widerspruch zu finden, welcher angeblich zwischen den Absichten Gurko's und dem Wortlaut der von seinem Stab redigierten Disposition für den 24. October bestand. In der am Abend des 22. October abgehaltenen Versammlung sagte Gurko: Dolnji Dubnjak und Teliš „muss man in eiserner Umarmung halten", d. h. man darf ihrer Besatzung nicht gestatten, jener von Gornji Dubnjak zu Hilfe zu kommen; in der Disposition aber stand, dass das Detachement des Oberst Čoličeff die Position von Teliš „angreifen" soll.

Nun, darin sehen wir keinen Widerspruch. Jede Demonstration, jeder Schein-Angriff muss so energisch ausgeführt werden wie ein eigentlicher Angriff, ja — die Truppen sollen gar nicht wissen, dass sie bloß einen „Schein"-Angriff auszuführen haben. Mit einem einzigen Regiment vermochte man Teliš nicht so hermetisch abzuschließen, dass kein türkisches Bataillon heraus kommen und Gornji Dubnjak zu Hilfe eilen konnte. Dem Oberst Čoličoff blieb daher, auch wenn er nicht den ausdrücklichen Befehl dazu gehabt hätte, nichts anderes übrig, als Teliš anzugreifen u. zw. so entschlossen und energisch wie möglich, um dem Feind weder Zeit noch Kraft zu lassen, irgend etwas zur Befreiung von Gornji Dubnjak zu unternehmen.

Die Garde-Jäger griffen thatsächlich mit einer solchen Energie an, dass der türkische Pascha in Teliš nicht nur nicht daran dachte, der Garnison von Gornji Dubnjak zu Hilfe zu kommen, sondern froh war, sich selbst dieses Angriffes erwehrt zu haben, ja nicht einmal den Muth hatte, die zurück geschlagenen Garde-Jäger zu verfolgen. Mit diesem Resultat konnten sich die bei Teliš kämpfenden Russen, trotz der erlittenen Niederlage, zufrieden geben.

Wir glauben, dass überhaupt erst nachdem der Angriff auf Teliš missglückt war, seitens der Russen die Behauptung entstand, man habe dort nur demonstrieren wollen.

Der Angriff gegen Teliš am 28. October. — Nachdem Gornji Dubnjak gefallen war, musste man sich die Frage vorlegen: soll nun Teliš oder Dolnji Dubnjak angegriffen werden? Ohne Zweifel war der Angriff auf Teliš geboten, denn nicht gegen Plevna, sondern gegen Orhanje musste Raum gewonnen werden. Chefket Pascha so weit als möglich von Plevna zurück zu drängen, war das erste Ziel, getreu dem Grundsatz, dass, je weiter man mit einer Entsatz-Armee von dem belagerten Platz entfernt den Kampf aufnehmen kann, es um so besser ist. Ob Dolnji Dubnjak noch in den Händen der Türken blieb, hatte weniger auf sich, denn abgeschnitten waren sie dann in Plevna mit oder ohne Dolnji Dubnjak.

Weshalb man aber mit dem zweiten Angriff auf Teliš bis zum 28. October — vier Tage — wartete, ist nicht verständlich. Munitions-Mangel soll daran Schuld gewesen sein: die Parks waren in Raljevo (!) zurück geblieben und mussten erst heran geschafft werden.

Der Angriff selbst wurde richtig eingeleitet und durchgeführt; rasch war Teliš im Besitz der Russen.

Resumé. — Die Mängel, welche bei den russischen Angriffen am 24. October zutage traten, sind fast insgesammt durch den Umstand — zwar nicht zu rechtfertigen, aber doch wenigstens — zu erklären, dass alle betheiligten Truppen an diesem Tag zum ersten Mal im Feuer standen und dass sie das Gefühl hatten, von ihnen, als einem besonders bevorzugten Corps, werde etwas ganz Außerordentliches erwartet.

Die russischen Garden können sicherlich mit Stolz darauf hinweisen, dass ihnen keine irgendwie bedeutende Unternehmung misslungen ist, und dass mit ihrem Eintreffen der Krieg eine glänzende Wendung nahm; — aber etwas mehr Ruhe und Kaltblütigkeit am Tag ihrer Feuer-Taufe würde sicherlich den Erfolg nicht geschmälert, die Verluste jedoch bedeutend verringert haben.

Ein sehr auffallender Gegensatz im Verhalten der Türken ergibt sich zwischen dem Kampf bei Gornji Dubnjak am 24. und jenem bei Teliš am 28. October:

am 24. wurde Gornji Dubnjak einen halben Tag hindurch aus 66 Geschützen beschossen, trotzdem aber schlug die Besatzung mehrere wüthende Sturm-Angriffe eines weit überlegenen Gegners ab und unterlag erst nach langem Kampf der enormen Übermacht;

am 28. capitulierte die Besatzung von Teliš, obgleich ihre Lage in taktischer Beziehung fast genau dieselbe war, wie jene ihrer Waffen-Brüder in Gornji Dubnjak, nach zwei-stündiger Beschießung, ohne den Sturm-Angriff abzuwarten.

Seitens der Russen wird als Grund für diese Erscheinung angegeben: die Besatzung von Teliš sei durch den vorher-gegangenen Fall von Gornji Dubnjak so sehr entmuthigt worden, dass sie die Lust zum Widerstand verloren hatte. Durch diesen Umstand allein wird der auffallende Gegensatz aber kaum genügend erklärt.

Wenn Gurko am 24., ohne überhaupt die Infanterie zum Sturm vorrücken zu lassen, nach fünf- oder sechs-stündiger Beschießung die Besatzung von Gornji Dubnjak aufgefordert hätte, sich zu ergeben: so würde dies sehr wahrscheinlich geschehen sein. — Wenn andererseits Gurko am 28., anstatt Verhandlungen anzuknüpfen, die Infanterie hätte zum Sturm vorrücken lassen: so würde sich die Besatzung von Teliš wahrscheinlich hartnäckig zur Wehr gesetzt haben.

Es steckt darin ein psychologisches Moment, welches man als Soldat wohl begreift, ohne es anderen recht erklären zu können.

Plevna war nun auch von der West-Seite völlig eingeschlossen, — jede Verbindung Osman Pascha's mit der bei

Orhanje und Sofia stehenden türkischen „Reserve-Armee" abgeschnitten!

Dies hatten die Russen mit einem Gesammt-Verlust von rund 150 Officieren und 4.200 Mann erreicht.

Über die Verluste der Türken ist nichts Genaues bekannt. Die Besatzungen von Gornji Dubnjak und Teliš zählten zusammen höchstens 8.000 Mann. Da hievon mindestens 5.500 Mann unverwundet in Gefangenschaft geriethen und außerdem noch einige hundert Mann von Teliš entkommen zu sein scheinen, so dürften sich die Verluste der Türken an Todten und Verwundeten in den beiden Kämpfen des 24. und 28. October auch nicht viel über 2.000 Mann belaufen haben.

5. Über die Ereignisse am rechten Vid-Ufer.

Kämpfe um die türkische Grivica-Redoute. — Die Rumänen haben zur Befestigung ihrer Stellung, so wie besonders zur Einnahme der Grivica-Redoute Nr. 2 ganz bedeutende und umfangreiche Arbeiten ausgeführt. Während die russischen Divisionen unthätig vor Plevna standen, höchstens dann und wann einmal feuerten, — trieben die jungen rumänischen Truppen mit großer Thatkraft Belagerungs-Parallelen vor und begannen, einmal mit den Approchen der Türken zusammen gekommen, schließlich den Minen-Krieg.

Dies alles verdient vollste Anerkennung. Da man jedoch den Entschluss gefasst hatte, das befestigte Lager von Plevna zu blockieren, lag eigentlich keine Nothwendigkeit vor, die türkische Grivica-Redoute zu nehmen. Aber dem Fürsten Carol scheint nach den missglückten Sturm-Versuchen vom 11. u. 18. September der Besitz dieser Redoute als Ehrensache vorgeschwebt zu haben, und dagegen lässt sich nichts einwenden. Übrigens vermag man auch ganz gut zu begreifen, in welch hohem Maß unbequem es den Rumänen gewesen sein muss, in nächster Nähe den Feind zu haben und fortwährend — Tag und Nacht — durch ihn belästigt zu werden; dass sich daraus das Bestreben entwickelte, diesem Zustand baldigst ein Ende zu machen, erscheint recht natürlich.

So fand denn am 19. October nochmals ein Angriff auf jene türkische Redoute statt, — doch wieder ohne Erfolg.

Sturm auf die türkische Grivica-Redoute, am 19. October. — Da Hindernis-Mitteln vor jener Redoute nicht angebracht waren und auch das Profil derselben keine allzu große Stärke hatte, unterliegt es keinem Zweifel, dass die Redoute mit offener Gewalt zu nehmen gewesen wäre. Die Rumänen befanden sich hiezu in sehr günstiger Lage, und die Ausführung ihrer Absicht war keineswegs mit großen Schwierigkeiten verbunden.

Aber die beiden Bataillone erster Linie griffen nicht mit der nöthigen Energie an, und wurden nicht unterstützt. Von der Thätigkeit des 15. Dorobanzen-Regimentes ist im Gefechts-Bericht kein Wort gesagt.

Sobald die vordersten Abtheilungen zurück wichen, wurden die Unterstützungen, welche noch nicht einmal theil am Kampf genommen hatten, in den Rückzug mit verwickelt.

Der ganze Angriff ist seitens der 4. rum. Division, welche übrigens schon früher stark gelitten hatte, ohne den nöthigen Zusammenhang ausgeführt worden. —

Der am Abend stattgefundene Angriff war beherzter. Der Umstand aber, dass sich der Kampf am Eingang zur Redoute concentrirte, konnte den Rumänen nicht vortheilhaft sein; sie vermochten hier ihre Überlegenheit nicht auszunutzen, und es war ihnen nicht möglich, den Stoß in einer beliebigen Richtung zu führen.

Unverständlich erscheint uns das Streben des rumänischen Ober-Commando, die Verantwortung für das Missglücken des Sturmes dem Commandanten der 4. rumän. Division, Oberst Alexander Angelescu, aufzubürden; derselbe wurde dann auch seiner Stelle enthoben (vergl. S. 62).

Sonderbar ist die Besorgnis der bezüglichen Commandanten vor großen Verlusten. General Cernat gab den Rath, beim Sturm die Leute zu schonen. Oberst Angelescu verstärkte das tapfere 4. Linien-Regiment, welches mit den Türken im Handgemenge war, nicht; er wollte die Leute schonen und keine Verluste davon tragen. Wie kann ein solcher Sturm auf ein befestigtes und heldenmüthig vertheidigtes Werk Erfolg haben, ohne einen blutigen Kampf und ohne große Verluste! Thatsächlich erreichten die Verluste aber doch fast tausend Mann; sie schwächten materiell und moralisch die 4. rum. Division.

Der Miss-Erfolg derselben erscheint natürlich: ihre Truppen befanden sich schon zwei Monate lang in den Tranchéen, waren ermüdet und abgehetzt, hatten auch ziemlich große Verluste durch das feindliche Feuer und durch Krankheiten. Oberst Angelescu verdient jedenfalls den Vorwurf, den moralischen und physischen Zustand seiner Division nicht in Rechnung gezogen zu haben.

Die Hilfe der Russen bestand nur in Demonstrationen. Hätte General. Todleben die Einnahme der türkischen Grivica-Redoute in seine Berechnung gezogen und die Rumänen mit den Truppen des 9. Corps unterstützt, so unterliegt es wohl keinem Zweifel, dass die Redoute gefallen wäre und dadurch sich gewaltige Vortheile für die Bewältigung der übrigen Redouten der Nord-Front ergeben hätten. —

Vollste Anerkennung verdient der Vertheidiger. Die türkische Grivica-Redoute befand sich in einer sehr misslichen Lage: sie wurde von Süd, Ost und Nordwest durch die Laufgräben der Rumänen umfasst, von 48 rumänischen Geschützen und starker rumänischer Infanterie aus drei Richtungen unter starkem Feuer gehalten. Und doch fanden die Türken Mittel und Wege, sich gegen das Feuer zu decken.

Die Artillerie-Vertheidigung der Redoute selbst war schwach; sehr thätig und geschickt wurde sie aber von den benachbarten Stellungen bei Batterie Baš tabija auf eine Entfernung von 1.500 m und Redoute Čorum tabija auf eine solche von 2.000 m geführt. Die türkischen Geschütze waren sehr gut eingeschossen und bestrichen mit großer Genauigkeit den Raum zwischen den rumänischen Laufgräben und der angegriffenen Redoute. Diese, allem Anschein nach nur mit 2 Bataillonen besetzt, wurde heldenmüthig vertheidigt.

Die Stellung der russischen Artillerie auf dem rechten Vid-Ufer war in drei Abschnitte getheilt: von der Grivica-Redoute bis zur Batterie Nr. 8; von da bis zur Batterie Nr. 20; von da bis zur Tučenica-Schlucht. Diese Abschnitt-Eintheilung deckte sich somit nicht mit jener der Infanterie.

Nebstdem waren die Abschnitte nicht etwa den Artillerie-Brigadieren, sondern den Stabs-Officieren der Belagerung-Artillerie unterstellt; erstere wussten daher nie rechtzeitig, was geschehen soll bezw. was geschehen ist.

Die Entfernungen der Batterien zu den türkischen Stellungen waren so groß, dass von einem Erfolg des Artillerie-Feuer nicht die Rede sein konnte, zumal die Türken sich gut deckten.

Der Artillerie-Kampf wurde, wenn auch nur schwach, von den 4-Pfündern auf 1.900 bis 2.800 m, von den 9-Pfündern auf 2.000 bis 4.000 m, von den Belagerungs-Geschützen auf 2.500 bis 5.100 m geführt. Die russischen Geschütze waren bei solchen Entfernungen nicht imstand, irgend einen durchschlagenden Erfolg zu erzielen. Man rechnete offenbar bloß auf eine moralische Wirkung.

Das eventuelle Vorbrechen der Türken sowie das von diesen dann zu durchschreitende Terrain unter Feuer zu nehmen, darauf hatte man sich in der ersten Zeit nicht vorbereitet. So heißt es in dem Kriegs-Tagebuch des 9. Corps: „Das Feuer unserer Artillerie während „der ganzen Belagerung von Plevna hatte nur insofern eine Bedeutung, „dass es die feindlichen Truppen moralisch erschütterte, und konnte „nur insofern wirksam sein, als die Anmarsch-Wege des Feindes zu „unseren Stellungen unter Feuer genommen werden konnten. In „letzterer Beziehung waren unsere Batterien aber erst im November „in gehöriger Weise eingeschossen, zu welchem Zweck in einigen „Brustwehren Einschnitte gemacht werden mussten."

6. Verhalten der Türken bezüglich Plevna.

Die Absicht Osman Pascha's, Plevna zu verlassen und (anfangs October) nach Lukovit oder Orhanje abzurücken, mag hauptsächlich durch die Schwierigkeit, seine Truppen mittels Zuschübe aus Sofia zu verpflegen, veranlasst worden sein.

Die Weigerung des Sultan, darauf einzugehen, beruhte wahrscheinlich — abgesehen von der dem strategischen Punkt Plevna zuerkannten Wichtigkeit — auf unrichtigen, aus London erhaltenen Nachrichten über die Absichten der Russen. Danach sollten letztere anfangs October die bei Plevna und am Šipka-Pass concentrierten Truppen gegen die Jantra dirigieren, um die Armee-Abtheilung des Großfürst-Thronfolger zu verstärken und dadurch zu befähigen, einen Angriff auf Suleiman Pascha unternehmen zu können.

Auf Grund dieser Nachrichten erwartete man augenscheinlich von Osman Pascha nicht nur, dass er bei Plevna bleibe, sondern vielmehr eine Offensive, um die Lage der Armee Suleiman Pascha's zu erleichtern.

Damit stand wohl auch der Plan, mit den Truppen des Chefket Pascha die Stadt Lovča anzugreifen, in Zusammenhang.

Sicherung der Verbindungen zwischen Sofia und Plevna. — So lang die Türken Lovča besaßen — oder besser gesagt, so lang dort ein actionsfähiger, starker Heeres-Theil stand — waren die nach Plovna von Südwest her am linken Vid-Ufer befindlichen Verbindungen ziemlich gesichert. Freilich wäre eine rührige Reiterei nöthig gewesen, um die Straße Lovča-Plevna zu beherrschen und, sobald feindliche Streit-Kräfte sie westwärts überschritt, dies rechtzeitig zu erfahren; außerdem hätte jenem Heeres-Theil in Lovča auch die Kraft und Beweglichkeit innewohnen müssen, einem solchen Vordringen gegen den Vid, zwischen Plevna und Lovča, ernstlich entgegen treten zu können.

Diese Eigenschaften besaß zwar das unter Befehl des Rifaat Pascha in Lovča stehende Detachement (8 Bataillone etc.) nicht in erforderlichem Maß; aber dasselbe schien, unter den damaligen Verhältnissen, den Russen bedeutend zu imponieren. Man ersieht dies aus der hohen Zahl von Kräften, welche später (3. September) behufs Wegnahme jenes Punktes aufgeboten wurden.

Gegen eine Unternehmung von Nord her, also etwa über Ribine gegen die Linie Plevna-Mahalata, konnte Osman Pascha von Plevna aus selbst entgegen wirken.

Als aber Lovča in russischen Besitz fiel, da hieng die ganze Verbindung zwischen Plevna und Sofia, von wo allein nun Verstärkungen und Nachschübe aller Art kamen, nur an dem dünnen Faden der Straße über Orhanje nach Plevna; wurde er durchschnitten, so hatte man damit die Lebens-Ader Plevna's zerstört. Denn eine andere Basierung Osman's als auf Orhanje-Sofia, etwa auf Vidin, musste wegen des unverlässlichen Serbien zu riskiert erscheinen.

Dies war gewiss eine missliche Sache. Wie sollte man diese einzige Linie (Orhanje-Sofia) sichern, da man nicht viele Kräfte verfügbar hatte?

Unter solchen Umständen blieb wohl nichts anderes übrig, als von Marsch zu Marsch sich gesicherte Stellungen zu schaffen, wo die Transporte geborgen werden konnten, um dann mit ihnen — sobald keine Gefahr drohte und die zu ihrer Bedeckung vorhandenen Kräfte genügten — den Marsch in die nächste Stellung auszuführen. Das Terrain kam den Türken zu Hilfe, indem die Straße auf der Rücken-Linie jener Höhen führte, welche sich zwischen Vid und Isker ausbreiten.

So entstanden die Verschanzungen von Jablonica, Lukovit, Teliš, Gornji Dubnjak und Dolnji Dubnjak, von welchen jene bei den drei letzteren Orten die bedeutendsten waren. Als Orte an und für sich schon von einer gewissen Wichtigkeit, mündeten bei ihnen — was noch maßgebender war — die einzigen Wege ein, welche von Lovča her an die Straßen-Strecke Teliš-Plevna abgehen (jener über Čerikovo und jener über Medeven). Diese beiden Wege mussten sich daher den Türken auch als die natürlichsten Angriffs-Richtungen für den Fall darstellen, dass man seitens der Russen die Unterbrechung der Verbindung Plevna-Orhanje mit größeren Kräften beabsichtigen sollte. Bei der Karaula (General-Karte Côte 255) südwestlich von Teliš zweigt außerdem der Weg über Čumakovci-Vraca-Berkovica ab.

Diese Art von Sicherung — durch Befestigungen — war allerdings eine precäre, aber, bei den geringen zur Verfügung stehenden Kräften, die einzig mögliche.

Hier also befand sich die Achilles-Ferse von diesem Plevna, welches den Russen trotz aller Tapferkeit und Anstrengung vergeblich so viel Blut gekostet hatte, — und mit klarem Blick erkannte der erfahrene Totleben, dass hier der Hebel anzusetzen sei, um diese Erd-Feste aus den Angeln zu heben.

Konnte Osman Pascha seine Einschließung verhindern oder verzögern? — Wir glauben nicht. Er hätte gegen Generall. Gurko nur dann mit Aussicht auf Erfolg aufzutreten vermocht, wenn er Plevna selbst entblößte, d. h. wenn er Plevna selbst aufgab, und dies wollte er nicht.

Die (35 *km*) ausgedehnten Befestigungen von Plevna halten und auch noch eine Offensive gegen Gurko führen, war unmöglich. In den Befestigungs-Linien hätte man doch wenigstens 20.000 Mann zurück lassen müssen — ohnehin eine äußerst schwache Besatzung (auf zwei Schritte Front nur einen Mann) — und selbst dann blieben nur etwa 30.000 Mann für die Offensive.

Einen Tag zum Abrücken nach dem 24 *km* entfernten Gornji Dubnjak, einen Tag für den taktischen Schlag gerechnet, konnte Osman Pascha somit erst am Abend des dritten Tages wieder in Plevna sein.

Wie aber, wenn — was so natürlich gewesen wäre — Gurko den taktischen Schlag nur abwehrte, dabei langsam und methodisch zurück gieng?

Vielleicht erschien dem Vertheidiger von Plevna schon damals die Frage so scharf zugespitzt, wie sie uns jetzt erscheint, nämlich:

dass er entweder sich in Plevna einschließen lassen, oder Plevna aufgeben musste.

In letzterem Fall konnte Osman Pascha allerdings darauf rechnen, Gurko zu werfen und sich gegen Orhanje durchzuschlagen oder — unter dem Schutz einer Arrièregarde — den Abzug auf Mahalata und weiter gegen Vidin bezw. Sofia zu bewirken.

Aber, abgesehen von den schwierigen Aufgaben, welche bei einem derartigen Abmarsch wenigstens der türkischen Arrièregarde durch ein rasches Nachdrängen seitens der russischen Haupt-Armee nicht erspart werden konnten; lag nicht in Plevna der Schwerpunkt des ganzen Krieges, -- war Plevna nicht zum Zauber-Schloss geworden, um dessen Öffnung sich der ganze Feldzug drehte?

Was galt Osman Pascha in Orhanje oder in Mahalata? So viel wie nichts: sein Nimbus wäre gebrochen gewesen; seine 50,000 Mann, welche bei Plevna die dreifache Zahl von Gegnern fesselten, konnten wo anders leicht paralysiert werden. Bei Plevna befand er sich 3 Märsche von Sistov entfernt und saß den Russen im dicksten Fleisch; bei Orhanje oder Mahalata war er nicht mehr, wie Suleiman Pascha am Lom oder Reuf Pascha beim Sipka-Pass.

So lang er die vortheilhafte Position behauptete, welche ihm der gute Zufall zu occupieren gestattet hatte, hielt er die Chancen des Krieges für die Türken.

Ein zweites Plevna zu gründen, wäre wohl nicht denkbar gewesen; war ja das erste fast ein Wunder, — nur entstanden, weil sich am 20. Juli 10,000, am 30. Juli 30,000 Russen, aber jedes Mal viel zu wenig an des Löwen Höhle wagten. In den ersten September-Tagen hatte sich eine ganze Armee daran verblutet.

Bei Plevna verbleiben hieß, sich der Gefahr schließlicher Capitulation preisgeben; denn die Geschichte der letzten Feldzüge — besonders das Schicksal von Metz und Paris — sprach gegen die Wahrscheinlichkeit rechtzeitiger Entsatz-Operationen. Im Krieg ist aber alles möglich. Warum sollte Osman Pascha nicht auf einen Entsatz rechnen, da Suleiman als Nachfolger Mohemed Ali's noch an der Spitze der Haupt-Armee stand, die türkische Sipka-Armee noch immer 30.000 Mann zählte, und Chofket Pascha schließlich eine neue Armee in Orhanje organisierte, eine Armee, von deren Leistungs-Fähigkeit man durch die gelungenen Vorproviantierungen vom 24. September und 8. October so hoffnungsvolle Proben erhalten hatte.

Wir glauben, dass Osman Pascha nie recht den Gedanken fassen konnte, Plevna aufzugeben. Nach der dritten Schlacht, also Mitte September, gab zwar Suleimau Pascha die Anregung dazu; Osman Pascha aber wollte ohne ausdrücklichen Befehl nicht weg von seinen Verschanzungen, an welchen er sich durch seine militärische Ehre für gefesselt hielt, und der Kriegs-Rath zu Constantinopel hieß ihn — bleiben. Dass er anfangs October selbst um die Erlaubnis bat, auf Lukovit oder Orhanje abrücken zu dürfen, mag wohl ebenfalls dem Einfluss Suleiman's und - wie schon (Seite 19) erwähnt — Verpflegs-Schwierigkeiten zuzuschreiben sein.

Sobald aber die russischen Garden (Mitte October) bei Plevna auftraten, war Osman Pascha nicht mehr im Zweifel, was er thun soll; er blieb; und die Geschichte wird sagen, dass er Recht gethan. Er blieb unerschütterlich auf jenem Platz, auf welchem seine 50.000 Mann besser wirken konnten, als irgendwo anders. Er blieb — unserer Überzeugung nach — mit dem klaren Bewusstsein, dass sein Schicksal jenes des ganzen Feldzuges besiegle.

Es wäre aber ungerecht, hiebei nicht auch dem Sultan und seinen Rathgebern ihren Antheil an dem Verdienst zu zollen, dass Plevna schließlich doch besetzt blieb. So schwankend sonst die Meinungen in Constantinopel waren, eigenthümlich: bezüglich Plevna herrschte eine unleugbare Festigkeit im Wollen und in der Ausführung desselben; eben so leicht zu erkennen ist freilich, dass dazu wieder nur Osman Pascha mit seiner eisernen Consequenz die Impulse gab.

Dass die Türken Dolnji Dubnjak freiwillig räumten, erscheint gerechtfertigt; denn Vortheile konnte ihnen jene Position keine besonderen mehr bieten, es wäre denn, dass man die dortigen Truppen als die Vorhut zu einem Durchbruch der türkischen Armee ansah. Aber von einem solchen war vorläufig keine Rede; sonst hätte er übrigens — wenn Dolnji Dubnjak gehalten werden sollte — sofort erfolgen müssen.

Dolnji Dubnjak, ohne obiger Voraussetzung halten zu wollen, hatte keinen Sinn gehabt. Seine Besatzung war so exponiert, dass sie über kurz oder lang in russische Gefangenschaft gefallen sein würde.

Resumé. — Am 1. November also schloss sich der eiserne Ring um Plevna, und sollte sich nicht wieder öffnen, bis die darin befindliche Armee, welche die Hoffnungen der Türkei auf eine nicht geahnte Höhe empor hob und auf deren Thaten die Blicke ganz Europa's mit ungeschwächter Spannung geheftet waren, ohnmächtig dahin sank, ohne sich der ehernen Umklammerung entziehen zu können.

Mit ihr starben die Hoffnungen, sank der gute Stern des türkischen Kaiser-Reiches, welcher ihm so lang geleuchtet hatte.

Inhalts-Verzeichnis.

Situation der beiden Gegner am Morgen des 3. October.
  1. Die Russen und Rumänen
  2. Die Türken

I. Ereignisse an der West-Front.

Die russisch-rumänische West-Armee-Abtheilung
Die türkische West-Armee

A. Ereignisse vom 3. bis 16. October.
  1. Am linken Vid-Ufer
  2. „ rechten „
  3. Anmarsch der Garden und Grenadiere
  4. Die russische Armee-Leitung Mitte October

B. Ereignisse vom 17. bis 22. October.
  1. Thätigkeit der Russen auf dem rechten Vid-Ufer
  2. „ „ Rumänen „ „ „ „ „
  3. „ „ Türken „ „ „ „ „
  4. Die russischen Garden vom 17. bis 22. October
  5. Die russische Armee-Leitung

C. Der 23. October.
  1. Einleitungen des General. Gurko für den Angriff
  2. Auf dem rechten Vid-Ufer
  3. Auf Seite der Türken

D. Gefecht bei Gorni Dubnjak, am 24. October.
  1. Vom Beginn des Gefechtes bis Mittag
  2. Von Mittag bis circa 3 Uhr Nachmittag
  3. Vorzeitiger Wieder-Beginn des Kampfes
  4. Neue Verfügungen des General. Gurko
  5. Erstürmung der großen Redoute

E. Sonstige Ereignisse am 24. October.
  1. Gefecht bei Teliš
  2. Ereignisse bei Dolnji Dubnjak und gegen Plevna
  3. Ereignisse auf dem rechten Vid-Ufer

F. Vollendung der Einschließung von Plevna.
  1. Ereignisse vom 25. bis 27. October
  2. Einnahme von Telíš, am 28. October
  3. Ereignisse auf dem rechten Vid-Ufer am 28. October
  4. Ereignisse vom 29. October bis 1. November

G. Das Detachement des General. Karzow

II. Ereignisse an der Süd-Front

1. Die russischen Positionen auf dem Sipka-Pass 147
2. „ türkischen „ gegenüber dem Sipka-Pass . . 154

III. Ereignisse an der Ost-Front

1. Stärke und Stellung der Russen 159
2. „ „ „ „ Türken 163
3. Ereignisse vom 3. October bis 1. November . . 164

IV. Ereignisse in der Dobrudža . . 170

V. Kritische Betrachtungen.

1. Die Thätigkeit des General. Totleben 181
2. „ „ „ „ Krylow 186
3. Vorbereitungen zur Action auf dem linken Vid-Ufer . 188
4. Die Kämpfe vom 24. bis 28. October . . . 190
5. Über die Ereignisse am rechten Vid-Ufer . . 199
6. Verhalten der Türken bezüglich Plevna . . . 201

Beilagen:

1. Kräfte-Gruppierung am Morgen des 3. October.
2. Karten-Skizze: Die russischen Dispositionen für den Angriff am 24. October.
3. → „ „ : Gefecht bei Gornji Dubnjak am 24. October.
4. „ „ : Allgemeine Situation bei Plevna am 1. November.
5. „ „ : Die russischen Befestigungen bei Birla.

Die Jantra-Brücke bei Bjela

Maßstab 1:50 000

Normal des Hochwasser
Normal-Wasserstand

Verlag von Carl Knepper in Wien.

www.ingramcontent.com/pod-product-compliance
Lightning Source LLC
Chambersburg PA
CBHW020900230426
43666CB00008B/1254